2022
누가 자동차 산업을
지배하는가?

2022

누가 자동차 산업을
지배하는가?

다나카 미치아키 지음
류두진, 문세나 옮김
최웅철 감수

한스미디어

자동차 산업에 파괴적 혁신이 일어나고 있다

최웅철(국민대학교 자동차공학과 정교수)

"2022년 누가 자동차 산업을 지배하는가?"

이 책은 에너지와 환경문제를 고민하며 연구 개발한 미래형 친환경 EVelectric vehicle, 전기자동차 시장이 전 세계적으로 매우 급격히 커 가는 현 상황에 대한 정확한 이해를 바탕으로 쓰였다. 또 빠르게 변해가는 자동차 산업의 미래에 대하여 냉철하게 분석하고 설명한다.

이 책은 기존 내연기관 기반의 자동차 산업 구조에 대한 파괴적 혁신이 일어나고 있는 가운데 다양한 미래형 자동차가 등장하고 있는 현 상황을 다양한 사회적 측면과 소비자 기호 변화 측면에서 분석했다. 그리고 그 이해 범위를 기존의 자동차 개념으로 제한하지 않고 있다. CASEConnected, Autonomous, Shared&Service, Electric란 단어로 예시되듯 친환경 전기에너지 기반의 경제는 늘 소통과 정보 기반의 연결성을 발판으로 한다. 이와 함께 최근엔 공유 개념까지 포함한다.

이 책은 이 키워드들을 놓치지 않으며 미래 자동차 산업의 변화 방향을 예측할 수 있다는 다양한 근거와 논리를 매우 섬세하고 이해하기 쉽게 풀어 주고 있다.

또한 전기자동차의 선두 주자인 테슬라의 철학과 성장을 소개하고, 기존 자동차 업계의 선두 기업들인 미국의 포드와 GM의 반격, 그리고 디젤엔진 문제에서 아직 벗어나지 못한 독일의 3대 자동차 회사(폭스바겐, BMW, 다임러)의 새로운 전략에 대해 상세히 설명한다. 중국 자동차 회사들의 EV 전략과 일본 내 회사들의 EV 개발과 시장 동향에 대해서도 놓치지 않는다.

그리고 미래의 자동차 산업을 뒤흔들 자율주행 자동차 등에 관해 설명하면서 자율 주행 기술의 근본이 되는 인공지능과 클라우드 서비스 산업의 강자와 이들 산업의 배후에서 강력한 두뇌를 제공하는 반도체 기업에 대한 설명도 함께 제공한다. 이와 함께 미래자동차의 실제적 기술 구현을 가능하게 하는 초고속 통신의 강자들과의 연계성을 잘 이야기해주고 있다.

다시 말하면, 2022년 이후 필연적으로 나타날 자동차 산업계의 변화를 예측하면서, 그 산업에 큰 영향을 미치게 될 관련 산업 전반에 대한 변화를 설명하고, 미래에 영향을 미칠 파괴적 혁신에 대해 준비하고자 하는 모든 독자에게 필수적인 정보를 제공한다.

본 감수자의 여러 경험과 해석 방향, 그리고 미래에 대한 예측에서 많은 견해를 같이하는 원저자 다나카 미치아키 교수의 성실한 글쓰기에 대해 우선 감사를 표한다. 감수할 기회를 얻은 점 역시 기쁘게 생각한다. 이러한 배경에 더해 현재 우리나라가 맞이하고 있는 자동차 산업의 위기상황과 미래에 나아갈 방향에 대해 제언을 더하고자 한다.

국내의 많은 자동차산업 관계자분들이 알고 있듯이, 우리나라의 자동차 산업은 기존의 내연기관 중심에서 EV로 변하고 있다. 다행히 EV 사용자의 반응은 매우 고무적이고, 더 많은 EV의 생산을 바라고 있는 것으로 보인다. 이 상황에선 단순히 EV의 생산을 늘리는 것만으로도 단기적인 수요를 맞추고 시장을 형성할 수는 있다. 그러나 국가적 차원에서는 더욱 근본적인 미래형 자동차 산업에 대한 이해와 대책이 필요하다.

다시 말하면, 이제 자동차 산업은 단순한 제조업의 범위에 머물러 있어서는 안 된다는 뜻이다. 이 책에 잘 나타나 있듯이 연결성 Connectivity 분야에선 우리나라의 장점인 강력한 IT 기술을 기반으로 경쟁국을 앞서 나갈 수 있다. 이를 바탕으로 스마트 모빌리티, 스마트 시티, 스마트 에너지 분야를 총괄하는 스마트 매니지먼트 시스템 Smartness Management System 의 구축은 세계에서 누구보다도 더 빠르게 진행할 수 있을 것이다. 이 스마트 매니지먼트 시스템은 실제 사용자의 반응과 그에 대한 관리 경험을 바탕으로 성장하는 서비스 사업 분야이므로, 선제 경험과 관련 기술을 축적하게 되면 그 노하우에 대한 가치는 세계의 어떤 미래기술에도 비할 바 없을 것이다.

이러한 전략 방향을 제언하면서 강조하고 싶은 부분은, 스마트 매니지먼트 시스템 분야에서 쌓아나갈 경험이 우리의 소프트웨어 플랫폼 Platform 기반 위에서 성장하기를 바란다는 것이다. 국내에서 축적되는 다양한 데이터를 기반으로 스마트 매니지먼트 시스템 자체가 성장할 수 있도록 플랫폼을 구성하고, 이후 여러 나라에서 사용하는 데이터도 우리의 스마트 매니지먼트 시스템 플랫폼 안에서 커나가도록 하면, 미래자동차 분야에서 세계의 모든 사용자가 안전하고 안정적으로 운영되는 우리의 스마트 매니지먼트 시스템 플랫폼을 먼저 사용할 것이다. 부디 이런 바람이 이루어져 우리가 성장을 지속할 수 있는 기반을 구축할 멋진 미래를 그려본다.

목차

제1장 ## 자동차 산업의 창조적 파괴와 차세대 자동차 산업의 파괴적 창조

제2장 ## EV의 선두주자 테슬라와 일론 머스크의 거대한 생각

차세대 자동차 산업을 둘러싼
춘추전국시대의 개막

세 가지 대결 구도

'차세대 자동차 산업'이라는 말을 들으면 어떤 이미지가 떠오르는가?

기존의 자동차 산업에 뭔가 새로운 가치가 더해지는 것, 현재의 자동차와는 전혀 다른 자동차가 탄생하는 것, 산업 자체의 정의가 바뀌고, 그것이 모든 산업의 정의까지 바꾸는 것 등. 여러 가지가 떠오를 것이다. 키워드로는 자율주행차, EV(전기자동차), 승차 공유, 차량용 음성 AI 비서, 주행 빅데이터, IoT(사물인터넷)로서의 자동차 등이 있다. 신문, 잡지, 온라인 매체에서 이런 표현을 접할 기회가 급속도로 늘어나고 있다.

이 책의 프롤로그는 차세대 자동차 산업을 둘러싼 산업 간 전쟁의 공방과 전세계 산업의 미래를 주제로 잡았다. 앞부분에서는 앞으로 자세히 살펴볼 산업 간 전쟁의 대결 구도를 간단히 세 가지로 압축해 설명한다(뒤에서 각각 대결을 펼치는 주요 기업과 국가, 즉 등장인물을 소개하므로 일단 여기서는 대결 구도만 파악하기 바란다).

첫째는 테크놀로지 기업 대 기존 자동차 회사의 대결이다. 차세대 자동차 산업은 미국 테슬라가 친환경 에너지 생태계 구축을 목표로 EV화를 촉진하고, 구글은 사람들 각자가 추구하는 자기 모습과 정말로 원하는 일을 하는 데 더욱 의미 있게 시간을 보낼 수 있게 하는 스마트한 사회를 실현하고 싶다는 사명감으로 자율주행화 준비를 추진해 오면서 커다란 진전을 보이고 있다.

그런 가운데 우버와 리프트 같은 승차 공유업체가 소유에서 공유, 그리고 도시 디자인의 변혁이라는 기치 아래에서 자동차의 존재 의의를 바꾸고, 아마존은 알렉사를 무기 삼아 그냥 말을 걸기만 하면 되는 뛰어난 사용자 경험인 음성인식 AI 비서를 자동차에 탑재해 새로운 흐름을 대세로 만들었다.

또 자율주행화가 핵심 중 하나인 차세대 자동차는 AI가 운전자라는 점인데, 이를 실현하는 데 반도체 소비가 두드러지는 점(AI용 반도체가 생명선이라는 점)이 특징이다. 따라서 인텔과 엔비디아NVIDIA 등 반도체 제조사 역시 테크놀로지 기업 측의 주요 참여자다.

한편 도요타, 혼다, 닛산과 GM, 포드와 같은 기존의 자동차 회사도 테크놀로지 기업에 질 수는 없다. 특히 철저한 안전성이라는 가장 중요한 부분을 담당하는 쪽은 역시 기존의 자동차 제조사다. 그러나 이제 기득권에만 매달리고 있을 수는 없다며 사내외에서 위기감이 커지고 있는 기존 자동차 회사는 테크놀로지 기업으로서, 그리고 모빌리티 서비스 기업으로서 새롭게 태어나려고 한다.

표 1 차세대 자동차 산업을 둘러싼 대결 구도

(1) 테크놀로지 기업 대 기존 자동차 회사의 대결
(2) 일본, 미국, 독일, 중국 간 국가의 위신을 건 대결
(3) 모든 산업의 질서와 영역을 재정의하는 대결

일본에서는 구글과 테슬라보다 화젯거리가 될 때가 비교적 적지만 GM과 포드의 역습도 간과할 수 없다. 제4장에서 자세히 살펴보겠지만 포드의 현 CEO인 짐 해킷 사장은 몇 년 전까지 자동차 산업 경험이 전혀 없던 경영자다. 짐 해킷 사장은 오랜 역사를 지닌 가구 제조업체의 경영자로서, 디자인 사고로 유명한 아이데오IDEO에 출자하고 실리콘밸리에 있는 테크놀로지 기업의 업무 개혁을 통해 실적을 올렸다. 그런 인물이 디자인 사고로 경영 개혁을 추진하며 차세대 자동차 산업의 제왕을 목표로 하고 있다.

둘째는 일본, 미국, 독일, 중국 간 국가의 위신을 건 대결이다. 자동차 산업은 국제 경제뿐만 아니라 국제 정치와도 밀접한 관계에 있기 때문이다. 저변이 더욱 확대되는 차세대 자동차 산업쯤 되면, 사이버 보안의 중요성도 고려했을 때 이제는 국가 간의 안보 그 자체라 해도 좋을 것이다.

그런 가운데 EV화를 향한 급속한 움직임은 도요타로 대표되는 일본 기업의 하이브리드차로 인한 위협 때문에, 중국과 독일이 게임 규칙을 하이드리드차에서 더 나아간 EV로까지 단번에 추진하겠다는 전략이 배경에 있다. 기존 형태의 자동차에서 일본과 독일에 뒤쳐져있던 미국도 테크놀로지가 승부의 핵심인 차세대 자동차 산업에서는 패권을 노리고 있다.

그리고 주목해야 할 국가는 중국이다. 중국 정부는 2017년 4월 자동차 산업의 중장기 발전 계획을 발표했다. 자국을 소비국으로서의 자동차 대국에서 제조국으로서의 자동차 강국으로 약진시키는 것이 계획의 핵심이다. 놀라운 점은 단순히 개발력이나 제조력을 향상하는 것뿐만 아니라, 2020년까지 세계에 통용되는 중국 브랜드를 구축해 자동차 선진국에 수출하는 확실한 목표를 정하고 있다는 사실이다. 그러기 위해서라도 자동차의 EV화와 스마트화를 추진해 다양한 관련

표 2 차세대 자동차 산업의 주요 등장인물

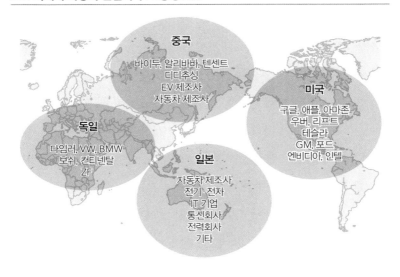

분야에서 첨단 수준의 기술력을 갖추는 것을 다양한 분야에 걸쳐 계획하고 있다.

셋째는 모든 산업의 질서와 영역을 새로 정의하는 대결이라는 점이다. 차세대 자동차 산업은 일단 자동차×IT×전기·전자가 융합한 거대한 산업이다. 게다가 거기에는 친환경 에너지 생태계로서 전력·에너지가 추가된다. 대량의 반도체 소비와 더불어 대량의 통신 소비도 차세대 자동차의 특징이다. 자동차가 IoT 기기의 중요한 일부가 될 가까운 미래에서는 통신량이 많아진다. 이것들이 모두 고려해보면 도쿄전력 같은 전력회사나 NTT 도코모 같은 통신회사가 자동차를 팔고, 도요타 같은 자동차 회사가 전력이나 통신을 제공하며, 메루카리 같은 공유업체가 자동차의 최대 구매자가 된다는 시나리오도 현실이 될 것이다. 그리고 소니나 파나소닉과 같은 기업도 차세대 자동차 산업의 주요 참여자로서 기대하고 있다.

위의 세 가지 대결 구도는 이 책에서 가장 중요시하는 내용 중 하나다. 자세한 내용은 다음 장부터 설명하겠지만, 여기서 한 가지만 지적하자면 구글 등이 지향하고 있는 완전 자율주행이 실현될 경우 자동차는 이제 자동차가 아니라는 사실이다. 사람이 운전해야 하는 현재의 자동차에서 최대 핵심은 어떻게 운전하느냐에 있다. 반면에 사람이 운전할 필요가 없고 핸들과 페달까지 사라지는 완전 자율주행차에서 최대 핵심은 자동차 안에서 어떻게 시간을 보내느냐로 바뀐다. 이 주제에 대한 명쾌한 대답을 내놓아 고객의 지지를 받는 쪽은 기존의 자동차 회사와 테크놀로지 기업이 아닐 수도 있다.

이처럼 차세대 자동차 산업은 모든 산업의 질서를 뒤흔들고 모든 산업의 영역을 새로 정의한다. 이제까지의 자동차 산업에 파괴적 창조가 일어날 뿐만 아니라, 새로운 제왕이 나타나 모든 산업을 장악할 가능성마저 있다.

그렇다면 이러한 대결 구도에 관해 좀 더 자세히 살펴보자.

테크놀로지 기업의 강렬한 공격

자동차 산업은 현재 중국의 고전《삼국지》에 비유할 수 있을 법한 군웅할거의 대혼전 시대다. 동시에 자율주행이나 EV와 같은 새로운 기술은 자동차 산업뿐만 아니라 모든 산업에 충격을 주고, 나아가 우리가 살아가는 방식에도 커다란 영향을 미치게 될 것이다. 이 책은 자동차×IT×전기·전자라는 키워드 아래에서 차세대 자동차 산업의 향방을 생생하게 그리고, 유럽과 중국 기업에 대항해 일본의 기업이 자동차 산업의 패권을 획득하기 위한 시나리오를 그려보고자 쓴 것이다.

여기서는 앞서 말한 대결 구도를 더욱 심화하여, 차세대 자동차 산업과 관련된 주요 참여자의 동향과 전략, 그리고《삼국지》의 등장인물처럼 쟁쟁한 각 참여자가 지닌 캐릭터의 일면을 소개한다.

가장 먼저 주목해야 할 사항은 테크놀로지 기업이 걸어온 전초전이다. EV나 자율주행과 같은 주제 아래 명성 높은 각 거대기술 기업이 자동차 산업으로 모이고 있다.

구글은 2009년부터 자율주행의 실용화를 위해 움직이기 시작해,

2018년 2월까지 공공 도로에서 실시한 시험주행 거리가 무려 800만 km에 달했다고 한다. IT기업인 구글이 카메라와 고해상도 지도, AI 등을 탑재한 자동차를 달리게 하는 모습을 전 세계가 주목하고 있다. 다만 구글이 자동차 자체를 만들고 싶은 것은 아니다. 구글이라는 기업은 '전 세계의 정보를 체계화하여 모두가 편리하게 이용할 수 있도록 하는 것'을 사명으로 정해놓고 있다. 그리고 구글의 지주회사인 알파벳은 당신의 주변 세상을 이용하기 쉽고 편리하게 만드는 것, 또 자율주행 관련 자회사인 웨이모는 자율운전 기술을 통해 누구나 편하고 안전하게 외출할 수 있는 세상의 실현을 미션으로 삼고 있다. 한편 구글은 전체 매출의 약 90%가 광고 수입이며, 스마트폰 OS인 안드로이드가 상징하듯이 오픈 플랫폼을 지향하고 있다.

위의 내용을 고려한다면, 구글이 자율주행차를 통해 실현하고자 하는 것은 하드웨어를 제공하는 것이 아닌, 오픈 플랫폼으로서의 OS를 광범위하게 전개함으로써 고객 접점을 늘리고 새로운 서비스를 제공하는 것, 그리고 최종적으로는 광고 수입을 늘리는 것이라고 예상할 수 있다.

구글에 이어 절대 잊어서는 안 되는 기업은 EV의 영웅이 된 테슬라다. 당장은 EV차의 양산화와 자금 조달에 고전하고 있지만, 한때 시가총액이 500억 달러를 넘어 포드와 GM 등도 제치고 자동차 제조업계 전미 1위에 등극했다.

테슬라의 일론 머스크 CEO는 오늘날 EV의 흐름을 만들어온 핵심 주역이다. 페이팔의 창업 멤버 중 한 명이기도 한 일론은 자동차 업계에 IT 업계의 제품 생산 방식을 도입했다. 일론의 캐릭터도 한 마디로 강렬하다. 지구 멸망 속도를 늦추고 인류를 구원하기 위해 친환경 에너지를 실용화 하겠다는 큰 미션을 내걸고 있다. 일론의 까칠한 캐릭터와 인류 구원에 내건 사명감은 미국과 중국의 부유층을 매료해 고급차로 분류되는 EV차의 판매를 늘리고 있다.

그러나 테슬라는 상장 이래 1개 분기를 제외하면 전부 적자다. 부담 없는 가격대의 EV차인 모델 3이 양산화 시점에 접어들면서 당장은 출산의 고통을 맞이하고 있다. 과연 일론 머스크의 테슬라로서 살아남을 수 있을지, 아니면 구글이나 애플 등 거대기술 기업의 산하로 편입될지 가장 주목되는 참여자다.

한편 우버나 리프트와 같은 승차 공유 서비스 참여자도 떠오르고 있다. 일본의 경우 아직 상륙 전이기 때문에 단순한 흰색 택시(일본에서 자가용임을 나타내는 흰색 번호판 자동차로 택시 영업을 하는 것으로 현행 법률에서는 인정하지 않음—옮긴이)로 보는 견해가 적지 않은데, 이 기업들의 본질을 잘못 보고 있는 것이다. 승차 공유 회사는 테크놀로지 기업이며, 나아가 빅데이터×AI 기업이라는 점이 본질이다.

원래 승차 공유란 자가용차를 합승, 즉 공유하는 시스템을 말한다. 일반인이 자신의 비어 있는 시간을 활용해 이동하고 싶은 사람을 태워 주고, 앱을 사용한 결제와 SNS를 통한 운전자 평가 시스템 등이 가장 큰 특징이다. 일본 국토교통성은 택시 업계의 반발로 승차 공유에 대한 규제를 없애는 걸 신중히 검토하겠다고 밝혔는데, 미국과 중국에서는 이미 사회에 널리 자리를 잡았다. 이미 미국에서는 택시보다 우버가 상식이다. 우버의 기업 가치는 7조 엔을 넘는다.

승차 공유 서비스는 앱으로 운전자의 경력과 평판을 확인할 수 있어 장애인도 안심할 수 있는 교통수단이며, 장애인의 자립에 크게 이바지하고 있다는 사례가 보고되는 등 단순한 수송 서비스에 머물지 않는 정서적 가치와 정신적 가치까지 준다.

그리고 빌 게이츠를 제치고 세계 최고의 부호가 된 제프 베조스가 이끄는 아마존이 있다. 현시점에서 아마존은 다른 거대기술 기업보다 자동차 산업과의 접점이 그리 명확해 보이지 않지만, 아마존이 자율주행에 진출하지 않을 리가 없다는 게 개인적인 견해다. 아마존은 단순한 온라인 서점에서 출발해 가전과 패션, 생활용품까지 다루는 에브리싱 스토어, 나아가 클라우드, 물류, 동영상 스트리밍, 무인 편의점, 그리고 우주 사업까지 펼치는 에브리싱 컴퍼니로 진화해 온 회사이기 때문이다. 실제로 물류에서는 무인 시스템과 로봇을 최대한 활용하고 있다. 나는 전에 쓴 책《아마존 미래전략 2022》(반니, 2018)에 이렇게 적었다.

"베조스 제국에서 계획을 추진하고 있는 우주 사업과 드론 사업의 본질은 무인 시스템이라는 점이다. 무인 편의점 점포인 아마존 고 역시 무인 시스템이다. 음성인식 AI인 아마존 알렉사가 이미 자동차 제조업체의 스마트 카에 탑재되기 시작했다는 점을 감안한다면, 사실 베조스는 완전 자율주행 분야의 패권 장악까지 계획하고 물밑 준비를 하고 있을지도 모른다."

이 책의 제3장에서 위 주장에 대해 더 이야기 하겠다. 지구상에서 가장 고객 중심적인 회사를 미션으로 내걸고 사용자 경험을 중시하는 아마존이 아마존 알렉사를 인터페이스 삼아 수직 통합으로 하드웨어까지 손을 뻗칠 것은 자연스럽고도 논리적인 귀결이라고 생각된다.

자율주행과 EV차의 핵심 부품을 담당하는 제조사의 힘이 커지고 있다는 점도 지나쳐선 안 된다. 그중에서도 엔비디아나 인텔과 같은 반도체 기업이 상징적이다. 왜냐하면, 반도체야말로 자율주행의 심장부혹은 두뇌이기 때문이다. 엔비디아의 자율주행을 위한 AI용 반도체는 뛰어난 계산 능력을 갖추어 도요타, 다임러, 테슬라, 포드와 같은 다수의 제조사가 모두 채용하고 있다. 자율주행을 실현하고자 하는 참여자들이 반도체 제조사를 둘러싸는 식으로 생태계를 형성하고 있다. 이렇게 급성장을 이룩한 엔비디아의 시가 총액은 3년 만에 10배로 불었다.

규칙을 재정리하고 있는 독일

이런 테크놀로지 기업의 공세에 따라 기존 자동차 제조사들은 게임 규칙을 새롭게 정리하고 있다. 여기서는 독일의 제조사 두 곳의 움직임을 소개한다.

디터 제체 회장이 이끄는 다임러는 파리 모터쇼 2016에서 CASE를 발표했다. 이는 현재 자동차 산업이 추진해야 할 주제의 앞글자를 따서 정리한 것이다. 즉 Connected(연결성), Autonomous(자율주행), Shared & Service(공유 및 서비스), Electric(전기 구동)이다.

단상에서 밝힌 디터 제체 회장의 경력도 업계의 변화를 실감하게 했다. "나는 지금까지 왜 기계공학이 아닌 전기공학을 전공했느냐는 말을 들었습니다. 이제 드디어 내 전공을 살릴 시대가 왔습니다." 기계가 아닌 전자다. 이는 가솔린차에서 EV차, 그리고 자율주행차라는 시대의 변화에 호응하는 듯한 말이다.

2017년을 돌이켜 보더라도 EV 보급이 빨라진 해였다. 독일 자동차 제조사는 2020년까지 400억 유로를 차세대 자동차에 투자하고, 향후 2~3년 동안 100개 차종의 EV를 시장에 투입한다. 또 프랑스와 영국은 디젤차와 가솔린차의 판매를 2040년까지 금지한다고 발표했다.

독일이라고 하면 이제까지 디젤 엔진에 주력해 온 국가로 EV차의 개발은 뒤처져 있었다. 전략을 EV로 대전환한 배경에는, 독일 최대 자동차 제조사인 폭스바겐vw의 배기가스 조작 문제가 있다. 디젤차의 배기가스 규제를 회피하기 위해 불법 소프트웨어를 탑재하여 규제하고 있는 질소산화물을 기준치의 최대 40배나 방출했다. 거기에 도시부의 대기 오염 문제가 더해져 디젤 규제 논의가 폭발했고, 유럽 전역에서 EV화가 단번에 진행된 것이다.

자동차 강국을 노리는 중국

그리고 중국이다. 자동차 대국이 아닌 자동차 강국의 실현을 발표한 중국은 기존 가솔린차 기술로는 미국과 유럽, 일본의 기업에 대적할 수 없음을 인정하고, 국가전략으로서 EV로의 집중을 선언했다. 중국 정부의 지원에 힘입어 이미 60곳을 넘는 EV 완성차 제조사가 탄생했다. 2018년 1월 라스베이거스에서 개최된 전자제품 박람회 CES 2018에서는 2016년에 막 창업한 FMC사의 신규 EV 브랜드 바이톤이 주목 받았다.

현재 진행하고 있는 국가전략성 신흥산업발전계획에서도 신에너지차NEV가 추진 사업으로 규정돼 있다. 게다가 NEV법(승용차 기업 평균 연비·신에너지차 크레디트 동시 관리 실시법)이 제정됨에 따라 2019년 이후 판매 대수의 10% 이상을 신에너지차로 할 것을 의무화하여 EV화를 추진하고 있다.

외국계 제조사는 중국에서 EV나 PHEVPlug-in Hybrid Electric Vehicle를 거의 생산하지 않고 있어, 2019년까지 신에너지차를 10% 이상으로 가져가기 어렵다. 그때는 타사로부터 신에너지차 포인트를 구매할 필요가 있다. 한편 신에너지차에 한해 외국 기업의 출자 제한을 철폐한다고 발표했는데, 이것은 외국계 기업이 중국에서 독자적인 자본으로 신에너지차 기업을 창업할 수 있다는 것을 의미한다. 실제로 테슬라가 상하이에 현지법인을 만들기 위해 정부와 협의하고 있다는 보도가 있었다. 그 밖에 포드가 중국 기업과 EV를 제조 판매하는 합작 회사를 설립하고, GM은 2020년까지 중국에서 EV 또는 PHEV 10개 모델을 투입하는 계획을 발표했다.

더 놀라운 사실은 세계 최강의 자율주행 플랫폼을 만들려는 움직임이 있다는 점이다. 차세대 인공지능 개방·혁신 플랫폼國家新一代人工智能開放創新平臺으로 명명된 프로젝트하에 2030년에는 중국이 인공지능 분야에서 세계 최고 선진국이 되겠다고 선언했다. 그리고 국가의 위임을 받아 AI 사업을 추진할 사업자 네 곳이 정해졌다.

그중 자율주행 사업을 위탁받은 곳은 중국의 구글이라고도 불리는 인터넷 검색업체 바이두百度다. 바이두 검색, 바이두 지도, 바이두 번역 등을 사업화했으며 알리바바, 텐센트와 나란히 중국 3대 IT 기업 중 하나다.

이미 바이두는 AI 사업의 근간이 되는 바이두 대뇌와 음성 AI 비서를 두어 OS 프로젝트 등을 진행하고 있는데, 뭐니 뭐니 해도 강력한 것이 바로 아폴로 계획이다. 미국이 위신을 걸고 성공시킨 유인 우주비행 계획 아폴로 계획을 의식해 붙인 명칭이라는 점은 두말할 나위없다. 바이두의 아폴로 계획은 바이두가 지닌 자율주행 기술을 오픈소스화함으로써, 다양한 파트너 사업자가 독자적인 자율주행 시스템을 구축하는 것을 가능하게 하는 구조다. 계획에서는 바이두 지도를 통해 축적해 온 빅데이터도 자율주행 기술과 결합하게 될 것이다.

아폴로 계획이 발표된 2017년 4월부터 불과 반년 만에 중국 내외에서 약 1,700곳의 파트너사가 참여한 것으로 보인다. 또 그중에는 다임러와 포드 등 완성 제조사, 보쉬와 컨티넨탈 등 거대 공급업체, 자율주행의 심장부를 쥔 AI용 반도체 제조사 엔비디아와 인텔 등 모든 계층의 주요 참여자가 포함되어 있다. 한편 일본 기업의 참가는 파이오니아 등 극히 적다. 아폴로 계획을 보면 중국·독일·미국의 연합으로서 정치적으로 볼 필요가 있을지도 모른다.

GM과 포드의 역습

미국 자동차 제조사의 움직임은 어떨까? 일찍이 크라이슬러와 함께 빅3로 불리던 GM과 포드는 거대기술 기업의 공세에 어떻게 맞서야 할까? 자동차 점유율은 크게 뒤처져 있는 테슬라에 시가 총액으로는 한때 추월당했던 GM과 포드다. 신규 진출 기업에는 상당한 위협을 느낄 것이고, 그저 팔짱만 끼고 볼 수는 없는 노릇이다. GM과 포드가 여태 수면 아래서 진행하고 있던 자율주행차와 EV차의 구상이 명확해지고 있다.

2018년 1월 GM은 이르면 2019년에 무인 운전의 양산차를 실용화하겠다고 발표하면서, 우선 미국 전역을 시장으로 삼고 있다고 밝혔다. 여기서 말하는 무인 운전이란 사람이 운전에 관여하지 않는 4단계, 즉 완전 자율주행차를 뜻한다. 이를 각인시키기 위해 GM은 핸들도 페달도 없는 강렬한 비주얼 이미지도 공개했다. 정말 이미지가 그대로 실현된다면, 세계에서 가장 먼저 완전 자율주행차의 양산에 성공하는 기업은 GM이 될지도 모른다. 이런 발표를 테슬라가 아니라, 일본에서는 아마도 노마크 상태였을 GM이 발표한 사실이 충격이었다. GM은 일찍이 몇 번이나 경영 위기에 노출되었지만, 자율주행에서 거대기술 기업에 앞서갈 수 있다면 GM 부활을 강하게 세계에 각인시키는 셈이 될 것이다.

포드는 파괴적 개혁Disruption을 통해 자사의 사업을 새롭게 하고자 한다. 앞서 말했듯이 현 CEO인 짐 해킷은 포드에 입사하기까지 자동차 산업의 경험이 하나도 없었다. 오랜 역사를 지닌 사무실 가구 제조업체 출신으로 2013년부터 포드의 이사 및 자율주행과 서비스 자회사의 사장을 역임하고, 포드의 자율주행 사업과 승차 공유 사업을 구축해 왔다.

CES 2018 첫날의 기조 강연에서 해킷 사장은 이렇게 선언했다.

"포드는 데이터와 소프트웨어, AI를 현실화 해 교통을 축으로 도시를 활발하게 만들 솔루션 기업으로 전환할 것입니다."

포드 역시 기존의 자동차 제조사에서 탈피해 소프트웨어와 AI를 핵심으로 하는 차세대 자동차 기업으로 바뀌겠다는 선언이었다.

전력·에너지 및 통신과의 융합

차세대 자동차는 에너지 소비와 전력 소비가 많아지는 제품이기도 하다. 그런 가운데 가솔린차에서 EV차로의 대전환에 대해서는 자동차 업계 이상으로 에너지 업계가 느끼는 위기감이 커지고 있다.

더구나 이제는 재생 가능 에너지가 석유·가스보다 저렴하다. 2019년부터 가동될 아부다비의 스웨이한 태양광 발전 사업에서는 1킬로와트시kWh당 약 2.6엔이라는 가격에, 일본의 종합 상사인 마루베니와 중국의 태양광 발전 패널 제조사인 진코솔라의 연합이 사업권을 획득했다. 일본의 고정가격 매입제도FIT(재생 가능 에너지로 발전한 전력을 전력회사가 고정가격에 고정기간 매입하는 제도—옮긴이)아래에서는 태양광 발전의 매입 가격이 18엔이기 때문에, 가격 파괴라 할만큼 충격적이다.

독일은 한계비용 제로 사회(생산을 늘리고자 할 때 증가하는 비용이 제로인 인프라에 지탱되는 사회)로 바뀌고 있다. 2014년 11월 독일의 4대 전력회사 중 하나인 에온EON은 기존의 본업이었던 원자력 발전과 화력 발전 사업을 채산 악화로 인해 분사시키는 대신 재생 가능 에너지에 주력하겠다고 발표했다. 재생 가능 에너지는 인프라만 정비되면 전력 생산하는 비용이 거의 제로에 가까워진다. 2025년까지 독일 전력의 40~45%가 태양광과 풍력 등으로부터 만들어지고, 나아가 2050년에는 그 비율이 80%에 달할 전망이라고 한다.

전력 비용 저하는 그와 관련된 기업의 대결 방식도 바뀌게 될 것이다. 국제적으로 일본은 필요 이상으로 원자력과 화석연료 에너지에 집착하고 있으며, 일본 산업은 전력 업계가 제약 요인으로 작용해 국제무대에서 경쟁력을 잃는 요인마저 되고 있다는 지적이 있다.

이에 따라 일본의 에너지 업계는 일본의 자동차 제조사에 앞서가는 형태로 EV화에 대한 대응을 진행해 오고 있다. 키워드는 3D, 즉 탈탄소화Decarbonization, 분산화Decentralization, 디지털화Digitalization다. 탈탄소화는 저탄소 연료로의 이행, 분산화는 에너지 설비를 소비자 쪽으로 더욱 가깝게 옮기는 것, 디지털화는 빅데이터의 활용 등을 가리킨다.

이는 기존 형태의 전력회사가 필요 없어지는 흐름이기도 하다. 대신 재생 가능 에너지의 새로운 참여자가 등장하고 있다. 예를 들면 소프트뱅크그룹의 자연에너지 사업회사인 SB 에너지다. 아마 조만간 모빌리티와 에너지의 융합이 도래할 것이다. 이를 가리켜 소프트뱅크는 Bits(정보혁명, IoT) · Watts(에너지 혁명) · Mobility(이동 최적화)의 황금

삼각형이라고 평가한다. 비유하자면 도요타와 소프트뱅크, 도쿄전력
이 융합함으로써 3D가 더욱 속도를 내게 된다는 뜻이다.

자동차 왕국, 일본은 어떻게 할 것인가

이상의 내용을 고려하여 지금까지 자동차 왕국이었던 일본을 되돌아
보자. 이 책에서 깊이 파고 들어갈 회사 한 곳은 역시 도요타 자동차다.

　'도요타가 사느냐 죽느냐'

　'승자로 남는 것이 아니라, 살아남는 것'

　도요타 아키오 사장은 이처럼 위기감을 높이고 있다. 도요타 사장
은 일찍부터 3대째는 회사를 말아먹는다는 징크스를 강하게 의식하
고, 산업의 앞날에 대해서도 (자동차 업계는) 100년에 한 번 오는 대변혁
의 시대라고 언급하며 문제의식을 표명했다. '사느냐 죽느냐'라고 할 정
도의 위기감도 냉정한 상황 분석의 반증이다. 도요타 사장은 누구보다
도 현재 상황을 제대로 이해하고 있고, 최악의 사태를 예상하여 그것
을 회피할 방안을 진지하게 고민하고 있다.

　예를 들면 이렇다. 차세대 자동차에서는 이제까지 주인공이었던 완
성차 제조사가 그 자리를 빼앗기고 거대기술 기업에 패권을 넘겨줄 가
능성이 있다는 것. 그로 인해 EV화를 비롯해 CASE에 대한 대응에서
도요타가 뒤처질 우려가 있는 것. 차세대 자동차 산업에서는 거대한
도요타 그룹과 관련 기업, 관련 산업의 고용을 유지하기가 매우 어려
워질 가능성이 있다는 것.

그렇지만 도요타는 계속 승자로 남을 것이다. 내가 그렇게 생각하는 이유에 관해서는 제10장에서 이야기 하겠다.

또 중요한 참여자 중 한 곳은 손정의 사장이 이끄는 소프트뱅크다. 차세대 자동차 산업의 모든 계층에 투자함으로써 사업 영역을 확장하고, 각 계층에서 착실히 이익이 들어오는 구조로 정비하고 있는 기업이 바로 소프트뱅크다. 통신, 자율주행, 반도체, EV, 전력·에너지로 각 계층의 주요 기업을 거느리고 있으며, 우버의 최대 주주이기도 하다. 소프트뱅크 전략의 배경에는 손정의 사장의 어떤 생각이 있는 것일까. 이 역시 제10장에서 자세히 파고 들어가 보고자 한다.

그런데 프롤로그에서 지적해야 하는 가장 중요한 사실은, 차세대 자동차 산업에서 경쟁의 주요 무대인 완전 자율주행의 실용화 시점을 일본 기업이 잘못 알고 있었을 가능성이 있다는 점이다. 그 시점은 2030년도, 2025년도 아니다. 바로 내년, 내후년으로 다가온 이야기다. 사람이 운전에 개입하는 2단계 자율주행부터 점진적으로 실용화를 진행해 온 일본 기업과 처음부터 완전 자율주행에 도전해 온 해외 기업. 최근 들어 양자의 명암이 엇갈리고 있다.

또 해외에서는 ADAS(첨단 운전자 보조 시스템)의 추진보다는 완전 자율주행 실용화에 역점을 두고 있다. 운전자에게 자율주행인지 아닌지의 판단을 맡기는 것은 안전하지 않다고 실제 판명되었기 때문이다. 2단계에서 3단계를 목표로 하는 일본 기업과 처음부터 4단계를 목표로 하는 해외 기업. 이 구도는 상품에 IC 태그를 부착하는 무인 편의점 대 아마존 고 형태의 완전 무인 편의점과도 비슷하다.

일본이 모빌리티를 서비스라고 생각해 완전 자율주행을 핵심 기술로 하는 차세대 자동차 산업에 출발이 늦은 이유는 다양하다. 기득권을 지키려는 정부와 기업, 지속적 성장을 고집한 나머지 파괴적 비즈니스와 파괴적 테크놀로지에 대한 대응이 늦어지고 만 것도 요인이다.

자율주행 면에서는 '완전 자율주행으로 그리는 미래'와 같이 소비자가 추구하는 니즈Nees로 생각하는 것이 아니라 자사가 지닌 기술과 자원에 얽매여 2단계로부터 접근하는 시즈Seeds 발상도 혁신을 방해한다.

가장 중요한 요인으로는 일본의 기간 산업인 자동차 산업이 수많은 기업과 근로자를 품고 있어서, 생산량과 고용이 감소한다고 예상되는 차세대 자동차 산업으로 방향키를 트는 데는 용기가 필요했다는 점이다. 일본은 이대로 자동차 왕국, 전자 제국으로서의 자리를 내주게 될까?

경영자의 철학·사상으로 각사의 전략을 읽는다

프롤로그의 마지막에서는 이 책에 어떤 의미를 부여했는지, 그리고 필자로서 내가 지닌 가치관과 입장에 관해 설명한다. 하루가 멀다 하고 다양한 뉴스가 날아드는 차세대 자동차 산업에 관해 무엇을 어떤 관점으로 다루느냐에 따라 책의 성격이 완전히 달라질 가능성이 있다는 점, 또 아직 결론이 나오지 않은 중요한 논점이 수없이 남아 있는 분야로서 객관적인 고찰뿐만 아니라 글쓴이의 가치관과 입장을 명확히 밝혀 둘 필요가 있다고 생각하기 때문이다. 필자의 개인적 의견은 필요 없으니 곧장 차세대 자동차 산업 자체에 관한 설명을 읽고 싶은 독자라면, 여기서부터는 건너뛰고 제1장이나 흥미 있는 장부터 읽어나가기 바란다.

이 책은 2018년 6월에 출간된《아마존 미래전략 2022》의 시리즈 격이다. 전작에서는 국가와 사회에 커다란 영향을 미치고 있는 아마존이라는 기업의 대전을 필자의 전문인 전략&마케팅과 리더십&미션 매니지먼트 관점에서 분석하고, 나아가 아마존을 통해 가까운 미래를 예측해 보았다.

이 책을《아마존 미래전략 2022》의 시리즈 격으로 규정한 이유는, 전작과 마찬가지로 전략&마케팅과 리더십&미션 매니지먼트라는 관점에서 차세대 자동차 산업과 거기에 깊게 관련된 기업을 분석하고 가까운 미래를 예측하기 때문이다. 차세대 자동차 산업에 있어서 대결구도를 분석하고, 주요 각사의 전략을 읽어내고, 관련된 테크놀로지를 설명하고, 독자가 보아야 할 포인트를 제시했다.

이 책을 쓰며 필자가 가장 많이 집착한 것 중 하나는 전작과 마찬가지로 등장하는 기업과 경영자의 철학·사상·집념, 다시 말해 미션·비전·핵심 가치로부터 각사의 전략을 읽어내려 했다는 점이다. 해당 기업이 무엇을 생각하고 미래에 어떤 사업을 전개할지를 예측하려면, 상품·서비스라는 계층에서 매일매일 뉴스만 쫓고 있어서는 본질을 놓칠 우려가 있기 때문이다. 창업자나 경영자가 차세대 자동차 산업에 대해 무엇 때문에, 누구 때문에, 어떤 철학·사상·집념으로 대처하고 있는

가. 전략&마케팅과 리더십&미션 매니지먼트는 바로 그것을 읽어내는 수단이다. 이를 위해 등장하는 주요 각사의 연간 보고서와 결산 자료, 관련 자료 등 직접 자료를 분석하고, 다양한 수단을 통해 경영자의 발언도 검증했다.

전작은 아마존에 흥미가 있는 독자는 물론, 아마존과 경쟁하는 기업의 현장에서 일하는 사람들뿐만 아니라 아마존과는 전혀 다른 업종의 경영자와 경영 기획 관계자들에게도 전략&마케팅과 리더십&미션 매니지먼트의 교재로서 널리 읽혔다. 이번 책 역시 차세대 자동차 산업과 자동차 산업에 종사하는 사람들뿐만 아니라, 폭넓은 업종과 다양한 직종의 사람들이 차세대 자동차 산업을 소재로 한 전략&마케팅과 리더십&미션 매니지먼트의 교재로서 읽을 수 있는 작품이 되도록 고민했다.

자동차는 사람의 생명을 담보하는 특별한 제품

제1장에서 자세히 설명하겠지만 자동차란 정말 특수한 제품이다. 나는 대학 입학 전 봄방학 때 고향인 야마나시에서 자동차 운전면허를 취득하고, 도쿄로 상경한 뒤로는 30세 직전까지 완전한 장롱 면허로 지냈다. 그 후 미국 유학 생활을 하면서 자동차가 생활과 삶에 없어서는 안 될 존재가 되었고, 현재도 자동차를 가지고 있다.

내가 젊었을 시절 자동차란 그야말로 지위의 상징이었다. 그런데 내가 보유한 차의 이용 면에서 가동률 자체가 꼭 높지 않았다는 것을 보면, 정말 보유할 필요가 있는 것인지 의문이 들기 시작했다. 다만 역시 자동차가 내게 있어 단순한 제품을 초월한 애장품이라고 부를 수 있는 존재라는 점에 변함은 없다. 나의 생활 스타일과 존재감의 상징이라고도 생각한다. 따라서 완전 자율주행과 승차 공유가 익숙해진 세상이 오더라도, 마지막까지 애장품를 떼어놓지 못하는 층에 남아 있지 않을까 싶다.

그리고 장기간에 걸쳐 제조업의 경영 컨설팅에 종사해 온 가운데, 창조하고 만들고 파는 개발·제조·판매의 삼위일체가 필요한 제조업의 어려운 환경과 생산관리·양산 기술의 중요성도 절실히 느끼고 있다. 시장 정보의 피드백과 고객 요구사항에 대한 신속한 대응, 더욱 정확한 수주 예측과 제조 의뢰, 재료의 적절한 조달에 대한 대응 및 비용과 질 향상 등, 제조사에는 삼위일체 전체를 최적화 및 고속 회전해야 하는 것이 많다.

제조 프로세스는 문서로 된 것과 눈에 보이지 않는 것으로 이루어져 있는데, 후자야말로 해당 기업과 일체화한 경쟁 우위이기 때문이다. 정리정돈과 청결이 공장부터 영업 현장, 본사에 이르기까지 전사적으로 철저하게 지켜지고 있는 점도 제조업의 특징이다. 공장에서 확인할 수 있게끔 매장 재고와 고객 재고를 시각화하는 것이나, 생산관리나 공장에서 회사 전체를 보는 관점 등 제조업에는 다른 업종에 없는 뛰어난 노하우가 있다.

이처럼 다양한 요구사항과 관점으로 차세대 자동차 산업을 조사하는 가운데, 내게 최대의 뉴스는 앞서 말했듯이 미국 GM이 2019년에 무인 운전 양산차를 실용화할 방침이라고 발표한 것이다. 액셀도 브레이크도 핸들도 없다. 운전석의 이미지는 SF 영화를 방불케 하듯 충격적이었다. GM은 샌프란시스코와 애리조나의 공공 도로에서 200대 이상의 자동차로 주행 실험을 거듭했으며 무인 택시로 실용화하는 것을 목표로 삼고 있다. 그리고 GM의 뉴스에서 시작한 것처럼 주요 각사는 자율주행의 개발·실용화 경쟁에 박차를 가하고 있다.

그러나 한편으로는 미국에서 우버와 테슬라의 자율주행차가 잇달아 사망 사고를 일으켰다. 역시 자동차는 무게감이 있는 제품, 사람의 생명이라는 무게감을 담보하는 특수하고도 중요한 것이다. 필자로서는 실용화를 서두르기보다 안전성을 철저히 하는 쪽으로 업계 전체가 방향키를 다시 틀어주기 바란다.

제1장

자동차 산업의 창조적 파괴와 차세대 자동차 산업의 파괴적 창조

2022

자동차란 무엇이었나

차세대 자동차 산업을 살펴보기 위한 사전 학습 차원에서 지금까지 우리에게 익숙하고 친숙했던 기존 형태의 자동차 산업을 한번 떠올려 보기 바란다. 자동차란 무엇일까? 자동차에 요구되는 첫 번째 가치가 이동이라는 기능적 가치라는 점은 두말할 나위 없다. 안전하고 쾌적하게 이동할 수 있는 자동차일수록 기능적 가치는 높아진다.

그러나 기능적 가치에 머물지 않고 다양한 가치를 포함하는 존재라는 점에서 자동차는 다른 공업 제품과는 결이 다르다. 예를 들어 자동차에는 고급 시계와 같은 정서적 가치가 있다. 정서적 가치란 탑승했을 때 즐겁고 기쁘고 행복한 감정을 불러일으키는 것이다.

또 자동차에는 정신적 가치가 있다. 자동차는 어떤 사람에게는 지위의 상징이고, 어떤 사람에게는 자신의 존재감이나 생활 스타일을 표현하는 수단이기도 하다. 매슬로의 욕구 5단계설에 따르면, 인간의 욕구는 '생리적 욕구, 안전에 대한 욕구, 애정과 소속에 대한 욕구, 자기존중의 욕구, 자아실현의 욕구'라는 5단계 피라미드로 구성되어 있다. 자동차는 자기존중의 욕구 및 자아실현의 욕구보다 한 차원 더 높은 욕구를 자극한다고 볼 수 있다. 프롤로그에서도 언급했지만 나 역시 자동차에는 특별한 감정을 품고 있다.

동시에 자동차는 실로 저변이 넓은 종합 산업이기도 하다. 그렇기에 자동차는 인간에게 자랑거리이자 일종의 문화이기도 하다. 어느 나라든 자동차 산업은 첨단 기술의 상징이며, 뛰어난 자동차를 만들 수 있는 기술력의 보유는 곧 선진국이라는 증거가 되었다. '자동차 왕국, 일본'이라고 불릴 때마다 일본인은 자동차 산업에 상당한 자부심을 느낀다. 자동차가 단순한 이동 수단이라면 자동차에 그렇게까지 감정이입을 하지 않을 것이다.

그리고 무엇보다 자동차는 사람의 생명을 담보하며, 잘못된 방식으로 다루면 목숨을 빼앗는 흉기가 될 수 있다. 이런 점에서도 다른 공업 제품과 자동차는 결정적인 차이가 있다. 다른 점이 아무리 뛰어나더라도 사람들의 안심과 안전에 대한 신뢰를 배신하는 존재여서는 안 된다. 이처럼 비상한 무게감을 지닌 존재가 바로 자동차다.

앞으로 실현될 차세대 자동차에서도 안전의 중요성이라는 기존의 가치관이 가장 중시될 것으로 보인다. 안전제일이라는 가치관을 전제로 자동차가 더 진화한 형태가 될 것이다. EV차든, 자율주행차든, 공유 혹은 승차 공유 서비스든, 가장 중요한 과제는 더욱 마음을 놓을 수 있도록 안전해야 한다는 점이다. 완전 자율주행차만 해도 사람이 운전하는 것보다 안전함을 전제로 개발이 진행되고 있다.

기존의 시장 참여자는 물론, 다른 분야에서 진출한 기업도 이제까지의 자동차 산업이 지켜 온 가치관을 경시하지는 않을 것이다. 다만 정말 모든 테크놀로지 기업이 기존 자동차 회사가 안전성을 철저히 지키는 것에 대한 집착만큼이나 거기에 심혈을 기울이고 있는지는 아직 알수 없다. 자율주행 차량으로 인한 사망 사고가 일어나는 가운데 이 점은 특히 주시해야 할 것이다.

이번에 차세대 자동차 산업을 분석하는 과정에서 자동차 산업 종사자들의 생산 기술과 양산 기술에 대한 강한 자부심을 새삼 절실히 느낄 수 있었다.

"IT 제품이나 IT 서비스는 문제가 발생할 경우 나중에 수정하면 그만이지만, 자동차는 그런 사고방식이 통용되지 않는 엄격한 업계입니다."

이런 말을 많은 사람들에게서 들었다. 일정 품질의 자동차를 일정수량씩 효율적으로 안정적으로 생산하는 것, 또 조직적으로 통솔해서 높은 품질을 유지하는 것이 얼마나 어려운지를 시사한다.

"자동차 산업에서 개발직 종사자들은 판매된 지 반년 이상 지난 자동차만 구매합니다."

이 역시 자주 들었던 말이다. 양산화의 어려움을 새삼 깨달음과 동시에, 위기감과 문제의식 수준도 업계 내에서 커다란 격차가 있다는 점을 느껴 복잡한 생각이 들 때가 있었다.

그런 가운데 사람들의 생활 방식과 일하는 방식, 사고방식이 빠르게 변화하고 있다. '애초에 자동차란 무엇인가'라는 가치관을 되묻는 기회도 많아질 것이다. 예를 들어 1980년 이후 출생자, 이른바 밀레니엄 세대 청년들은 지위의 상징으로서의 자동차보다 가성비가 좋은 자동차를 중시한다. 소유보다 공유를 선호하는 사람이라면 자가용차보다 공유차를 이용할 것이다.

하지만 여전히 그저 잘 달리는 자동차가 아닌 좋은 자동차를 타고 싶다는 가치관이 모든 사람에게서 사라졌다고 보기는 어렵다. '애차'라는 말이 보여주듯이 차를 소유하고 사랑하는 기쁨은 사라지지 않을 것이다. 앞으로 10년 후에는 차세대 자동차와 구세대 자동차가 서로 공존할 것이며, 같은 사람이라도 상황에 따라 자동차를 구분해서 사용할 것으로 예상한다.

업계 구조의 붕괴를 보여주는 증거

그러나 자동차에 대한 가치관의 변화를 훨씬 웃도는 속도와 규모로 자동차 산업의 구조가 무너지려 하는 것도 사실이다.

테슬라가 바로 그 상징이다. 테슬라의 상장은 2010년의 일이다. 미국에서 자동차 제조사의 상장은 1956년 포드의 상장 이래로 무려 반세기 만이다. 일본에서도 마찬가지로 자동차 제조사의 상장은 오랫동안 없었다. 그리고 중국에서는 새로운 EV 브랜드인 바이톤이 탄생했다. 바이톤을 출시한 FMC Future Mobility Corporation사는 2016년 3월에 막 창업된 참이었다. 그런데 완성차는 신생 회사가 개발했다고는 믿기지 않을 만큼 완성도가 뛰어났고, 탑재된 최신 테크놀로지와 세련된 디

FMC사의 바이톤(필자 촬영)

자인 역시 미국과 유럽, 일본의 자동차 못지않았다. 즉 진입 장벽이 높은 자동차 산업에 신규 참여자가 대량으로 진출하고 있다는 사실이다. 이것이 바로 자동차 업계의 구조가 무너지고 있다는 증거다.

왜 이런 현상이 일어나고 있는 것일까? 업계 구조의 붕괴를 커다란 흐름에서 파악해 보자.

첫째는 가솔린차에서 EV차라는 조류가 있다. 아직 세계 자동차 매출에서 차지하는 비율은 1% 이하에 머물러 있지만 탈가솔린차, 탈디젤차라는 흐름은 피할 수 없다. 2017년만 해도 영국, 프랑스 등의 국가들은 가솔린차 및 디젤차를 단계적으로 폐지하겠다는 방침을 발표했다. 중국도 2019년부터 자동차 판매 대수의 10% 이상을 신에너지차로 하겠다는 것을 의무화했다.

단순화하면 가솔린차는 엔진으로 달리는 자동차, EV차는 모터로 달리는 자동차다. 다만 이러한 기술을 뒷받침하는 사업 구조 자체는 큰 차이가 있다. 관련 내용을 표 3에 정리했다. 여기서 말하는 수직 통합 비즈니스 모델인 가솔린차와 수평 분업 비즈니스 모델인 EV차의 비교란, 기획, 생산, 판매에 이르는 전 과정을 계열사에서 책임지는 기존 자동차 산업의 제조 방식과 각 단계를 외부 업체에 맡기는 차세대 자동차 산업의 제조 방식의 대비를 의미한다.

　　또 가솔린차의 제조에는 계열 부품 공급자가 필수적이라는 점이 진입 장벽으로 작용했던 반면, EV차는 표준화된 부품을 조합하는 모듈화가 진전된 상태이므로 제조 공정에서 숙련된 기술이 필요한 부분이 두드러지게 감소한다. 모듈화는 자동차 산업에 대한 진입 장벽 중 하나를 무너뜨렸다.

　　흡기계, 배기계, 냉각계 등 수많은 기계 계통 장치·부품이 필요한 가솔린차에서, 기계 부품이 간소화 혹은 불필요해진 전기 전자 계통 부품 중심의 EV차로 변화한다는 점을 통해 현재 업계가 직면하고 있는 거대한 충격을 쉽게 짐작해볼 수 있다. 즉 EV가 보급되면 이제까지 엔진 관련 부품이 차지하고 있던 비용의 비율이 크게 줄고, 모터나 전지, 인버터와 같은 부품이 중요한 위치를 차지한다. 자동차의 전자화가 진행됨으로써 자동차라고 부르기보다 자동차×IT×전기·전자라고 부르는 편이 실제로 정확하다.

　　이러한 변화에 따라 기존 참여자는 얼마나 큰 경제적 충격을 받게 될까? 자동차는 실로 저변이 넓은 산업이다. 일본의 자동차 제조사는 계열 부품 제조사에 의해 받쳐진 피라미드 구조의 정점에 있어, 자동차 한 대를 만드는 데 많은 사람과 많은 기업이 관련이 있다.

거기에 운송 서비스, 주유소, 자동차 딜러와 같은 관련 서비스업까

표 3 가솔린차 대 EV차 비교

항목	가솔린차	EV차
중심적인 부품	기계 계통 부품이 중심	전기·전자 계통 부품이 중심
차체의 중량	무겁다	경량화 가능
수직·수평 모델	수직 통합 모델	수평 분업 모델
부품 공급자와의 관계성	계열 부품 공급자가 필수적으로 진입 장벽을 구성	모듈화로 대응 가능, 진입 장벽 중 하나를 파괴
부품 공급자의 포지셔닝	단일 부품 중심	시스템 공급자로 진화(가 필요)
제품의 생명 주기	비교적 생명 주기가 길다	생명 주기가 짧아짐
비즈니스 모델	공급망형 비즈니스 모델	계층구조형 비즈니스 모델
'차'의 본질	자동차	자동차×IT×전기·전자
동력 장치	엔진과 엔진 관련 부품	전기 모터
에너지 장치	연료 탱크, 연료 펌프, 인젝터 등	리튬이온 전지 등 차량용 전지
제어계	엔진 제어, 차량용 컴퓨터 유닛 등	통합 제어 시스템, 인버터 등
흡기계	스로틀 밸브, 에어 클리너, 터보 차저 등	불필요
배기계	배기가스 재순환 장치, 블로바이 가스 환원 장치, 배기가스 정화 장치 등	불필요
냉각계	라디에이터, 워터 펌프, 서모스탯 등	간소한 것/혹은 불필요
윤활계	오일 펌프, 오일 필터, 오일 스트레이너 등	간소한 것
구동계	트랜스미션, 클러치, 토크, 컨버터 등	간소한 변속기 부분적으로 동력 전달 장치

지 더해진다. 그 결과 일본의 주요 제품 출하액 약 300조 엔 중에 자동차 제조업의 제조품 출하액은 약 20%인 53조 엔이다. 또 자동차 관련 산업의 취업 인구 534만 명은 일본의 취업 인구 6,440만 명 중 8.3%를 차지한다. 경제산업성은 자동차 산업이 일본의 선도 산업이자 무역 흑자의 약 50%를 차지하는 외자 유치의 효자 품목, 그리고 국민 산업으로서 일본을 대표하는 브랜드라며 〈자동차 산업 전략 2014〉에 기록했는데, 충분히 납득 가는 대목이다. 자동차 산업은 일본 산업의 기둥이었다. 가솔린차에서 EV차로의 변화는 이 기둥을 크게 뒤흔든다.

자동차 산업을 둘러싼 환경의 변화를 훑어보다

좀 더 시야를 넓혀 보자. 자동차 산업을 둘러싼 환경의 변화에 관해 PEST 분석을 해 보았다(표 4). PEST 분석이란 정치, 경제, 사회, 기술적 관점에서 국가, 산업, 기업, 사람 각각에 초래하는 변화를 분석하는 도구다.

정치적인 요인을 살펴보면 국제적으로는 닫는 대국, 여는 거대기술 기업이라는 움직임이 두드러진다. 이 내용은 전작《아마존 미래전략 2022》에서도 설명한 바 있는데, 미국과 영국이 자국중심주의를 내걸고 세계화를 부정하는 듯한 움직임을 보이는 반면, 아마존 등 거대기술 기업은 국경과 산업 간의 울타리를 뛰어넘으면서 자연스럽게 문을 열고 있다. 한편 중국의 대두는 국제 질서의 방향성을 바꾸려 하고 있다. 일본 국내로 눈을 돌려보면 아베 내각의 경제 정책인 아베노믹스, 일억

표 4 PEST 분석

항목	국제적 상황	일본 상황
Politics 정치	폐쇄적인 강대국 여는 거대기술 기업 자국중심주의와 패권 다툼 중국의 대두	아베노믹스 일억 총활약 사회 일하는 방식 개혁
Economy 경제	주가 상승 넘쳐나는 시중 자금 중국의 대두	구직자 우위 고용 시장 형성 임금 상승 아베노믹스
Society 사회	스마트폰, SNS 등의 확산 가치관의 변화와 다양화 소유에서 서비스로 환경 문제에 대한 의식의 고양	인구 동태의 변화 구조적인 노동력 부족 구매 심리의 변화 가성비 중시
Technology 기술	AI×빅데이터×IoT •로봇 •공유	[CASE] •4G에서 5G로 •블록체인

총활약 사회, 일하는 방식 개혁 같은 키워드를 꼽을 수 있을 것이다.

경제적 요인으로는 세계적인 주가 상승, 그리고 역시 중국의 대두가 눈에 띈다. 일본 국내에서는 구조적인 노동력 부족에서 기인하는 구직자 우위 고용 시장 형성과 임금 상승을 확인할 수 있다. 평가 경제나 토큰 경제와 같은 새로운 경제권이 생겨나고 있는 점도 주목해야 할 사실이다.

사회적 요인으로는 스마트폰과 SNS의 확산, 가치관의 변화와 다양화, 소유에서 서비스로의 흐름, 환경 문제에 대한 의식의 고양, 인구 동태의 변화, 구조적인 노동력 부족, 구매 심리의 변화, 가성비 중시와 같은 변화를 지적할 수 있다.

기술적 요인으로는 AI×빅데이터×IoT, 로봇, 공유, 4G에서 5G로, 블록체인 같은 주제를 꼽을 수 있다. 또 다임러는 차세대 자동차의 조류를 CASE라는 표현으로 정리했는데, 현재의 기술 수준 상태에서 CASE를 추진하고자 한다면 전력 비용과 통신 비용이 커져 경제적 합리성을 찾기 어려워진다. 이런 점을 내다본 전 세계의 전력·에너지 업계는 재생 가능 에너지로 크게 방향키를 틀고, 통신 업계도 5G(제5세대 이동통신 시스템)의 도입·상용화를 서두르고 있다(에너지·통신에 관해서는 제9장에서 다시 설명한다). 5G의 통신 속도는 4G의 20배(사용자 체감 속도는 100배 정도에 달함)가 되고 지연도 거의 없다고 한다.

이처럼 복합적인 환경 변화에 노출된 자동차 산업에 관해 한 걸음 더 들어가 5F(다섯 가지 요인)에 따라 분석했다. 5F 분석이란 기업의 경쟁 전략에 영향을 미치는 신규 진입 위협, 구매자의 협상력, 공급자의 협상력, 대체품의 위협, 경쟁사 상황이라는 다섯 가지 요인을 통해 업계의 수익성을 이해하기 위한 프레임워크다(표 5).

우선 신규 진입 위협이 상승하고 있다는 점을 명확히 지적할 수 있다. 기존의 가솔린차는 전형적으로 진입 장벽이 높은 산업이었다. 타사보다 더 싸고 많이 생산하기 위한 규모의 경제가 필수적인 한편, 엔진계의 기술력과 실적, 계열 부품의 공급자, 판매망 등 다양한 필요조건이 높은 진입 장벽이었다.

하지만 부품의 모듈화, 전자화, 수평 분업화가 특징인 EV차로 오게 되면 진입 장벽이 단번에 낮아진다. 테슬라와 중국의 바이톤 등 다른 산업에서 넘어오는 진입 기업이 눈에 띄게 된 배경이 바로 이것이다.

또 구매자의 협상력이 가솔린차와 EV차 양쪽에서 커지고 있다고 할 수 있다. 소비자의 선택지 증가, SNS 정착에 따른 개인의 영향력 증

표 5 새로운 자동차 산업의 업계 구조 분석(5F 분석)

항목	가솔린차	EV차
Entry Barrier 신규 진입 위협	규모의 경제 엔진계의 기술력과 실적 계열 부품 공급자 판매망의 구축 →신규 진입 위협: 작음	모듈화 전자화 수평 분업화 계층구조형 비즈니스 모델 →신규 진입 위협: 큼
Buyer Power 구매자의 협상력	소비자의 선택지 증가 SNS의 정착에 따른 개인의 영향력 증대 가성비 중시 등 가치관의 변화와 다양화 소유에서 공유로 변화 →구매자의 협상력: 작음에서 큼으로 변화	
Supplier Power 공급자의 협상력	모듈화 전자화 고해상도 지도×LiDAR(자율주행 3단계 이상에서 중요한 부분) 차량 탑재 AI용 반도체 →공급자의 협상력: 작음에서 큼으로 변화	
Substitute 대체품의 위협	소유에서 공유로 변화 자가용차보다 승차 공유 자동차를 사는 것은 가성비가 좋지 않다 자동차를 사는 것보다 다른 데 돈을 쓰고 싶을 때가 있다 →대체품의 위협: 작음에서 큼으로 변화	
Rivalry 경쟁사 상황	CASE를 둘러싼 치열한 대결 일본·미국·독일·중국의 치열한 대결 완성 자동차 제조사의 처절한 생존 경쟁 거대기술 기업 등 신규 진입에 따른 경쟁의 격화 →경쟁사 상황: 중간 정도에서 큼으로 변화	
업계 전체의 수익성	새로운 자동차 산업의 두뇌: 고수익을 확보 새로운 자동차 산업의 심장: 고수익을 확보 →업계 전체의 수익성: 패권을 쥔 일부 기업 이외에는 낮은 수익성	

대, 가성비 중시 등 가치관의 변화와 다양화, '소유에서 공유로'와 같은 다양한 요인이 소비자가 판매자에 대해 품질 향상과 가격 인하를 요구하는 힘을 강화하는 방향으로 작용한다.

공급자의 협상력도 커지고 있다. 예를 들면 자율주행차에 빼놓을 수 없는 핵심 기술인 고해상도 지도, LiDAR, AI용 반도체를 제조하는 업체의 존재감이 커져 그런 회사 없이는 자동차를 만들 수 없는 상황이 되는 것이다.

대체품의 위협도 커지고 있다. '소유에서 공유로'라는 가치관의 변화 속에서 자동차도 자가용차보다 승차 공유 혹은 공유차가 되는 시대를 맞이하고 있다. '자동차를 사는 것은 가성비가 나쁘다. 자동차를 사는 것보다 다른 데 돈을 쓴다'와 같은 밀레니엄 세대의 가치관도 위협이 되고 있다.

경쟁사 간 상황도 심해지고 있다. 일본, 미국, 독일, 중국의 국가와 국가 간 대결, 완성 자동차 제조사의 생존을 건 대결, 거대기술 기업을 비롯한 신규 진입 기업의 공세와 같이 몇 겹씩이나 중첩된 대결이 펼쳐지고 있다.

이상의 5F 분석을 통해 새로운 자동차 산업을 업계 전체적으로 살펴보면 수익성이 매우 낮아지는 것은 분명하다. 다만 5F 분석은 업계 전체의 수익성을 보는 도구다. 개별 기업 차원에서는 위기 속에 기회가 있는 법이다. 대진표가 확정되지 않은 업계 구조 속에서, 신구 참여자들이 차세대 자동차의 두뇌 혹은 심장을 다스림으로써, 혹은 차세대 자동차의 플랫포머 자리를 차지함으로써 새로운 자동차 산업의 패권을 쥐고자 하는 것이 현재 상황이라고 할 수 있다.

CASE: 차세대 자동차 산업의 네 가지 흐름

EV차만을 가지고 차세대 자동차를 논할 수는 없다. 2016년 9월에 열린 파리 모터쇼에서 다임러는 CASE라고 이름 붙인 중장기 전략을 발표했다. CASE는 다임러 자사는 물론 자동차 산업이 현재 대응하고 있는 네 가지 트렌드를 훌륭하게 정리한 것이다.

다임러가 CASE로 재정리한 차세대 자동차 산업의 조류는 표 6에서 제시했듯이 테크놀로지 기업이 견인해 왔다고 파악해야 이해하기 쉬울 것이다. 따라서 CASE의 상세 내용을 설명하기에 앞서 우선 표 6에서 이 흐름을 설명한다.

테슬라는 친환경 에너지 생태계 구축을 목표로 EV화를 추진해 왔다. 구글은 주변 세상을 이용하기 쉽고 편리하게 만들겠다는 목표 아래에서 자율주행화를 추진해 왔다. 그리고 우버와 리프트는 소유에서

**표 6 테슬라×구글×우버·리프트×아마존
테크놀로지 기업이 견인해 온 차세대 자동차 산업**

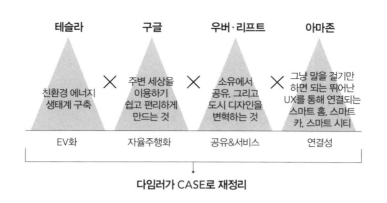

공유, 그리고 도시 디자인을 변혁하겠다는 사명감으로 공유와 서비스의 흐름을 만들어 왔다. 나아가 아마존은 그냥 말을 걸기만 하면 되는 뛰어난 UX(고객의 경험 가치)를 통한 연결을 지향해 스마트 홈과 스마트 카를 알렉사로 연결하려 한다.

그렇다면 CASE의 순서대로 상세한 내용을 살펴보자.

C Connected는 연결화와 스마트화다. IoT와 클라우드 기술의 진화, 통신 속도의 향상·대용량화 등을 배경으로 자동차와 온갖 제품을 연결하는 시대다. 예를 들어 자동차 제조사의 제품으로 설명하자면, 다임러가 발표한 메르세데스 미 커넥트는 차 밖에서 앱을 통해 주차 조작을 할 수 있는 원격 주차 지원 기능을 갖춘 것 외에, 차내 마이크로 전문 교환원이 연결되어 레스토랑 예약 등을 수행한다.

A Autonomous는 자율주행이다. 자율주행에도 방식에 따라 단계가 있는데, 2단계는 부분적인 자율주행 즉 사람이 운전에 개입할 여지가 있다. 앞으로는 사람의 손을 전혀 빌리지 않는 완전 자율주행 기술을 구현한 차량이 등장한다. 프롤로그에서 언급한 대로 GM은 2019년에는 완전 자율주행차를 실용화한다고 발표하면서, 핸들도 페달도 없는 시각 이미지를 공개했다. 사람이 운전하는 것보다 안전한 자율주행차가 실현을 앞두고 있다. 그리고 자율주행 개발은 바로 이 점을 대전제로 나아가야 한다고 강조하고 싶다.

S Shared&Service는 공유화와 서비스화다. 선진국에서 두드러지는 소유에서 공유로의 가치관 변화를 배경으로 승차 공유와 차량 공유가 보급되고 있다. 우버와 리프트는 승차 공유의 대표적인 참여자다. 자동

차 제조사에서는 다임러가 차량 공유 서비스 카투고car2go를 2008년 부터 시작했으며, 도요타도 승차 공유 회사에 출자하고 실증 실험을 거듭하고 있다.

EElectric는 전기 동력화다. 기술적 발전과 환경성 향상에 대한 정책적 인 요구도 있어 EV와 PHEV가 보급되고 있다. 한때 가솔린차 대신 디 젤차가 대두되기도 했지만, 2015년에 독일 폭스바겐 사의 배기가스 조작이 발각되어 EV 전환의 결정적인 계기가 되었다.

CASE, 각 분야의 승부 포인트

그렇다면 차세대 자동차 산업에서 승부 포인트는 어디에 있을까?

CConnected 부분에서는 표현이 의미하는 대로 스마트 카에 한정하지 않고 스마트 라이프 전반에서 주도권을 쥘 수 있는지가 큰 포인트다. CES 2018에서는 스마트 스피커의 동향 조사가 발표되었다. 결과를 보면 예를 들어 '스마트 스피커를 구입하고 실제로 사용하고 있는가?', '구입했던 시기와 비교하면 어떤가?'라는 질문에 대해 잘 사용하고 있다고 응답한 사람이 절반 이상을 차지했다. 또 65%의 구입자는 스마트 스피커가 없는 생활로 돌아가고 싶지 않다고 응답했다.

그 밖에 흥미로운 데이터가 몇 가지 밝혀졌는데, 여기서 언급하고 싶은 내용은 '다음에는 스마트 스피커를 어디서 사용하고 싶은가?'라는 설문에 대한 응답이다. 응답 1위는 차 안이었는데, 이것은 매우 중요한 관점이다. 스마트 홈에서 스마트 카로, 그리고 스마트 라이프로, 고객 경험이 장차 나아갈 방향을 사용자 스스로 요구하고 있다. 그냥 말을 걸기만 하면 되는 편의성을 요구하는 목소리는 자연스러운 흐름이다. 차 안에서도 그것을 사용하고 싶다는 요구사항이 생기는 것이다. 그렇다면 스마트 홈과 스마트 카, 그리고 언젠가는 스마트 오피스와 스마트 시티까지도 완성할 수 있는 기업이 승리하리라는 점은 분명하다.

A_{Autonomous} 부분에서는 완전 자율주행에서 앞서갈 수 있는지다. CES 2018에서는 완전 자율주행이 하이라이트였다. 최근까지 일본에서는 자율주행이라고 하면 어시스티드 카_{Assisted car}, 즉 자율이라고는 하지만 사람이 개입해야 한다는 인상이 주류였다. 그러나 세계는 처음부터 셀프 드라이빙 카, 즉 사람의 개입이 필요하지 않은 완전 자율주행차의 실현을 내다보고 있고, 이 점에서 일본 기업이 뒤처져 있다는 사실은 부정할 수 없다.

여기서 자율주행이 미국에서 어떤 말로 표현되고 있는지 이해하는 게 매우 중요하다. 앞서 설명했듯이 Autonomous라는 영어도 자율주행을 나타내는 표현으로 사용되는데, 미국인과의 의사소통에서 필자가 체감한 것은 인쇄물이든 대화 중에서든 자율주행을 나타내는 데 사용되는 영어는 압도적으로 셀프 드라이빙 카였다는 점이다. 결국, 미국에서 실현되기를 간절히 원하는 자율주행이란 4단계의 완전 자율주행이다. 통근할 때도 자동차를 사용하는 사람이 많은 자동차 천국 미국에서는 자신이 운전할 필요가 없고 자동차 안에서 다른 하고 싶은 일을 할 수 있게 되는 셀프 드라이빙 카를 요구하고 있다.

제8장에서 자세히 설명하겠지만, 완전 자율주행차는 AI용 반도체,

고해상도 지도, 카메라, 레이저, 음성인식 AI와 같은 최첨단 테크놀로지가 집약, 응축된 것이다. 이제 완전 자율주행차는 자동차라는 범주에 들어간다기보다 차라리 로봇카라고 하는 편이 와닿을지도 모르겠다. 그렇다면 완전 자율주행차, 곧 로봇카가 완성되는 날에는 그것을 기점으로 다방면을 향한 로봇화를 추진할 수 있다. 또 그렇게 할 수 있는 위치에 선 기업이야말로 업계의 지배자다. 달리 말하자면 완전 자율주행차 경쟁에서 뒤처짐으로 인해 받는 타격은 엄청나다는 것이다. 부품의 모듈화, 전자화, 수평 분업화 등에 의해 하드웨어를 만들기가 쉬운 시대다. 2020년에 참여자의 첨예한 경쟁 양상은 더욱 가속화할 것이다.

S_{Shared&Service}에서는 공유와 서비스화, 나아가 구독 경제에 어떻게 대처할지가 중요해진다. 구독_{Subscription}이란 어떤 상품이나 서비스를 사들이는 것이 아니라 매월 얼마 하는 식으로 정기적인 지불에 의해 이용하는 것을 나타내는 개념이다. 다만 구독은 단순히 지불 방식만을 의미하는 것이 아니다. 팔고 나면 끝이 아닌, 고객과의 지속적인 관계 조성과 이를 통한 빅데이터의 취득과 활용 등을 포함한 새로운 개념이다.

또 자동차를 오너카(소비자가 소유한 자동차)와 서비스카(소비자가 소유하지 않고 서비스로써 이용하는 자동차)로 분류한다면, 가까운 미래가 될 서비스카의 세상에서는 완성차 제조사와 공유 서비스가 현재의 항공기 제조사와 항공 회사의 관계에 가까워진다는 것이 내 예상이다.

비행기를 이용하는데 보잉인지 아닌지, 보잉이라면 무슨 기종인지를 따지는 사람은 거의 없다. 따지는 것은 JAL인지 ANA인지, 싱가포르 항공인지 같은 운영사 쪽이다. 똑같은 현상이 자동차 업계에서도 일어날 것이다. 적어도 서비스카에서는 도요타, 벤츠, 포드와 같은 완성차 제조사 브랜드가 그다지 의미를 갖지 않게 된다. 공유 서비스 회사가 어디인지가 가장 중요하며, 어느 제조사의 자동차인지는 부차적인 문제가 되는 시대가 조만간 올 것이다.

E Electric의 EV화에서는 양산화와 수익화를 얼마나 앞서서 실현할 수 있는지가 중요해질 것이다. 충전소와 전지 비용 등 아직도 기술상의 장애물은 남아 있다. 무엇보다 중요한 것은 현재 상황, 즉 EV로 흑자를 내는 회사가 거의 없다는 점이다. 테슬라를 포함해 EV는 선행 투자라는 데 의미를 두고 있다. 그런 가운데서 재빨리 양산화와 수익화를 실현하는 참여자는 누가 될까? 승부의 향방은 아직 알 수 없다.

나아가 업계 전체적으로 진행될 플랫화와 수평 분업화, 모듈화에 어떻게 대응할 것인가? 그러나 동시에 종합 참여자, 즉 플랫포머로서 승자로 남기 위해 개발, 제조, 판매 등 모든 것을 그룹 내에서 포괄하려는 참여자도 나타날 것이다. 즉 수직 통합이 다시 나타나는 것이다. 기존에 하드웨어 사업을 하지 않던 아마존이 태블릿형 단말인 킨들 파이어를 개발하기 시작하면서 사용자와의 직접 접점이 되는 인터페이스 부분까지 포괄한 것은 좋은 예다.

이런 상황에서 기업은 어떤 포지션을 향해야 할 것인가? 똑같이 종합 참여자를 지향해야 할까, 아니면 일부 계층을 담당하는 One of them(기타 수많은 회사 중 한 곳)으로서 수직 통합되는 쪽으로 향해야 할까? 당연히 승자로 남을 수 있는 플랫포머 쪽을 선택해야 한다. 그렇지 않으면 One of them으로 내몰릴 뿐이다.

이런 미래 예측을 고려하여 업계·산업·기업이 원대한 구상Grand design을 그릴 수 있는지도 관건이 된다. 그런 다음 변화가 극심한 환경에 대응할 수 있는 전략, 조직, 조직문화, 리더십, 매니지먼트를 구축할 수 있는지도 중요하다.

만약 종합 참여자로서 승자로 남는다고 한다면 규모의 경제, 범위의 경제, 속도의 경제라는 삼위일체를 통한 시너지가 매우 중요하다. 규모, 범위, 속도의 경제란 전작《아마존 미래전략 2022》에서 제시했던 프레임워크다.

규모의 경제란 더욱 저렴한 서비스를 제공하기 위해 규모를 확대하고 저가 구조를 구축하는 것을 말한다. 범위의 경제란 취급 제품과 서비스를 넓혀가는 것이다. 그러려면 외부 파트너사와의 공동 작업이 필수적이며 동시에 어디까지 자사가 독자적으로 진행할 것인지, 어디를 외부 파트너사에 맡길 것인지와 같은 합리적인 판단이 필요하다.

그리고 속도의 경제 구축은 프로토타입 사고, 디자인 사고, 3D 프린팅 사고와 같은 새로운 경영으로 전환할 수 있는지에 달려 있다. 돌다리도 두들겨 보고 건너겠다는 식의 기존 경영으로는 속도 향상을 기대할 수 없다. IT 업계에서 사실상 표준이 되어 있는, 100점 만점이 아닌 70점이면 된다는 자세, 그리고 완성도보다는 일단 만들어 본 다음 생각하는 것을 우선시하는 자세 없이는 다른 참여자에 뒤처지고 만다. 물론 그러면서도 동시에 철저한 안전성이 수반되어야 하니 정말 어려운 과정이다.

서비스가 소프트웨어를 정의하고,
소프트웨어가 하드웨어를 정의한다

다시 경쟁의 주요 무대인 자율주행에 관해 정리해 두자. 자율주행에도 방식에 따라 몇 가지 단계가 있다. 일반적으로는 미국 자동차 기술회 SAE가 정의한 1단계부터 4단계까지의 분류가 알려져 있다.

1단계는 자동 브레이크와 차선 유지 지원 기능 등 단독의 운전 지원 시스템이 탑재된 것을 말한다. 2단계에서는 핸들 조작과 가속 감속 등 여러 조작이 자동으로 이루어진다. 2단계 자율주행차는 차선(흰 선 혹은 주위의 차)을 보면서 달린다. 그러므로 고속도로에서의 사용이 권장되며, 카메라와 밀리파 레이더(파장이 1~10mm인 전파를 사용해 자율주행 운전자가 전방의 자동차 또는 보행자 사이의 거리를 파악하는 기술—옮긴이)가 중요한 기기가 된다. 이 시점에서는 운전자가 이제까지와 마찬가지로 직접 운전하면서 주위 상황을 제대로 확인할 필요가 있다.

3단계의 자율주행은 한정된 조건에서 시스템이 모든 운전을 조작하는 것이다. 현시점에서도 흰 선이 정비된 상황이라면 3단계의 자율주행이 실현되어 있다. 다만 시스템이 제대로 운전하지 못하는 상황에 놓이면 사람에게 운전을 넘겨야 한다. 현재 항간에 알려진 자율주행차는 2단계 아니면 3단계에 해당한다. 자율주행이라고는 하지만 시스템이 약점을 보이는 부분에선 사람이 운전해야 한다. 그러나 사람이 갑자기 핸들을 넘겨받으면 난처해지니 사실상 의미가 없다. 미국과 유럽 회사는 처음부터 완전 자율주행을 내다보고 있었다.

완전 자율주행이 실현되는 것이 4단계로, 운전은 모두 AI에 맡긴 상태다. 많은 테크놀로지가 사용되는 가운데 특히 초고해상도 지도, 레이저광을 사용한 거리 측정 기술 라이더LiDAR, 그리고 각종 센서로부터 수집된 정보를 적절히 해석해 어떻게 달려야 하는지를 학습, 추론하는 두뇌를 갖춘 AI 컴퓨터 등이 중요하다.

표 7 자율주행의 근원적 분기점: 2단계, 3단계, 4단계의 차이점

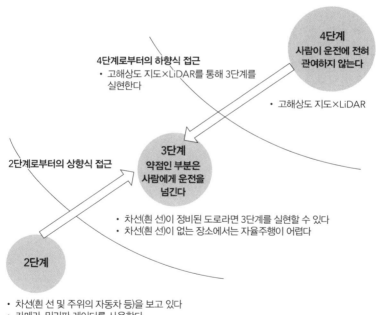

이런 자율주행의 핵심 테크놀로지에 관해서는 제8장에서 정리하기로 한다.

일단 완전 자율주행차의 차량이라는 하드웨어는 자율주행을 가능하게 하는 거대한 시스템의 일부분에 불과하다는 점을 이해하기 바란다. 자율주행차의 성능을 결정짓는 것은 하드웨어와 더불어 자율주행차를 제어하는 두뇌인 소프트웨어다. 이 시점에서 지금까지 자동차 산업에서 주역이었던 완성차 제조사의 경쟁 우위성은 각 거대기술 기업과 반도체 기업 등에 비교하면 약해진다.

덧붙이자면 소프트웨어보다 서비스가 중요한 시대가 확실히 온다. 왜냐하면, 완전 자율주행은 어떻게 운전하느냐가 아니라 그 공간 안에서 어떻게 시간을 보내느냐가 중요하기 때문이다. 서장에서도 설명했지만, 구글 등이 목표로 하는 완전 자율주행이 실현되면 자동차는 더 이상 자동차가 아니라는 말이 현실화된다. 최대 핵심은 자동차 안에서 시간을 어떻게 보내느냐로 바뀌는 것이다. 이 주제에 명쾌한 대답을 내어 고객의 지지를 받는 것은 기존 자동차 회사도 테크놀로지 기업도 아닐 수 있다. 개인적으로 가장 가능성이 큰 것은 차세대 승차 공유 회사가 아닐까 한다.

사람이 운전에 전혀 관여하지 않는 이상 그렇게 될 가능성이 크다. GM은 발 빠르게 페달과 핸들이 모두 없는 완전히 새로운 차내 공간을 시각화해 선보였다. 그런 공간에서 사용자에게 제공하는 새로운 서비스와 새로운 사용자 경험이야말로 진정한 가치를 지닌다. 그리고 그런 서비스와 사용자 경험을 가능하게 하는 소프트웨어와 하드웨어가 귀

납적으로 정의될 것이다.

완전 자율주행차의 내부에 어떤 요구사항이 있는지는 아직 확실하지 않다. 그러나 사람이 아직 언어로 표현할 수 없는 요구사항까지 내다본 새로운 서비스와 새로운 기능 가치·정서 가치·정신 가치를 제공할 수 있는 자동차라는 점은 확실하다. 아마존이 빅데이터×AI를 통해 고객의 취향을 실시간으로 감지함으로써 추천 기능으로 연결하고 있듯이, 차세대 자동차도 운전자의 전신 신체 정보를 활용해 그로부터 요구되는 서비스나 사용자 경험을 감지하는 단계까지 도달하는 날이 가까워지고 있다.

자동차×IT×전기·전자로 생각해보는 차세대 자동차 산업의 계층구조

연결된 자동차, AI가 운전자가 되어 핸들이 없는 자동차. 공유 자동차. EV화한 자동차 등 CASE가 실현된 후의 차세대 자동차 산업의 모습을 상상해보기 바란다. 좁은 의미의 자동차 산업 자체는 축소될 수 있다. 하지만 넓은 의미의 자동차 산업은 이제까지의 자동차 산업을 훨씬 뛰어넘는 규모가 된다. 자동차×IT×전기·전자가 한데 섞여 거대한 산업, 거기에 서비스 외에 주변 관련 산업까지 추가한다면 전 산업을 포괄하는 산업이 된다고 해도 과언이 아니다.

그만큼 참여자 사이의 대결은 매우 치열해진다. 어디에 포지션을 취해야 할지, 어떻게 수익을 올려야 할지, 원대한 구상을 명확히 하지 않는 이상 새로운 기업과 기존 기업을 불문하고 자동차 업계의 참여자들은 혹독한 상황에 놓이게 될 것이다.

미래를 점쳐 보는 데는 과거에 PC나 스마트폰 산업에서 일어났던 일을 통해 유추해보는 방법이 효과적이다. 역사적으로 봤을 때 PC·스마트폰과 차세대 자동차에는 공통점이 있다. PC·스마트폰 산업의 역사란 제조사에서 소프트웨어 업체로 주도권이 옮겨 간 역사이며, 기존 형태의 가치망 구조가 계층구조로 바뀌어 간 역사이기도 하다.

일찍이 심한 경쟁 양상을 보였던 PC 산업은 OS로 PC의 두뇌를 다스렸던 마이크로소프트와 반도체로 PC의 심장부를 다스렸던 인텔의 연계, 이른바 윈텔에 의한 지배 체제였다. 소프트웨어의 성능은 OS를 기본으로 발전하고 하드웨어의 성능은 반도체의 집적도에 의해 발전하기 때문에 윈텔은 관련 제품의 사양과 성능까지도 지배했다. 제품의 로드맵을 제시하는 것도, 제품을 표준화하는 것도 항상 윈텔이었다.

그러나 이랬던 두 회사조차 PC에서 스마트폰이라는 모바일화의 흐름에는 대응하지 못했다. 또 OEM(주문자 브랜드에 의한 위탁 생산을 수주하는 생산 방식), ODM(주문자 브랜드에 의해 설계·생산하는 회사), EMS(전자기기 제조 수주 서비스 회사) 같은 수주업체가 점차 힘을 갖기 시작한다.

표 8의 하단에는 현재를 애플과 구글+a의 지배 체제로 보고 스마트폰 산업의 참여자를 계층구조로 정리했다. 애플은 OS, 하드웨어, 앱, 서비스로 풀라인업을 거느리고 있다. 구글은 기본적으로 하드웨어 사업을 하지 않고 OS와 앱, 서비스를 커버한다. 삼성은 하드웨어와 부품의 기타 참여자다. 그밖에 퀄컴은 반도체, 화웨이는 단말기, 라인은

표 8 PC와 스마트폰에서 일어났던 일과 이를 통한 유추 분석

[WINTEL 지배 체제]

- 마이크로소프트가 PC의 두뇌
- 인텔이 PC의 심장
  - 아키텍처를 통한 사양과 성능에 의한 지배
    - 하드웨어의 성능은 반도체의 집적화에 의한 발전
    - 소프트웨어의 성능은 OS를 기본으로 한 발전
  - 제품의 로드맵과 표준화에 의한 지배
  - 공급망의 제어에 의한 지배

[Apple과 Google+a 지배 체제]

- Apple이 OS, 하드웨어, 앱과 서비스
- Google이 OS, 앱과 서비스
- 삼성이 하드웨어, 부품, 기타
- 홍하이(폭스콘)가 OEM, 기타
- 퀄컴이 반도체
- TSMC가 반도체 제조 파운더리
- 화웨이가 단말, 기타
- LINE이 OS상의 커뮤니케이션 앱

 차세대 자동차 산업에서의 참여자 예측

OS상의 커뮤니케이션 앱을 거느리고 있다.

이상을 고려했을 때 자동차×IT×전기·전자로 이루어질 차세대 자동차 산업은 표 9와 같은 계층구조로 구성되는 산업이 될 것이라고 본다.

계층구조에서는 기존의 가치망 구조와는 달리 각 계층의 제품을 사용자가 선택해 조합시킬 수 있을 것으로 예상한다. 스마트폰으로 말하

표 9 차세대 자동차 산업의 계층구조

상품·서비스·콘텐츠
클라우드·플랫폼
소프트웨어·플랫폼
차량용 OS
하드웨어·플랫폼
차량 레퍼런스
차체
통신 및 통신 플랫폼
전기 및 전기 플랫폼
도로(사회 시스템)

자면 단말은 소니의 스마트폰, OS는 구글의 안드로이드, 통신회사는 도코모 같은 식이다. 기능성과 용도를 결정짓는 요소가 하드웨어가 아닌 소프트웨어라는 것도 스마트폰과 공통점이다.

따라서 《삼국지》에도 비유된 차세대 자동차 산업의 대혼전이란 각 계층의 플랫포머, 혹은 여러 계층의 수직 통합, 나아가 거대한 플랫포머의 자리를 놓고 겨루는 대결이라고 말할 수 있다. 엄밀히 본다면 각 계층 내부에도 다시 계층과 가치망이 존재하며 거기에서도 마찬가지로 수직 통합과 수평 분업이 이루어진다.

표 10 자동차×IT×전기·전자인 차세대 자동차 산업의 주요 10개 선택지

1. OS·플랫폼·생태계를 지배한다
2. 단말·하드웨어를 제공한다
3. 중요 부품으로 지배한다
4. OEM·ODM·EMS 참여자가 된다
5. 미들웨어로 지배한다
6. OS상의 앱&서비스로 플랫포머가 된다
7. 공유와 구독 등의 서비스 제공자가 된다
8. 유지보수&서비스 등의 서비스 제공자가 된다
9. P2P·C2C와 같은 다른 게임 규칙에서의 참여자가 된다
10. 특별한 장점을 갖지 못한 채 극심한 경쟁 속에서 일개 참여자로 끝난다

차세대 자동차 산업의 10개 선택지

이상의 고찰을 토대로 표 10에서 차세대 자동차 산업의 주요 10개 선택지를 제시했다.

기존 자동차 회사의 경우 도요타와 다임러가 명백하게 1번 선택지를 지향하고 있다. 자동차 회사 중에서는 차세대 자동차 세계에서 2번 선택지, 결국 하드웨어로서의 자동차를 제공하는 데 그치고 마는 기업이 속출할 것으로 예상한다. 현재로 말하자면 하드웨어로서의 스마트폰만을 공급하고 있는 제조사의 모습과 같다.

현시점은 신구 참여자가 뒤섞여 각각 여러 계층에 걸쳐 사업을 진화·확장하는 상태이며, 수직 통합·수평 분업의 움직임이 빈번해 차세대 자동차 산업 패권의 향방을 전망하기란 매우 어렵다. 그러나 각 참여자에 관한 사실관계를 꼼꼼히 축적해서 고찰하는 중에 알게 되는 사실도 있다.

제2장

EV의 선두주자
테슬라와
일론 머스크의
거대한 생각

2022

모델 3 양산화와 자금 조달로 고전 중인 테슬라

창업한 지 불과 15년 만에 EV의 총아가 된 테슬라. 포브스 지가 선정한 세계에서 가장 혁신적인 기업 2016에서 1위로 선정될 만큼 혁신 기업이기도 하다.

테슬라의 가치를 기존 지표로 추측하기란 생각만큼 쉽지 않다. 매출 규모를 보면 포드가 1,567억 달러, GM이 1,455억 달러인 데 비해 테슬라는 117억 달러에 머물고 있다(모두 2017년 12월 말의 결산 수치임). 숫자만 놓고 보면 아직 전통 자동차 제조사가 강세라는 인상을 받는다.

그러나 시가 총액에 주목하면 인상이 확 달라진다. GM이 527억 달러, 포드가 438억 달러인 데 비해 2010년에 막 상장한 테슬라는 505억 달러(모두 2018년 4월 6일 시점)다. 또 장부상 기업 자산에 대한 시가 총액의 배율을 나타내는 PBR은 테슬라가 11.9배, GM이 1.5배, 포드가 1.2배다(PBR이 높을수록 주가가 실질 가치보다 고평가되었다는 의미

테슬라의 일론 머스크 CEO

출처: Wikipedia

다—옮긴이).

단순히 전 세계를 달리는 차량에서 차지하는 점유율만을 따진다면 테슬라의 EV차 수는 업계 전체에 영향을 줄 만한 것은 아니다. 그러나 테슬라는 단순히 매출과 판매 대수만으로는 설명 할 수 없는 부분에 의해 업계의 질서를 송두리째 뒤집어버렸다. 이런 사실로부터 테슬라라는 회사의 혁신성과 시장의 기대감이 얼마나 큰지 알 수 있다.

테슬라 약진의 핵심 인물은 현 CEO인 일론 머스크다. 회사는 마틴 에버하드와 마크 타페닝 두 사람이 설립했는데, 2008년에 경영 위기를 맞아 출자자 중 한 명이었던 일론 머스크가 CEO로 취임했다.

현재 테슬라는 모델 S, 모델 X, 모델 3의 3개 차종을 판매하고 있는

데, 이중 최초의 일반인 대상 차량인 모델 S는 2017년에 미국에서 가장 잘 팔린 EV다. 그런데도 일론 머스크로서는 '나는 아직 배고프다!'라고 말할 것이다. 일론이 전기자동차의 연간 판매 대수를 1억 대로 선언했기 때문이다. 여기서 '테슬라 차'를 1억 대라고 말하지 않는 점이 일론의 개성을 말해주고 있는데, 이에 관해서는 나중에 설명하겠다.

다만 당장 테슬라는 고전 중임이 분명하다. 테슬라의 첫 대중차인 모델 3(약 35,000달러)의 양산이 궤도에 오르지 못한 채 선행 투자만 불어나고 있기 때문이다. 그 밖에 모델 S의 리콜 사태와 자율주행차의 사고 등 2018년 들어 부정적인 사건이 잇따르고 있다.

모델 3은 예약 개시 1개월 만에 40만 대나 되는 주문이 들어왔지만, 막상 생산을 시작하자 2017년 7~9월의 납차 대수는 260대, 10~12월은 1,500대에 머물렀다. 이에 따라 테슬라는 2017년 말까지 1주당 생산 목표를 5,000대로 하겠다던 목표를 2018년 3월로 연기했고, 2018년 6월 말로 재차 연기했다.

병목 현상을 유발한 요소는 전지 팩과 차체의 조립 속도다. 당초에 조립은 로봇에 의한 완전 자동화 라인에서 진행될 예정이었으나 위탁업자가 테슬라의 요구에 따르지 않아 테슬라가 직접 수작업을 통해 조립하게 되었다. 가솔린차에 비해 부품 개수가 훨씬 적다고 알려진 EV라고 해도 이래서야 생산 속도가 올라갈 리 없다. 결과적으로 2017년도의 잉여현금흐름은 약 34억 달러 적자였다. 최종 손익은 사상 최대인 19억 6,140만 달러의 적자를 기록했다. 일론 자신도 예상하지 못한 사태였던 모양인지, 기자회견에서 이런 지옥은 두 번 다시 경험하고 싶지 않다며 속내를 털어놨다.

그러나 나는 이 역시 일론에게 있어 장대한 미션을 달성하는 데 필요한 출산의 고통이라 생각한다. 일론의 사명은 인류를 구원하겠다는 믿기 어려운 크기다. 당연하겠지만 그런 영웅이 오기를 기다리는 악당이 강력하리라는 점은 두말할 나위 없다.

인류를 구원할 일론 머스크의 위대한 사명감

테슬라라는 회사를 이해하려면 우선 일론 머스크 개인의 사명감과 야망을 이해할 필요가 있다. 일론의 성장 과정을 간략하게 소개한다.

일론은 1971년 남아프리카 공화국에서 태어났다. 그 후 미국으로 건너가 펜실베이니아 대학에서 물리학과 경제학 학위를 취득한 뒤 스탠퍼드 대학 대학원에 진학한다. 그때부터 일론은 인류의 미래에 커다란 영향력을 주게 될 과제는 인터넷, 친환경 에너지, 우주 개발의 세 가지라고 결론짓고 있었다. 일론은 스탠퍼드를 불과 이틀 만에 자퇴하고 동생과 소프트웨어 개발 회사를 창업한다. 여기서 성공을 거둔 뒤에 회사를 PC 대기업인 컴팩에 매각하고, 매각 자금으로 창업한 인터넷 결제 회사 엑스닷컴도 대성공한다. 엑스닷컴은 훗날 컨피니티 사와의 합병을 통해 페이팔 사가 된다. 여기까지였다면 일론도 실리콘밸리에서 드물지 않은 성공한 IT 기업가로 끝났을지 모른다.

하지만 일론은 페이팔 사를 이베이 사에 매각해 수중에 들어온 약 170억 엔이나 되는 개인 자산을 밑천으로, 2002년에 민간 우주 기업인 스페이스 엑스를 설립했다. IT 창업자가 어째서, 도대체 무엇을 위해 로켓 개발에 뛰어들었을까? 그것은 바로 인류를 화성에 이주시키기 위해서였다.

일론은 지구 인구가 이미 70억 명을 넘어 환경 파괴가 진행되고 있는 데다 석유자원도 고갈되고 있으므로, 인류가 이대로 지구에 머무른다면 멸망 할 것이라 예측한다. 모든 사람이 황당무계하다고 비웃었지만 일론은 진심이었다. 창업 6년 차에 우주 로켓인 팔콘 1의 발사에 성공했고, 이후로도 잇달아 신형 로켓 발사에 성공했으며, 2018년에는 대형 로켓인 팔콘 헤비에 테슬라의 초고급 EV차인 로드스터를 실어 화성 궤도상으로 발사했다.

그리고 그다음에 참여한 회사가 바로 테슬라다. 인터넷과 우주를 거쳐 전기자동차로. 이것도 언뜻 보면 도대체 '왜?' 하고 고개를 갸웃하고 싶어지지만, 일론의 생각은 시종일관 인류 구원이다. 결국에는 이런 뜻이다. '화성에 갈 수 있는 로켓이 완성되기까지는 시간이 필요하다. 지구 멸망의 속도를 늦추기 위해 배기가스를 뿜어대는 가솔린차 대신 EV차를 개발하자. 친환경 에너지의 생태계를 정착시키자'. 여기까지의 내용에서 알 수 있는 것은 일론에게 있어 EV는 친환경 에너지를 실현하기 위한 수단이라는 점이다. 2016년 테슬라는 태양광 발전 기업인 솔라시티를 인수했다.

따라서 테슬라를 EV 사업만 하는 회사라고 보면 본질을 잘못 이해한 셈이다. 테슬라의 실태는 친환경 에너지를 만들고 축적하며 사용하는 삼위일체 사업이다. 태양광 발전으로 에너지를 만들고, 축전지로 에너지를 축적하며, EV차로 친환경 에너지를 사용함으로써 세 가지를 아우르는 곳이 바로 테슬라라는 회사다.

인류 구원이라는 미션에서 거꾸로 밟아나가지 않고서는 일론의 리더십, 매니지먼트, 그리고 행동과 발언 하나하나에 이르기까지를 제대로 파헤칠 수 없다.

물론 비즈니스인 이상 성공이 하나의 동기부여가 되는 것은 사실이다. 그러나 그것도 자기 자신의 장대한 미션을 실현하기 위한 자금을 얻는 수단에 불과하다. 참고로 미션을 실현할 수만 있다면, 굳이 자기 자신의 손으로 실행하지 않아도 상관없다고까지 진심으로 생각하고 있다는 게 일론의 대단한 점이다. 그 증거로 2014년에는 테슬라의 모든 특허를 오픈소스화했다.

EV 개발에서 가장 중요한 전지에 관해서도, 타사와 같은 EV 전용 대형 전지가 아니라 노트북에 사용되는 범용 전지를 연결해 사용함으로써 비용을 낮추는 테슬라의 독자적인 기술을 공개해버렸다. 평범한 사람이라면 너무나 아깝다고 생각할 것이다. 일론은 이런 방법으로 EV 시장이 활성화되고 인류 구원이 이루어질 수만 있다면 노하우를 무상으로 제공해야 한다는 생각이다. 일론이 전기자동차를 1억 대로 하겠다고 해도 '테슬라 차'를 1억 대로 하겠다고 말하지 않는 이유는 그 때문이다.

경제적 성공은 부차적인 문제다. 어디 그뿐인가. 일론은 벌어들인 액수 이상으로 돈을 투자하는 바람에 정작 본인은 빚을 지기 일쑤다. 마치 무일푼이 되더라도 상관없다고 생각하고 있는 듯하다. 일론에게는 돈보다도 미션의 실현이 중요하며, 그래서 더더욱 돈을 잃는 것을 두려워하지 않는다. 그런 의미에서 본다면 돈의 풍족함과 마음의 풍족함을 겸비한 인물이라고 할 수 있다.

필자는 이제까지 경영 컨설턴트로서 시가 총액 1조 엔을 넘는 기업 경영자의 참모역으로 근무해 왔는데, 일론의 인물상은 경제적으로 차원이 다른 성공을 거둔 경영자와 공통분모가 있다고 생각한다. 성공한 경영자들처럼 비범하고 커다란 성공 경험이 있으면 가령 회사가 파탄에 이르더라도, 이런 수준의 성공이라면 언제든 가능하다는 깊은 자신감이 있을지도 모른다.

천재인가, 독재자인가

한편 일론만큼 세간의 평가가 극명하게 엇갈리는 인물도 없다. 인류를 구원하겠다고 하면서도 일론의 캐릭터는 구세주나 성인군자와는 상당히 동떨어져 있다. 천재 발명가, 귀재, 무모, 정신병자, 사기꾼, 독재자, 스티브 잡스를 능가하는 남자. 가까운 사람들에 의한 일론의 평을 모아 보면, 좋든 나쁘든 간에 극단적이면서도 사람들 대부분이 끌리지 않고서는 못 배기는 카리스마적인 인물상이 떠오른다.

예를 들면 피터 틸이라는 사람이 있다. 페이팔 사의 창업자 중 한 명으로서 페이팔 출신의 성공자 집단인 페이팔 마피아의 핵심적인 인물이다. 현재 벤처 캐피털을 운영하고 있는데, 친환경 테크놀로지에 대한 투자는 금지해 왔다. 의미 있는 사업이라는 점은 누가 봐도 명확하지만, 아직은 채산이 맞지 않는 세계이니 정부의 출자나 우대 조치가 없으면 성립되지 않는 시장을 멀리하는 것이다. 그러나 일론은 테슬라와 솔라시티라는 두 회사를 성공시켰다. 피터는 이렇게 말했다.

"투자가들은 일론의 성공이 요행이었다고 생각합니다. 영화 '아이언맨'이 상영되면서 일론을 만화 주인공 같은 사업가로 인식했어요. 하지만 이제는 일론의 성공이 이윤을 늘리는 데만 연연하는 사람에게 울리는 경종은 아닌지 물어봐야 합니다. 나는 세상이 일론에게 여전히 의심의 눈길을 보내는 것은 일론이 미쳤기 때문이 아니라 오히려 세상이 미쳤기 때문이라고 생각합니다(《일론 머스크, 미래의 설계자》(김영사, 2015)."

실제로 일론은 영화 아이언맨의 주인공인 토니 스타크의 모델이다. 발명가이자 경영자, 대부호라는 캐릭터는 일론 그 자체다. 구글 창업자인 래리 페이지도 일론에 심취해 최대의 지원자임을 자인하고 있다는 사실은 미국에서 유명하다.

장대한 사명감에 자극받아 움직이고 실현 불가능하다고 생각되는 일도 끝까지 해내는 일론. 깨어 있는 시간은 항상 일하고 주위 사람들이 50시간을 일할 때 자신이 100시간을 일한다면 남들보다 배의 속도로 매사를 달성할 수 있다는 발언에서도 일론의 끝까지 해내는 힘이 그대로 전해진다. 일론이 비전 있는 경영자라는 점은 분명하다. 반면에 인간적으로는 냉혹한 구석이 있는 것 같다. 일론은 신경질적인 상사로 유명해 감정적으로 부하에게 호통치는 일도 비일비재하다고 한다. 아마 사람으로서는 꼭 호감 가는 인물은 아닐 것이다. 이런 주제에 늘 빠지지 않고 등장하는 스티브 잡스 이상으로 일론이 주인공인 살벌한 에피소드가 많다.

그러나 혁명이라고 불리는 인물에게는 모두 이런 일면이 있다. 스티브 잡스가 그렇고 제프 베조스가 그렇다. 매우 우수함과 동시에 타인을 강제로 다루어 미움을 산다. 상냥한가 싶다가도 미친 듯이 화를 낸다. 그중에서도 일론은 가장 튀는 인물일지도 모른다. 내세우고 있는 미션은 차원이 다른 크기다. 시가 총액으로 보면 베조스의 아마존이 더 거대하지만, 사람으로서 튀고 결함이 있는 정도로는 일론이 월등한 것 같다.

친환경 에너지 기업으로서의 전략 구조

테슬라의 사업은 이런 일론의 강렬한 개성이 그대로 투영돼 있다. 테슬라라는 회사가 무엇을 계획하고 있는지를 다시 개관해 보기로 하자. 전략 전체를 구조화한 것이 표 11이다. 표상의 글은 일론 머스크 본인의 표현 자체가 아니라 내가 요약한 표현임을 양해해 주기 바란다.

모든 것은 인류를 구원한다는 미션으로부터 시작된다. 인류 구원은 일론 머스크 개인의 미션이자 동시에 테슬라의 미션이다.

이에 따라 테슬라는 친환경 에너지의 생태계를 구축한다는 비전을 내걸었다. 요컨대 테슬라는 자동차 제조사이면서 동시에 에너지 기업이라는 뜻이다. 복습하자면 일론은 이대로 가다가는 조만간 지구가 멸망하고 만다는 세계관을 갖고 있다. 인류를 구원하기 위해서는 화성

표 11 테슬라의 전략 전체 구조

	미션
	인류를 구원한다

	비전
	친환경 에너지의 생태계를 구축한다

전략(2006년 마스터플랜)
스포츠카를 만든다
그 매출로 저렴한 가격의 자동차를 만든다
그 매출로 조금 더 저렴한 가격의 자동차를 만든다
위 사업을 진행하면서 무공해 발전 옵션(여기서는
태양광 에너지를 가리킴—옮긴이)을 제공한다

마케팅 전략 STP
테슬라의 철학에 공감하는 부유층이 당초의 타깃 세그먼트

마케팅 전술/서비스 마케팅믹스/7P

Product	고급 EV차, 고급 스포츠카부터 시작
Price	고가 전략 Premium pricing
Place	직영 딜러망 × 인터넷 판매
Promotion	일론 머스크가 직접 SNS 계정에 글을 올리는 것이 핵심 (SNS에 글을 올림 → 직영 딜러 → 인터넷 판매)
People	숭고한 이념과 인간적인 매력으로 인재를 끌어당긴다
Physical Evidence	직영 딜러망, 축전지 충전망 등의 정비
Process	수평·수직 통합 모델, SNS를 통한 사전 공지 → 사전 수주 → 생산

으로 이주시켜야 한다. 그런 생각으로 스페이스 엑스를 창업해 급속도로 우주 로켓 개발을 추진해 왔는데, 이런 속도로는 화성에 인류를 이송할 수 있게 될 때까지 지구가 버텨낼 것 같지 않다. 그렇다면 친환경 에너지를 통해 지구가 멸망하는 속도를 늦추자. 일론이 진행하는 사업의 배경에는 인류 구원이라는 일관된 사명감이 담긴 이야기가 있다.

따라서 테슬라의 EV차는 친환경 에너지의 생태계를 구축하기 위한 하나의 수단이다. 그렇다면 생태계 구축 실현을 위해 테슬라는 어떤

전략을 추진해 왔을까?

2006년에 발표된 마스터플랜에 테슬라의 전략이 기록되어 있다. 테슬라 홈페이지에 전문이 공개되어 있으므로 흥미 있는 독자는 꼭 한 번 읽어보기 바란다. 결론부터 말하자면 일론은 마스터플랜 내용의 대부분을 실현했다.

마스터플랜에 따르면 일론 머스크의 의도는 다음과 같다. 우선 ①고급 스포츠카를 만든다(로드스터), ②그 매출로 저렴한 가격의 차를 만든다(모델 S, 모델 X), ③그 매출로 더욱 저렴한 가격의 패밀리카를 대량 생산한다(모델 3). 이 순서를 반복하면서 ④무공해 발전 옵션을 제공한다.

친환경 에너지의 생태계를 구축하기 위해 EV차를 보급한다지만 갑자기 이루어질 수는 없다. 처음에는 제조 비용이 많이 들어가니 판매 가격도 높게 책정할 수밖에 없다. 그래서 우선은 고급 EV차에 집중한다. 또 일론이 페이팔 매각으로 얻은 현금으로 충당하는 것은 ①단계까지가 한계였다는 사정이 있었던 모양이다. 2016년에 발표된 후속 마스터플랜 중에서 일론은 다음과 같이 술회했다.

"처음 이 일을 시작할 때만 해도 성공 확률이 굉장히 낮다고 생각했기 때문에 다른 사람으로부터 자금을 받아 위험을 감수하기보다는 제가 가진 돈만을 사용해서 시작하고자 했습니다. 자동차 산업에서 창업을 하여 성공한 케이스는 매우 적습니다. 2016년 현재, 파산하지 않은 미국 자동차 회사는 포드와 테슬라, 단 두 곳뿐입니다. 자동차를 만드는 사업에 뛰어드는 일은 어리석은 행동이며, 특히 그 사업이 전기자동차에 관한 것이라면 그 어리석음은 더한 것입니다."

과연 테슬라의 모델 전개는 마스터플랜을 충실히 따르는 형태로 이루어졌다. 우선 2008년에 초고급 스포츠카 로드스터를 완성했다. 가격은 1,000만 엔 이상이나 했지만, 예약이 시작되자 레오나르도 디카프리오와 브래드 피트, 아놀드 슈왈제네거, 조지 클루니 등 내로라하는 셀럽들의 지지를 받았고, 그들을 광고탑 대용으로 하는 데 성공하여 단번에 시장의 주목을 받았다. 2012년에는 고급 세단인 모델 S, 2015년에는 고급 SUV인 모델 X가 완성되었다. 2017년에는 대망의 대중차인 모델 3을 약 400만 엔에 발매하여 양산화를 향해 나아가려 하고 있다.

계속해서 테슬라의 마케팅 전략을 살펴보자. STP(세그먼테이션·타겟팅·포지셔닝) 관점에서 분석하면, 당초의 세그먼테이션 타깃은 테슬라의 철학에 공감하는 부유층에 정확히 맞춰져 있다. STP란 시장을 어떻게 나누고(세그먼테이션), 그중에서 어디로 타깃을 압축하며(타겟팅), 나아가 자사의 위치를 어떻게 규정해야 하는지(포지셔닝)라는 마케팅 전략의 핵심이다.

마케팅 전술인 7P는 다음과 같이 정리할 수 있다. 상품Product은 고급 EV차와 고급 스포츠카부터 시작한다. 가격Price은 고가 전략에 자리매김한다.

유통Place은 직영 딜러망×인터넷이라는 방법에 테슬라의 독자성이 있다. 일반적으로 자동차 업계에서는 제조사가 소비자에게 직접 차를 파는 것이 아니라 자동차 딜러가 중개한다. 하지만 테슬라는 딜러를 통하지 않고 직영점과 인터넷을 통해 직접 차를 팔고 있다. 점포는 고급 쇼핑몰이나 고급 주택가에 세워져 있으며, 구입 후에는 사용자가 희망하는 장소까지 갖다 준다. 웹사이트에서는 언제든지 예약할 수 있으며 취소도 간단하다. 가솔린차와 비교하면 부품이 적고 오일 교환 등 유지보수가 기본적으로 불필요하므로 가능한 방법이다. 참고로 이로 인해 존재 가치를 위협받게 된 전미 자동차 딜러 협회는 테슬라를 상대로 소송을 제기했다. 업계의 관습을 타파하려는 자 앞에 저항 세력이 나타나는 일은 일상다반사라고 할 수 있다.

판촉Promotion에서는 대중 매체를 사용한 광고는 하지 않고 일론이 직접 SNS상에 정보 글을 올림으로써 직영 딜러나 인터넷 판매로 소비자를 유도하는 방법을 취하고 있다. 스페이스 엑스의 로켓 발사 실황과 테슬라의 실적 보고 등도 회사에서 보도자료를 발표하기에 앞서 일론의 SNS 계정에 글이 올라왔다.

사람People의 관점에서는 숭고한 이념과 인간적인 매력으로 뛰어난 인재를 모으고 있다. 일론이 말하는 장대한 비전이 사람들을 매료시켜 팀의 결속을 높인다. 물리적 환경Physical Evidence의 관점에서는 직영 딜러망과 충전소 등을 정비하는 것, 프로세스Process에서는 수평·수직 통합 모델, SNS를 통한 사전 공지 → 수주 → 생산 방식에 특징이 있다.

EV차는 촌스럽다는 이미지를
완전히 바꾸는 테슬라 차의 충격

테슬라의 자동차 자체가 매력적인 것은 두말할 나위도 없다. 기존의 전기자동차는 친환경인 한편 모양이 별로라는 이미지가 아무래도 꼬리표처럼 늘 따라다녔다. 느리고, 주행 거리가 짧으며, 디자인이 촌스럽다. 이대로였다면 아무리 인류 구원의 사명을 강조한들 사용자의 지지는 얻지 못했을 것이다.

하지만 테슬라의 EV차는 차원이 다른 근사함을 보여준다. 우선 단순한 주행 성능만 해도 수준이 높다. 2020년에 발매 예정인 최신형 로드스터의 최고 속도는 무려 시속 400km 이상이다. 한 번의 충전으로 1,000km의 주행을 가능하게 했다. 기존 자동차 산업에 없던 기술도 많이 탑재되었다. 예를 들어 페이팔 창업 멤버이기도 한 일론은 자동차 업계에 IT 업계의 제품 생산 방식을 충분히 도입하고 있다.

스마트폰처럼 소프트웨어 업데이트를 통해 진화하는 자동차라는 개념도 그중 하나다. 상시 인터넷에 접속되어 있으므로 소프트웨어 업데이트를 통해 기능이 추가되어, 차량이라는 하드웨어를 새로 교체하지 않고도 운전 성능이 개선된다는 뜻이다.

테슬라의 차량 소프트웨어인 버전 7Tesla Software V7.0부터는 실제로 자동차가 어떤 상황에서 어떻게 주행하고 있는지에 관한 빅데이터를 클라우드에 수집하고, 그렇게 모은 정보를 현재 운용 중인 자율주행 시스템인 오토파일럿의 개선에 활용한다. 테슬라에서 발매된 모델은 모두 완전 자율주행을 염두에 둔 하드웨어이고, 남은 것은 오토파일럿이 완전 자율주행 전용으로 업데이트되는 것을 기다리기만 하면 되는 단계다.

단적으로 일론의 뛰어난 제품 생산 감각도 크게 이바지하고 있을 것이다. 둥글넓적한 인상을 주는 타사의 EV차와는 달리 테슬라의 차체는 날렵한 디자인이다. 실내 공간도 산뜻하고 널찍널찍하다. 문손잡이는 평소에는 수납되어 있다가 운전자가 자동차에 가까이 가면 자동으로 나오는 방식을 채용했다. 현재의 고급 EV차에서는 기본 옵션인데 원래는 테슬라의 아이디어다.

모델 S의 차내 디스플레이는 아이패드를 떠올리게 하는 대형 액정 터치스크린으로, 물리적인 스위치가 적다는 점이 IT와 융합한 자동차라는 인상을 강하게 준다. 우주 수준의 장대한 미션을 그리면서 구체적인 제품 생산 장면에서는 미시적인 수준으로 세부 사항을 끝까지 추구하는 인물이 바로 일론이다. 앞서 언급한《일론 머스크, 미래의 설계자》의 저자 애슐리 반스에 따르면 일론은 결코 타협을 용납하지 않으며, 사내 엔지니어에게는 물리학 수준까지 파고 내려가라는 말을 입버릇처럼 하는 모양이다. 거시적인 장대함과 미시적인 섬세함이 일론의 특징이다.

가치망으로 비교해보는 기존 자동차 산업과 테슬라

가치망 역시 독특하다. 표12는 기존 가동차 산업의 가치망과 테슬라의 가치망을 분석 비교한 것이다.

표 12 가치망의 비교: 기존 자동차 산업 대 테슬라

기존 자동차 산업

기획·개발	조달	마케팅	판매	유지보수

기타 지원

테슬라

기획·개발	조달	제조	마케팅	판매
• 디자인과 엔지니어링 중심 • 마케팅 선행 기획·개발 • 마스터플랜에 근거한 기획·개발	• 계열 부품 제조사는 두지 않는다 • 수평 분업적 조달 • 모듈화에 근거한 조달	• 스마트 파운더리 • 로봇에 의한 조립 • 모듈화의 추진	• 브랜딩 중시 • SNS에 게시글 올리기 • 마케팅에 근거한 생산과 판매	• 외부 딜러를 필요로 하지 않는 판매 모델 • SNS·직영 딜러·인터넷 판매 • 마케팅에 근거한 생산과 판매

유지보수	기타 지원	충전	업데이트
• 유지보수를 그다지 필요로 하지 않는 비즈니스 모델	• 고객과의 지속적인 CRM을 중시	• 전지 충전이라는 새로운 프로세스	• OS·소프트웨어 업데이트라는 새로운 프로세스

기존 자동차 산업의 가치망은 기획·개발, 조달, 제조, 마케팅, 판매, 유지보수, 기타 지원으로 연결되어 있다. 테슬라의 가치망에는 거기에 새로운 프로세스가 추가되어 있다. 하나는 충전이다. 테슬라의 충전소는 슈퍼차저라고 불리며 세계 각국의 주요 도로변에 건설 중이다. 이미 거점은 전 세계에 1,200곳 이상이다. 충전소에서는 약 30분 만에 급속 충전이 가능하다. 또 앞서 설명한 대로 OS·소프트웨어를 업데이트하는 프로세스가 추가되었다.

기존 자동차 산업과 똑같아 보이는 프로세스라도 내실을 들여다보면 크게 다르다. 예를 들어 조달 프로세스에서는 계열 부품 제조사를 두지 않고 차체와 배터리, 타이어 등의 부품은 모두 외부에서 조달하는 수평 분업형 비즈니스 모델을 채용하고 있다.

다만 이와 동시에 다시금 수직 통합을 추진하는 움직임도 보인다. 테슬라는 이제까지 AI용 반도체로 엔비디아의 제품을 탑재해 왔다. 그러나 일론은 2017년 12월 자체적으로 AI용 반도체를 개발하고 있다는 사실을 발표했다. 발표 약 2년 전인 2016년 1월에는 반도체 대기업인 AMD에서 천재적인 설계자인 짐 켈러를 영입해 자율주행 시스템인 오토파일럿의 하드웨어 개발을 담당하는 부사장으로 임명했다(켈러는 2018년 4월에 인텔로 이적).

또 판매 프로세스에서는 앞서 설명한 대로 외부 딜러를 필요로 하지 않고 SNS, 직영 딜러, 인터넷 판매를 통한 직접 판매 방식을 채용하고 있다. 기획·개발 과정에서는 고객 요구사항에 없는 인사이트를 중시하며 디자인과 엔지니어링이 중심인 프로덕트아웃 발상을 통해 참신한 EV차를 계속 발표하고 있다. 그렇지만 여전히 마스터플랜에 따른 기획·개발이라는 점을 잊어서는 안 된다. 모든 것은 우주 차원의 장대한 미션과 비전에 근거하고 있다. 궁극적인 목적은 인류 구원이다. 그러기위해 친환경 에너지의 생태계를 구축한다. 테슬라의 모든 기획·개발은 거기서부터 거꾸로 올라가는 형태로 실행되고 있다.

이처럼 장대한 이야기만 주목받기 쉬운 테슬라지만, 반면에 프로세스의 세부에 초점을 맞춰 보면 일론이 매우 치밀하고 합리적인 사고방식을 하고 있다는 점을 알 수 있다. 예를 들면 기존의 것을 최대한 활용하려는 개발 자세다. 테슬라의 EV차 배터리는 기존 EV차에 사용되고 있는 전용 대형 납축전지가 아니라, 노트북 등에 사용되는 범용성 높은 제품이다. 이로써 비용을 줄이고 있다.

제품을 빅데이터의 수집 장치로 이용한다는 점도 주목해야 한다. 앞서 설명한 대로 현재 테슬라는 판매한 자동차로부터 데이터를 수집해 클라우드에 모으고 있다. 이를 통해 모델 S부터 탑재된 자율주행 시스템 오토파일럿을 진화시켜 완전 자율주행의 실현을 지향한다는 것이다. 이는 커다란 경쟁 우위다. 타사는 제한된 숫자의 시험차를 달리게할 수밖에 없는 반면 테슬라는 날마다 수십만 대 규모의 데이터를 축적할 수 있기 때문이다. 현재는 역경에 허덕이고 있지만, 테슬라가 완전 자율주행에서 최종적으로 선도자가 될 가능성은 충분히 있다.

제조 프로세스에서는 로봇을 통한 조립과 모듈화를 추진하고 있다. 미국 캘리포니아 주 프리몬트에 있는 공장은 GM과 도요타의 합작 공장이었던 누미NUMMI의 방법을 참고로 했다. 한때 테슬라의 출자자이기도 했던 도요타의 간반看板 방식과 똑같은 저스트 인 타임Just In Time(필요한 것을 필요한 때에 필요한 양만큼 생산하는 적시 생산 방식―옮긴이) 방식을 자동화를 통해 실현하고 있다.

원래 EV차는 가솔린차와 비교하면 부품 수가 적고 엔진이나 변속기와 같은 기계 부품이 아닌 리튬 전지나 모터, 소프트웨어와 같은 전기 부품이 중심이기 때문에 간단하게 조립할 수 있어 로봇의 도입을 추진하기가 쉽다. 공장도 자동차 공장이라기보다 전기 제품을 조립하는 스마트 공장을 떠올리게 하는 광경이다.

브랜딩의 원동력은 뭐니 뭐니 해도 일론 머스크라는 인물 자체의 철학·사상·집념, 미션과 비전이다. 일론은 자신의 말을 통해 사원, 고객, 사회를 계속 북돋우고 있다. 미국에는 'Think as big as Tesla(테슬라처럼 크게 생각하라)'라는 말이 있을 정도다. 돈을 위해서가 아니라 본인이 이상으로 삼는 미래를 만들기 위해 살아간다. 상식에서 벗어났다며 비판받는 것도 마다하지 않는다. 테슬라의 EV차는 이렇듯 새로운 삶과 생활 스타일을 구현한다.

그리고 미션과 비전에서부터 마케팅 전략, 제품의 디테일에 이르기까지 하나의 가치관으로 관철된 테슬라의 자동차를 구입하는 것은 일론의 가치관을 공유하는 것과 마찬가지다. 사용자는 매슬로의 인간 욕구 5단계설 중에서 자기존중의 욕구와 자아실현의 욕구를 자신도 모르는 사이에 충족하게 될 것이다. 아마 일론은 이 역시 의도적으로 염두에 두었을 터다. 이를 통해 잡스도 아마 이럴 것이라 했던, 사용자가 아직 원한다고 자각하지 못한 욕구. 즉 고객의 인사이트에 대한 일론의 예민한 후각을 짐작해볼 수 있다.

테슬라는 다윈의 바다를 넘을 수 있을까

여전히 일론 머스크의 미션과 비전에는 전혀 변함이 없다. 또 모델 3이 완성됨에 따라 고급차에서 대중차라는 이행이 진행되었다. 그러나 앞부분에서 언급한 것처럼 모델 3을 의도대로 양산할 수 있을지가 당면 과제다. 나는 새도 떨어뜨릴 기세였던 테슬라는 최근 들어 제자리걸음 하는 모양새다. 필자의 전문 영역인 전략&마케팅 관점으로는 현재의 부진을 다음과 같이 해석할 수 있다.

고급차의 경우 기존의 STP와 7P, 가치망으로 제조에 다다를 수 있었지만, 대중차 양산이라는 단계로 이행할 때 필요한 새로운 STP, 7P, 가치망은 확립되어 있지 않다. 타깃이 다른 세그먼트를 공략하는 이상 포지셔닝에도 변화를 주어야 하는데 그것이 되어 있지 않다. 자금이 고갈되었다는 소문도 나도는 가운데, 일론이라면 해낼 수 있으리라는 기대감과 드디어 미지의 영역에 들어서려 한다는 불안이 뒤섞인 상태에 있다. 아무리 일론이라 해도 쉽게 넘을 수 있는 허들은 아니다.

혁신 프로세스에는 악마의 강, 죽음의 계곡, 다윈의 바다라는 세 가지 관문이 있다. 악마의 강은 연구부터 개발까지, 죽음의 계곡은 개발부터 사업화까지, 다윈의 바다는 사업화부터 산업화까지의 장벽을 각각 가리킨다. 지금까지 테슬라는 일론의 강렬한 미션을 원동력 삼아 EV차의 연구와 개발까지는 업계를 완전히 이끌어왔다. 연구를 연구만으로 끝내지 않고 구체적인 제품 개발로 연결함으로써 악마의 강을 건넜고, 개발한 제품을 사용자에게 전달하기 위한 마케팅 전략과 가치망을 구축함으로써 죽음의 계곡을 건너왔다.

여기까지 이르는 노하우는 모두 공개되어 있어 중국의 EV차 제조사에 후발자 이익이 발생하고 있다. 위의 프로세스로 말하자면 중국 기업에 죽음의 강까지 건너는 마법을 전수한 것이 바로 테슬라다. 테슬라의 노하우가 없었다면 아무리 중국 정부가 지원한다 해도 중국에서 60곳을 넘는 EV차의 완성 제조사가 탄생하는 일은 없었을 것이다.

그러나 양산차의 사업화에 즈음해서는 논리적으로 생각해도 테슬라가 혹독한 상황에 놓일 것이 예상됐다. 테슬라에는 EV를 양산하는 노하우가 없다. 이것은 완전 자율주행차 직전 단계에 있는 자동차를 만들고 있기 때문이기도 하다. 다시 말해 아직 IT×전기·전자의 요소가 충분하지 않다. 하드웨어가 아직 기존 가솔린차의 연장선에 있으므로 양산화에서도 기존 자동차 산업의 테크놀로지를 필요로 하는 것이다. 초고급차라면 스마트 공장에서 로봇이 조립하듯이 만들 수 있을지 모르지만, 대중차를 양산하려다 보니 기존의 노하우가 부족한 것이다. 반대로 말해서 이제까지 테슬라에게 밀려나 있던 GM과 포드에 역습의 기회가 있다고 한다면 바로 이 지점이다.

다만 완전 자율주행 시대로 이행하여 구글이 달리게 하는 마치 IoT 기기 같은 자동차가 주류를 이룬다면 양산으로 인한 고통에서는 해방될 가능성이 크다. 최종적으로는 예전의 애플과 애플로부터 스마트폰 제조를 하청받던 한국, 대만, 중국의 벤더가 특기인 단기간에 대량으로 제품을 생산하는 노하우와 스마트 공장만 있으면 되므로, 기존 자동차 산업의 양산화 노하우가 완전히 낡아버릴 가능성마저 있는 것이 차세대 자동차 산업이다.

대형 자동차 제조사가 펼치는 테슬라 포위망

테슬라는 앞으로 어떻게 될 것인가. 한 가지 확실하게 말할 수 있는 것은, 앞으로도 테슬라는 마스터플랜에 따라 움직여갈 것이라는 점이다. 10년 전에 내걸었던 마스터플랜을 거의 실현한 테슬라는, 2016년에 새롭게 후속 마스터플랜을 발표했다. 테슬라의 한국어 홈페이지에는 다음과 같이 정리되어 있다.

에너지 생산과 저장의 통합 이는 테슬라가 솔라시티를 인수한 것과 관련이 있다. 배터리와 태양광 패널을 유연하게 통합하여 친환경 에너지의 생태계를 구축한다는 공통의 목적을 위해 일원 관리한다는 뜻이다. 현재는 가정용 축전지인 파워월 2, 산업용 축전 시스템인 파워팩을 전개하고, 더불어 파나소닉과 공동으로 배터리 공장인 기가팩토리를 가동해 EV차에 탑재할 리튬이온 전지를 생산하고 있다.

지상에서의 주요 이동 수단을 모두 다루기 위해 사업을 확장하다 이는 모든 주요 세그먼트를 커버할 수 있도록 EV의 제품 라인업을 확대한다는 뜻이다. 2017년 11월에는 테슬라 최초의 전기 트럭인 테슬라 세미를 발표했고 2019년에 제조 개시에 들어간다고 밝혔다.

자동화 전 세계의 테슬라 차로부터 지속해서 주행 데이터를 수집해 자율주행 시스템 오토파일럿을 진화시킴으로써 수동으로 운전하는 차량보다 10배 더 안전한 자율주행 기능을 개발한다고 선언했다. 그 이유에 관해서도 다음과 같이 적혀 있다.

"이쯤에서 미래의 어느 시점까지 기다리지 않고 테슬라가 부분 자율주행 기능을 지금 제공하고 있는 이유에 대해 말씀드려야 할 것 같습니다. 가장 중요한 이유는, 올바로 사용하면 사람이 직접 운전하는 것보다 더욱 안전하다고 이미 확인했기 때문입니다. 오히려 부정적인 언론 보도나 법적 책임에 대한 두려움으로 기술 제공을 연기하는 것이 도덕적으로 비난받을 일이라 생각합니다."

다만 자율주행차로 인한 사망 사고가 발생한 가운데, 필자로서 이 대목만큼은 일론이 재고해 주기를 간절히 바란다.

공유 마찬가지로 후속 마스터플랜에는 다음과 같이 적혀 있다.

"차량을 사용하지 않을 때는 차를 통해 수익을 창출할 수 있게 한다."

"이 기능으로 창출되는 수익은 월별 대출금이나 리스 비용과 비슷하거나 훨씬 더 높을 수 있습니다. 이렇게 되면 궁극적으로는 모든 사람들이 테슬라 차량을 소유할 수 있을 정도로 실제 차량을 소유하는 데 들어가는 비용이 크게 줄어듭니다."

위 내용을 고려하여 테슬라의 과제를 다시 정리해 보자. 모델 3의 양산화로 고전하고 있는 점만이 과제인 것은 당연히 아니다. 후속 마스터플랜을 정말 실현할 수 있을까? 예컨대 자율주행에서 타사는 레이저광을 사용한 LiDAR를 중요시하여 채용했는데도 테슬라는 채용하지 않았다. 과연 안전성을 철저히 하는 데 있어 테슬라의 선택은 정말로 옳을까? 실제로 자율주행으로 인한 사망 사고가 발생하고 있는 가운데 재검토할 필요는 없을까? 완전 자율주행의 실현을 위해 각사가 격전을 벌이는 가운데 테슬라가 뒤쳐지게 되지 않을까? 이 부분은 제8장에서 자세히 이야기하기로 한다.

가장 중요한 EV차에서도 경쟁사의 맹추격이 시작되고 있다. 재차 언급했듯이 유럽과 중국을 중심으로 EV화에 대한 전환이 두드러진다. 독일의 다임러, BMW, 폭스바겐 등이 수조 엔 규모를 투자해 EV화를 서두르고 있으며, 메르세데스 벤츠는 테슬라에 대항하기 위해 3대륙 6개 공장에서 EV와 EV용 배터리를 생산하는 글로벌 배터리 네트워크 구상을 발표했다. 이것은 테슬라에게 큰 위협이다. 어쨌든 기존 형태의 대기업 자동차 제조사는 테슬라가 고전하고 있는 양산화 기술을 이제까지 수십 년이나 축적해 왔다. 예리한 감각이 필요한 고급차 카테고리에서는 테슬라에 뒤처졌을지도 모르지만, 모델 3과 같은 양산차 카테고리에서 겨루었을 때 안심과 신뢰성 면에서 사용자의 평가가 기존 형태의 대기업 자동차 제조사로 기울어질 가능성은 적지 않다.

테슬라에 경영 위기 발발, 구원투수는 누구인가

마지막으로 지적해야 할 점은 테슬라가 이제까지 줄곧 경영 파탄의 위험을 떠안아 왔던 회사라는 사실이다. EV 시장을 견인하는 존재이면서 창업 이래로 흑자를 달성했던 적이 한 번밖에 없으며, 지금도 모델 3이 큰 성공을 거두지 않는 이상 회사의 존속이 어렵다. 만에 하나의 사태가 발생할 가능성은 크다.

2018년 4월 1일 만우절에 일론 머스크는 본인 트위터에 테슬라가 파산했다는, 아무리 생각해도 웃어넘기기 힘든 블랙 유머를 올렸다. '부활절 달걀을 대량 판매하는 등 자금 조달을 위해 노력했지만, 테슬라가 파산했다는 사실을 전하게 되어 유감이다.'라는 내용이었다. 양산이 난항을 겪고 있는 신형차 모델 3에 기댄 채 쓰러져 있는 본인 사진도 올렸다. 까칠함과 애정결핍이 두드러진 일론다운 농담이었을지도 모른다. 그러나 그날 테슬라의 주가는 한때 7%나 하락했다. 투자자와 시장이 일론의 글을 농담으로 받아들일 수 없을 정도로 테슬라의 경영 위기가 현실로 드러나고 있다는 점을 보여주는 증거라고 볼 수도 있다.

만약 긴급 사태가 발생했을 때 테슬라를 구제하는 기업은 어디가 될까? 과거에 구글의 래리 페이지에게 회사 매각을 상담하고 가격까지 정했다는 이야기가 있다. 애초에 구글은 스페이스 엑스의 주주다. 이미 상당한 액수를 투자하고 있다 보니 당연히 테슬라의 구제에 나서리라고 생각할 수 있다.

참고로 래리 페이지는 일론의 사명감에 공감하는 열광적인 팬이기도 하다. 만일의 사태가 발생한다면 구글이 테슬라를 인수할 가장 유력한 후보일 것이다. 다음 후보는 테슬라의 주식을 이미 5% 보유하고 있으며 차세대 자동차 산업에도 이미 뛰어들고 있는 중국 IT의 영웅 텐센트다. 그 밖에 다크호스로는 이제까지 소문만으로 몇 번이나 거론됐던 애플이 인수하여 단번에 수직 통합을 가속한다는 시나리오 정도를 예상해 볼 수 있다.

세계에 대한 원대한 구상, 일론 머스크가 그리다

상당한 우여곡절이 있었고, 테슬라 자체에 경영 위기가 표면화한다 해도 친환경 에너지를 창조하고, 축적하며, 사용하는 삼위일체 사업의 원대한 구상은 조만간 세계의 원대한 구상이 될 것이라고 나는 확신한다.

테슬라와 같은 회사를 평가할 때는 눈앞의 적자만을 가지고 이러쿵저러쿵 논해 봤자 부질없다. 일론 머스크란 우주 수준으로 크게 생각하고, 물리학적으로 미시적 수준까지 파고드는 인물이라고 나는 평가했다. 미국에서는 크게 생각하는 인물의 상징이기도 하다. 단기적인 부침에 얽매일 것이 아니라, 일론이 무엇을 지향하고 있느냐 하는 관점에서 파헤쳐야 할 회사다.

가령 일론 자신의 손으로 목표를 이루지 못하더라도 누군가가 테슬라의 삼위일체 사업을 추진해가게 될 것이다. 테슬라를 포함해 아직 어떤 회사도 EV의 양산화·수익화를 달성하지 못했다. 일설에 따르면 EV차에 들어가는 비용의 절반은 축전지 비용이라고 알려져 있고, 각 사는 기를 쓰고 축전지 비용을 줄이려 하고 있다.

또 충전 방법도 지금은 화력 발전에 크게 의존하고 있다. 이런 상황을 바람직하다고 보지 않는 일론은 축전지를 통해 태양광 발전으로 만든 친환경 에너지를 축적하고자 방대한 선행 투자를 실행해 충전소를 건설하고 있다. 아직 목적이 이루어지지는 않았지만, 이것이 지구와 인류에게 있어 합당한 전략이라는 점은 의심의 여지가 없다. 또 테크놀로지의 진화와 함께 각각의 프로세스에 드는 비용도 꾸준히 내려가고 있다.

표 13 친환경 에너지 창조×축적×사용의 삼위일체 사업

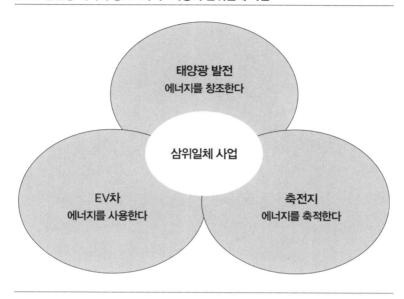

일론이 그리는 원대한 구상은 테슬라를 위해서만도 아니고 차세대 자동차 산업을 위해서만도 아니며, 앞으로 널리 세계를 위한 이정표가 되는 것은 아닌가 하고 생각한다.

그러므로 더더욱 일론을 벤치마킹해 둘 필요가 있다.

제3장

거대기술 기업의
차세대 자동차 전략
- 구글, 애플, 아마존

2022

거대기술 기업이 지닌 강점의 비밀

차세대 자동차 산업의 패권을 둘러싼 대결 중에서도 거대기술 기업 대 기존 자동차 회사의 대결은 이종격투기적인 성격이 매우 강하다.

어쨌든 거대기술 기업의 전략은 사업의 출발점인 미션부터 기존 자동차 제조사의 전략과 완전히 다르다. 거대기술 기업은 자신들의 사업을 통해 새로운 가치를 제공한다는 점에 강하게 집착하고 있기 때문이다.

구글이 자율주행에 주력하는 이유는 주변 세상을 이용하기 쉽고 편리하게 만드는 것이 미션이기 때문이다. 아마존은 음성인식 비서 알렉사를 통해 그저 말을 걸기만 하면 조작할 수 있는 궁극의 고객 경험을 실현하고자 한다. 그런 기업들이 일제히 자율주행 기술 개발에 진출해 기존 참여자에게 위협이 되고 있다. 이것은 대체 어떤 의미일까?

첫째는 각 기업이 각자의 사업 도메인에서 플랫폼과 생태계를 구축

표 14 거대기술 기업의 특징

(1) 플랫폼 지향이라는 점
(2) 사용자 경험을 중시하고 있는 점
(3) 빅테이터×AI 지향이라는 점
(4) 사업에 대한 철학·사상·집념을 철저히 지킨다는 점

하고 있다는 점이다. 단일 상품이나 서비스가 아닌 판을 제공함으로써 사용자나 파트너사를 포괄해 규모의 경제×범위의 경제×속도의 경제를 확대하고 타사를 압도하는 서비스로 연결하고 있다.

예를 들어 아마존은 현재 아마존 에코가 플랫폼이 되고 아마존 알렉사가 다양한 상품·서비스·콘텐츠를 외부로부터 흡수하는 형태로 커다란 생태계를 형성하고 있다. 나아가 아마존 생태계는 스마트 홈 영역에서부터 AWS(아마존 웹 서비스)가 커버하는 법인 고객망으로 확대되었고, 이제는 차량용 AI 비서로서 알렉사의 도입이 추진되고 있다. CES 2018에서는 도요타 자동차가 자사 차량에 알렉사를 탑재한다고 발표했다. 결국은 자동차 영역에까지 아마존 알렉사 경제권이라고 할 수 있는 산업 구조를 형성하고 있는 셈이다.

둘째는 철저한 사용자 경험 추구다. 사용자 경험은 영어의 User Experience를 우리말로 옮긴 표현이다. 원래는 웹 마케팅 분야에서 주목받던 개념인데, 이제는 사람의 욕망을 감지하는 수준에 도달했다.

모두 스마트폰을 손에 쥐고 쇼핑하고 싶으면 그 자리에서 바로 척척 주문할 수 있는 것이 당연한 시대에서는, 단 몇 초의 시간 지체에도 스트레스를 느낄 것이다.

이제까지 인터넷 기업은 그런 사용자의 요구사항에 부응하기 위해 사용자 경험을 진화시켜 왔다. 그렇게 되면 사람은 다음으로 현실 세계에서도 같은 수준의 쾌적함과 편안함을 추구하게 될 것이다. 사용자 경험의 진화는 그치는 법이 없다.

내 견해로는 이런 사용자 경험을 극도로 발전시킨 것이 완전 자율주행이다. 감지를 위해 센서를 비롯한 다양한 기술이 개발되었으며, 그런 기술을 구사하지 않고서는 이제 완전 자율주행의 실용화가 불가능하다.

예를 들어 전방 100m 앞에 좌우가 보이지 않는 도로가 있을 때, 테크놀로지를 이용하면 다음에 무슨 일이 생길 것 같은지를 사람 이상의 수준으로 알 수 있다. 완전 자율주행은 사람이 운전하는 것보다 안전하다는 말이 나오는 이유다. 원래부터 사용자 경험 추구에 여념이 없었던 거대기술 기업은 이런 점에서 기존 형태의 자동차 제조사에 크게 앞서고 있다.

셋째는 빅데이터×AI의 활용이다. 현재의 테크놀로지 기업은 온갖 채널로부터 고객의 빅데이터를 수집해 AI로 분석함으로써 한층 더 진화한 서비스 확대와 사용자 경험의 향상 등에 활용해 왔다.

다시 아마존의 예를 들자면, 전자상거래 통신 판매 사업을 통해 사용자의 구매 데이터를 축적하는 한편, 아마존 에코에서 음성 데이터를, 동영상 스트리밍 사업에서 동영상 시청 데이터를, 심지어 아마존

고와 인수한 고급 슈퍼마켓 홀푸드 등 오프라인 점포를 통해 오프라인의 구매 데이터까지도 수집하기 시작했다.

빅데이터×AI는 사용자 경험을 향상하는 강력한 동력이기도 하다. 집단으로서의 고객을 이해하는 데서 끝내지 않고, 한 명으로 타깃을 더욱 압축한 1인 세그먼테이션과 그 사람의 실시간 상황까지 타깃을 압축한 0.1인 세그먼테이션에 빅데이터×AI를 활용해 고객에게서 높은 평가를 받도록 연결하고 있다.

아마존이 파는 것은 좋은 상품뿐만 아니라 좋은 서비스이자 좋은 사용자 경험이라는 뜻이다. 이제 좋은 상품만으로는 사용자에게 지지를 받을 수 없다. 서비스, 가치, 편의성, 사용자 경험이 뛰어나야 선택받는 이유, 즉 경쟁력의 원천이 된다. 좋은 상품을 만들기만 하면 잘 팔리며 사용자의 지지를 받을 수 있다는 방심이나 교만함이 아마존에는 전혀 없다.

넷째는 거대기술 기업이 내건 미션과 거기에 담긴 강력한 철학·사상·집념이다. 이것이 바로 거대기술 기업의 비즈니스 모델에서부터 상품, 서비스, 현장 사원의 일거수일투족에 이르기까지를 관통하는 요소다. 스티브 잡스가 하는 말에 마음이 끌려 애플 제품을 구입하는 사람이 얼마나 많은가. 또 인류를 구원하겠다는 일론 머스크의 장대한 스케일에 감명받아 일론처럼 살기를 바라는 젊은이가 얼마나 많이 나타났는가. 커다란 미션이야말로 거대기술 기업에는 경쟁력의 원천이며, 많은 사용자를 공감시키고 끌어당기는 강렬한 매력이다. 이것도 자동차 제조사에는 부족한 점이다.

거대기술 기업의 약점과 사각지대

물론 이런 거대기술 기업의 강점이 동시에 사각지대도 될 수 있다는 점은 지적해 둘 필요가 있다.

거대기술 기업이 그들의 플랫폼과 생태계를 확장하면 할수록 사용자의 쾌적함은 커진다. 하지만 그것도 도가 지나치면 포위당하고 싶지 않다며 반발하는 사용자가 생긴다. 평소에 아무리 애용하더라도 가끔은 다른 것을 써 보고 싶은 날이 있다. 그러나 일단 한번 생태계에 포위당하는 순간 다시 그 쾌적함을 내려놓기란 쉽지 않다.

빅데이터×AI만 해도 그렇다. 개인 정보를 제출하는 보상으로 뛰어난 사용자 경험을 누린다는 것은 사용자로서는 바람직한 거래일 수 있다. 그렇지만 개인 정보가 정말로 보호되고 있는가 하는 문제가 있다. 개인 정보를 넘기고 싶지 않고 그냥 내버려 뒀으면 좋겠다는 감정이 싹트는 사용자도 있을 것이다. 플랫포머에 대해 이런 감정이 싹트는 지점에 다른 참여자가 기회를 노릴 만한 빈틈이 있다. 또 거대기술 기업이 지닌 철학·사상·고집이 개성적일수록 거기에 공감하지 못하는 사용자가 나올 수 있다.

원래 개개인에게 권한을 부여하는 방향으로 생겨난 인터넷에서는 테크놀로지가 진화함에 따라 P2P, C2C, 분산화, 블록체인 등 소비자 간의 횡적 연결과 개인 대 개인의 연결이라는 개념이 중요해졌다. 아마 거대기술 기업의 커다란 약점은 이 지점일 것이다. 아마존만 해도 사용자와 아마존이 평등한 입장에서 대화할 수 있다고 생각하는 사람은 없을 것이고, 아마존의 사용자끼리 대화하는 시스템도 마련되어 있지 않다.

고객과 평등한 관계를 맺고 고객과 대화까지 하는 것. 내가 평가하기에 현재 이런 사각지대를 제대로 공략하고 있는 기업은, 일본의 메루카리다. 메루카리는 중고장터 앱과 C2C 기업으로 유명한데, 기업의 본질은 P2P라는 평등한 플랫폼에 있다고 본다.

IT를 본업으로 삼아 왔던 거대기술 기업의 최대 약점은 제품 생산일 것이다. 차세대 자동차에서 구글이 달리게 하는 IoT 단말처럼 둥근 소형 자동차가 주류가 되기 전까지는, 일본 기업이 지닌 생산 기술·양산 기술·요소 기술 등 제품 생산 노하우가 압도적인 강점이 될 것이다. 다른 관점에서 생각하면, 넓은 의미의 로봇화 등을 통해 제품 생산 요소를 어떻게 경쟁 게임에 남길 수 있느냐가 일본 기업이 승자로 남는 커다란 핵심이다. 역설적인 설명 방법이지만, 차세대 자동차를 어떻게 단순한 IoT 단말로 남지 않도록 해 나가느냐가 생명선이다.

다만 현시점에서 거대기술 기업의 사각지대는 상당히 제한적이다. 진지한 거대기술 기업이 앞서 설명한 과제를 해결하지 못한다고 생각할 수 없다. 만약 거대기술 기업을 제압하고자 한다면, 거대기술 기업의 강점을 참고로 하거나 혹은 거대기술 기업이 앞으로 무엇을 하려고 하는지를 앞질러서 읽는 것이 중요하다.

2009년에 이미 자율주행에 착수했던 구글

거대기술 기업 가운데 차세대 자동차 진출이라는 점을 놓고 봤을 때, 현시점에서 가장 눈에 띄는 위치에 있는 기업은 바로 구글이다. 구글이 자율주행 프로젝트를 시작한 시기는 2009년이다. 이후의 화젯거리 몇 가지를 시간순으로 나열해 보고자 한다.

2010년 10월에는 카메라, 라이더LiDAR, 레이더 등을 탑재한 자율주행차를 개발하고 있다고 발표했다. 이때부터 구글은 4단계 완전 자율주행을 목표로 한다는 점을 명확히 밝혔다.

2012년 3월에는 시각 장애인을 태운 테스트 주행 장면을 유튜브에 공개하고, 같은 해 5월에는 네바다 주에서 미국 최초로 자율주행차 전용 면허를 취득했다. 같은 해 8월 시점에 이미 50만 km의 주행 테스트를 했다고 발표했다.

2014년 1월에는 GM, 아우디, 혼다, 현대, 엔비디아 등이 참여하는 OAAOpen Automotive Alliance라는 연합을 발표했다. 이는 안드로이드의 차량 탑재화 프로젝트다. 구글은 안드로이드 단말과 차량 탑재 기기의 연동부터 시작해 최종적으로는 차량용 OS화를 목표로 하고 있다고 알려져 있다.

2016년은 자율주행의 역사가 하나의 전환점을 맞이한 해다. 2016년 7월 BMW가 핸들과 액셀, 브레이크 등이 없는 완전 자율주행차의 개발을 발표함에 따라, 기존 자동차 제조사도 이후로 완전 자율주행의 실현을 위해 본격적으로 나서는 전개가 되었다. 이에 따라 구글도 12월에 기존에 자율주행 프로젝트를 추진해 왔던 연구 조직인 구글 엑스에 의한 개발을 종료하고, 자율주행 개발을 담당하는 자회사인 웨이모를 설립하여 사업화를 위해 재기동한다고 발표했다. 그리고 2017년에도 애리조나 주 피닉스에서 일반 사용자를 태운 서비스 주행을 개시하는 등 개발을 앞당겨 가겠다는 자세를 보여주고 있다.

　그러나 애초에 왜 구글은 자율주행에 진출하려고 하는 것일까? 이유를 알기 위해서는 구글의 미션과 사업 구조, 현 CEO의 발언 등을 분석할 필요가 있다.

모바일 퍼스트에서 AI 퍼스트로 변혁을 추진하는 피차이 CEO

최근 구글의 키워드는 '모바일 퍼스트에서 AI 퍼스트로'다. PC에서 모바일로의 기기 전환은 어느 정도 완료되었다. 구글의 선다 피차이 CEO는 말을 거는 것만으로 스마트폰과 가전을 조작할 수 있는 AI인 구글 어시스턴트를 새로운 시대의 상징이라고 말한다. 앞으로는 스마트폰과 PC뿐만 아니라 모든 제품이 AI를 탑재하게 될 것이다.

　2015년 8월 구글은 대규모 조직 개편을 단행하면서 지주회사인 알파벳을 설립함과 동시에 산하에 자율주행과 생명과학 부문 등을 분사해 재편한다고 발표했다. 이후로 좁은 의미의 구글은 인터넷 관련 사업을 다루는 회사로 검색, 지메일, 유튜브, 안드로이드, 전화 등 하드웨어 및 소비자용 서비스와 제품 등을 담당하고 있다. 피차이가 구글의 CEO에 취임한 것도 바로 그 시기다.

구글의 선다 피차이 CEO

그중에서 피차이가 주력해 온 분야가 AI다. 기존에 구글이라고 하면 다양한 선진 기술을 통해 성장을 계속하는 한편, 클라우드 컴퓨팅과 엔터프라이즈 등 다른 분야에서는 타사에 앞길을 내주고 수익의 90%를 인터넷 광고에 의존해 온 기업이었다.

피차이는 AI에 대한 주력이 구글을 테크놀로지 업체로 탈바꿈하기 위함이라고 설명한다. 예를 들어 2017년 5월에는 구글의 인공지능 알파고 AlphaGo 가 바둑 챔피언과 대결해 멋지게 승리를 거머쥐었다는 소식이 화제가 되었다. 알파고의 기반이 된 기계학습 기술인 텐서플로 TensorFlow 는 오픈소스로 공개되어 있다. 피차이는 자신들의 목표가 기기나 제품이 아니며, 정보를 통해 사람들에게 힘을 부여해주는 것이라고 설명한다. 피차이는 많은 개발자가 구글의 제품을 활용함으로써 하나의 생태계가 구축되기를 바라고 있다.

구글이 자체적으로 AI 반도체 개발에 착수했다는 사실도 간과해서는 안 된다. 구글의 반도체인 TPU_{Tensor Processing Unit}는 2016년 5월 시점에 양산과 실용 단계에 있다고 발표되었으며, 바둑 세계 챔피언에 승리한 알파고에도 탑재되어 있다. 일반적으로 반도체를 독자적으로 개발하려면 몇 년의 기간이 필요하다고 알려졌지만, 구글은 설계부터 운용까지 1년 만에 끝냈다. 이 역시 AI 퍼스트로의 전환을 가속하는 일환이다. 그 밖에도 AI 스피커인 구글 홈, 영상통화 앱인 구글 듀오 등 AI를 탑재한 여러 제품이 발매되어 있다.

구글의 공동 창업자 중 한 사람인 전 CEO 래리 페이지는 피차이에게 전폭적인 신뢰를 보내고 있다. 그렇다면 선다 피차이는 대체 어떤 인물일까? 사실 테크놀로지계 기업 CEO로서는 특이한 캐릭터의 소유자일 수 있다. 1972년 인도 출생으로, 아버지는 부품 조립 공장을 경영하고 있었는데, 12세가 되기 전까지 집에 전화도 없던 가난한 형편이었다. 그러나 성적이 우수해 인도 공과대학에서 공학을 배운 후 장학금을 받고 스탠퍼드 대학에 진학했다. 반도체 제조사로 취직하게 되면서 스탠퍼드를 자퇴한 후 MBA를 취득했고, 미국 컨설팅 기업인 매킨지를 거쳐 2004년부터 구글에 근무하고 있다.

그때부터의 활약이 눈부신데, 젊은 나이에 구글 크롬과 안드로이드, 크롬 OS와 같은 주요 사업을 총괄한다. 구글이 독자적인 브라우저를 개발한다는 것 자체가 피차이의 아이디어였다고 한다. 비즈니스와 기술을 두루 이해해 사내외로부터 높게 평가받던 피차이를, 2011년 무렴 트위터가 영입하려 한다는 보도가 나오기도 했다.

창업주가 아니라는 이유라서 그럴지도 모르지만, 일론 머스크나 스티브 잡스를 필두로 하는 다른 거대기술 기업의 창업주와는 대조적으로 피차이의 캐릭터는 친화적이다. 말하자면 남과 언쟁하는 것을 좋아하지 않고 협조를 가장 중시한다. 팀원에게 항상 배려해서 말하고 지원과 수고를 아끼지 않는다. 요컨대 피차이는 사랑받는 캐릭터다. 애초에 사원이 일하고 싶어 하는 회사, 일하기 편한 회사를 지향하는 기업 구글이 CEO로 지명한 것을 이해할 수 있는 인물이다.

구글의 미션으로 파헤쳐 보는 자율주행에 대한 집착

다음으로 구글의 미션을 정리해 보자. 여기서는 좁은 의미의 구글, 지주회사인 알파벳, 그리고 자율주행 프로젝트를 추진하는 자회사인 웨이모 세 곳을 다룬다. 이렇게 하면 구글이 자율주행에 집착하는 필연적인 이유가 보인다.

구글의 미션은 전 세계의 정보를 체계화하여 모두가 편리하게 이용할 수 있도록 하는 것이다. 잘 알려진 검색 도구뿐만 아니라 어쨌든 구글은 전 세계의 정보를 체계화하는 것이 사명이다. 예를 들어 구글 나우는 사용자의 위치 정보와 검색 기록, 일정 등의 정보를 통합해 사용자에게 원하는 정보를 알맞은 시점에 알려주는 서비스다. 구글 지도는 최적의 이동 경로를 사용자에게 제안한다. 그 배경에는 사람들이 각자가 추구하는 자기 모습과 정말로 원하는 일을 하는 데 더욱 의미 있는 시간을 보낼 수 있게 하는 스마트 사회를 실현하고 싶다는 사상이 있다.

그렇게 본다면 자율주행도 구글이 그리는 스마트 사회를 실현하기 위한 하나의 수단이라고 추측할 수 있다. 그러므로 구글이 생각하는 자율주행이란 3단계일 수 없다. 운전을 완전히 AI에 맡기고 사람은 차 안에서 각자 자기 시간을 보낼 수 있는 세상이야말로 구글의 목표다. 구글의 미션을 실현하려면 완전 자율주행이 대전제가 된다.

제1장에서도 설명했지만, 완전 자율주행이 실현되었을 때는 어떻게 운전하느냐가 아니라 그 공간에서 어떻게 시간을 보내느냐가 중요해진다. 그 공간에서 사용자에게 제공되는 새로운 서비스와 새로운 사용자 경험이야말로 진정한 가치를 지닌다.

구글의 지주회사 알파벳의 미션은 당신의 주변 세상을 이용하기 쉽고 편리하게 만드는 것이다. 이것도 완전 자율주행 그 자체다. 그리고 웨이모의 미션은 자율운전 기술을 통해 누구나 편하고 안전하게 외출

표 15 구글의 미션과 자율주행에 대한 사상

구글	알파벳	웨이모
전 세계의 정보를 체계화하여 모두가 편리하게 이용할 수 있도록 하는 것	당신의 주변 세상을 이용하기 쉽고 편리하게 만드는 것	자율운전 기술을 통해 누구나 편하고 안전하게 외출, 모든 일이 더욱 활발히 돌아가는 세상을 창조하는 것

해, 모든 일이 더욱 활발히 돌아가는 세상을 창조하는 것이다.

웨이모의 홈페이지에는 다음과 같이 적혀 있다.

"우리의 기술을 통해 사람들이 더욱 자유롭게 돌아다닐 수 있으며 현재 교통사고로 희생되는 많은 생명을 구할 수 있습니다."

"구글의 자율주행 프로젝트 시절부터 우리는 일관되게 도로의 안전과 자동차를 운전할 수 없는 많은 사람의 이동에 이바지하기 위해 활동해 왔습니다. 우리의 최종 목표는 그저 버튼을 누르는 것만으로 출발지에서 도착지까지 안전하게, 가고 싶은 곳으로 자유롭게 갈 수 있

표 16 구글의 미션×수익 구조×사업 구조

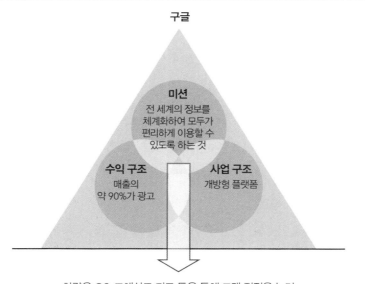

차량용 OS, 고해상도 지도 등을 통해 고객 접점을 늘려
광고 수익을 증가시킨다

게 하는 것입니다."

구글의 자율주행 프로젝트는 위 회사 세 곳의 미션이 곱해진 것이다. 애초에 세상을 근본부터 바꾸고, 더욱 스마트한 사회 시스템으로 변혁하고자 하는 사상을 갖고 사업을 전개하고 있는 기업이 구글이다. 자동차만 해도 구글은 운전 자체보다 차 안에서 쾌적한 시간을 보내는 것, 그 시간을 즐기는 것, 본래 사람이 더욱 해야 하는 일에 주력하게끔 지원하는 것이 미션이라고 생각하고 있을 것이다.

덧붙여 수익 구조를 살펴보면 구글 전체의 약 90%가 광고 수익이기 때문에 어떻게 보면 광고 대리점이라고 할 수 있다. 사업 구조 면에서는 안드로이드로 대표되듯이 오픈 플랫폼을 지향하고 있는 점이 특징이다.

이상의 내용으로 구글이 자율주행차에서 실현하고자 하는 목표는 자동차라는 하드웨어를 만드는 것이 아니라고 추측할 수 있다. 구글의 목적은 오픈 플랫폼으로 OS를 전개함으로써 고객 접점을 늘리고 최종적으로는 광고 수익을 증가시키는 것이다. 많은 완성차 제조사에서 구글이 만든 차량용 OS를 사용하는 것을 우선 목표로 삼고 있다. 특히 OS와 3차원 고해상도 지도를 통해 완전 자율주행을 실현하는 것이 구글의 최종 목표다.

또 테크놀로지 기업으로서 구글은 IoT의 중요한 일부가 자율주행차라는 인식하에 고객 데이터 수집을 추진할 것이다. 빅데이터×AI를 통해 고객 개개인의 요구사항에 들어맞는 서비스와 광고를 차내에서도 제공하기 위한 작업을 진행하고 있을 터다.

피차이가 '모바일 퍼스트에서 AI 퍼스트로'와 'AI의 민주화'를 선언한 가운데, 자사의 경쟁 우위인 AI를 충분히 활용할 수 있는 완전 자율주행은 구글에 안성맞춤인 사업 영역이다.

구글의 자율주행 자회사 웨이모의 영문 보고서를 해석하다

자율주행 프로젝트의 추진 주체인 웨이모에 관해 개별적으로 살펴보자. 웨이모의 홈페이지에서 다운로드할 수 있는 영문 보고서 〈완전 자율주행을 향한 여정On the Road to Fully Self-Driving〉에 완전 자율주행 실현에 내건 사명감과 사상이 정리되어 있다.

보고서에는 '우리는 모든 사람을 위해 안전한 운전자를 만들고 있습니다We are Building a Safer Driver for Everyone'라는 인상적인 문구가 적혀 있다. 여기서 말하는 안전한 운전자란 두말할 나위도 없이 AI를 뜻한다. 구글은 모든 사람이 더 안전한 운전자로서 AI를 활용하게끔 하는 게 목표다.

실제 교통사고의 원인은 사람의 인지 실수, 판단 실수, 조작 실수 등 사람의 실수로 인한 요인이 90%를 차지한다. 완전 자율주행이 실현되어 사람의 실수 요인을 해소할 수 있다면 교통사고 수를 대폭 줄일 수 있다. 또 몸이 불편한 사람과 고령자를 포함한 모든 사람이 운전이라는 작업에서 해방되어 차 안에서 좋아하는 일을 할 수 있다. 자율운전 기술을 통해 누구나 편하고 안전하게 외출해, 모든 일이 더욱 활발히 돌아가는 세상을 창조하는 것이란 바로 이런 것을 의미한다.

앞서 설명한 대로 구글이 자율주행 개발 프로젝트를 시작한 시기는 2009년이다. 일찍부터 완전 자율주행만을 지향했다. 2017년에 웨이모의 존 크라프칙 CEO가 이와 관련해 발언한 적이 있다. 2013년 무렵 구글이 시속 90km로 자율주행차를 달리게 하는 실험을 했더니, 운전자는 앉아서 졸거나 스마트폰을 만지작거렸다는 것이다. 실험 결과를 토대로 상황 인식 능력을 상실한 사람이 갑자기 승객에서 운전자로 바뀌기란 어렵다고 판단해, 긴급 시에 사람이 운전을 넘겨받는 3단계 기술의 개발을 중단했다고 크라프칙 CEO는 밝혔다. 타사가 자체적으로 만든 자동차에 각종 운전 보조 기능을 추가해 점진적으로 자율주행을 실현하려고 하는 것과는 대조적으로, 웨이모는 완전 자율주행차만을 목표로 하게 되었다.

그렇다면 웨이모가 지향하는 완전 자율주행은 지금 어느 정도 수준까지 도달해 있을까?

2017년 11월 웨이모는 완전 자율주행차를 이용한 콜택시 서비스 실험을 몇 개월 이내에 시작하겠다고 발표했다. 실험 무대가 되는 곳은 애리조나 주의 피닉스 시다. 이번 실험은 운전석에 사람이 없는 완전한 무인 주행이 될 예정이라고 알려져, 드디어 완전 자율주행의 실현이 아주 가까워졌다는 기대감이 높아지고 있다.

구글의 자율주행 OS는 이제까지 구글이 축적해 온 방대한 데이터의 산물이다. 공공 도로를 달리는 시험차는 수백 대에 이르는 것으로 보이며, 2018년 2월까지 공공 도로에서 시행한 시험 주행 거리는 약 800만 km에 달한다. 게다가 컴퓨터상 시뮬레이션 프로그램을 통해 하루에 약 1,600만 km나 되는 주행 경험을 축적했다고 한다.

여기에 캐슬(성)이라고 이름 붙은 전용 시험장도 있다. 울타리로 둘러싸인 광대한 옛 미군 기지 부지에 표지판과 신호 등을 실물과 똑같이 만들어 넣어 가상의 마을로 꾸며놓은 곳이다. 구글은 2013년부터 이곳에서 사고로 이어질 법한 예상치 못한 사태를 재현하면서 2만 가지 사례 이상의 주행 시나리오를 자동차에 학습시키고 있다. 구글은 이렇게 데이터를 자율주행용 AI에 흡수함으로써 시스템의 진화에 속도를 붙이고 있다.

마찬가지로 2017년 11월, 웨이모는 미국 애리조나 주에서 자율주행차를 이용한 승차 공유 서비스 실험을 개시한다고 발표했다. 웨이모의 크라프칙 CEO에 따르면 우버를 사용하는 듯한 감각으로 자율주행차를 이용하게 만드는 게 목표라고 한다.

또 웨이모는 2017년 5월에 대형 승차 공유업체 리프트와 제휴해 자율주행 기술의 연구와 제품 개발을 추진한다고 발표했다. 구글은 원래 대형 승차 공유업체 우버의 출자자로 장차 자율주행과 우버의 공유를 조합할 것으로 예상했지만, 최근 들어 리프트로 파트너사를 교체했다. 우버는 엄청난 성장을 보여주고 있음에도 법령 준수를 경시하는 트러블메이커인 데 비해, 리프트는 구글과 마찬가지로 사회문제를 해결한다는 미션을 내걸고 있다. 그런 점에서 웨이모로서는 리프트 쪽이 손발을 맞추기 쉬운 상대다.

자율주행×승차 공유 서비스는 자동차 제조사와 택시 업계 등 기존 자동차 산업에 비즈니스 모델의 재구축을 압박하는 것으로 주목할 만하다. 원래 차세대 자동차의 사회 구현을 진행하려면 높은 가동률로 고비용을 흡수할 수 있는 승차 공유로부터 시작하는 게 정석이다. 자율주행×차량 공유가 실현되면 운전자에게 들어가는 인건비는 불필요해진다.

또 소유에서 공유로의 흐름이 더욱 진전되어 자동차를 가지지 않은 사람도 자율주행 기술의 혜택을 누릴 수 있다. 자율운전 기술을 통해 누구나 편하고 안전하게 외출해, 모든 일이 더욱 활발히 돌아가는 세상을 창조한다는 웨이모의 미션이 여기서 결실의 시기를 맞이하려 하고 있다.

스티브 잡스의 죽음 이래로 비밀주의를 관철하는 애플

그렇다면 구글에 버금가는 IT 업계의 거인, 애플은 지금 무엇을 생각하고 있을까? 제일 먼저 지적해 두어야 할 것은 애플이 철저한 비밀주의 기업이라는 점이다. 비밀주의는 고故 스티브 잡스 시절부터 변함없는 기업 문화여서 우리가 애플 내부의 움직임을 예측하기란 지극히 어렵다. 사내에서도 일부 직원에게만 공개된 프로젝트가 많으며, 직원이 실수로 발설이라도 했다 하면 곧바로 해고를 당한다. 그런데도 애플이 비밀리에 자율주행 기술을 개발 중이라는 소식은 이따금 들려왔다.

2017년 12월, 애플은 그때까지 비밀리에 진행하고 있던 자율주행 기술에 관해 공식으로 발표했다. 애플의 AI 담당 디렉터인 루슬란 살라쿠트디노프가 카메라와 센서로부터 수집한 데이터를 이용해 길 위의 자동차나 보행자를 주시하고, 목적지까지 차를 안내하고, 고해상도 3D 지도를 작성하는 프로젝트에 관해서 밝힌 것이다.

2017년 4월에 캘리포니아 주 차량관리국으로부터 자율주행을 시행하는 허가를 받아 수면 아래서 프로젝트가 진행되고 있었다는 것은 알고 있었지만, 구체적인 내용이 언급된 것은 처음이었다. 최근 들어 정보 공개를 단행한 것은 구글 등 라이벌 기업과의 AI 인재 쟁탈에 유리한 위치에 서고 싶다는 의도가 있었다는 말도 나온다.

2018년 1월 26일에는 자율주행차 테스트 차량을 27대로 늘렸다고 보도되었다. 또 애플의 자율주행 프로젝트인 타이탄Titan의 개발 차량이 바로 앞에서 목격된 적도 있다. 목격 정보에 따르면 차량은 도요타 렉서스였으며 지붕에는 센서와 레이더, 카메라 등이 탑재되어 있었다고 한다. 따라서 현 단계에서 애플이 개발하고 있는 것은 일체형 자율주행 유닛으로서, 자동차의 지붕에 얹기만 하면 되는 플러그 앤 플레이식일 가능성이 크다. 이 방식이라면 모든 차종의 지붕에 자율주행 유닛을 장착할 수 있어 다양한 차종에서 테스트를 실행할 수 있다.

그리고 현 단계에서 애플은 독자적인 운전차 개발을 포기했다는 의견이 강해지고 있다. 애플이 만드는 자율주행차인 아이카Car를 다들 기대하고 있지만, CEO인 쿡의 직접 발언에 따르면 지금은 자율주행 시스템에 집중하는 전략으로 전환한 것으로 보인다.

하드웨어의 개발은 포기하고 OS만을 노려 소프트웨어와 기계학습에 주력하는 애플. 요컨대 진척이 지연되고 있다고 보이기 쉽다. 그러나 내 예측으로는 아이폰이 그랬듯이 최종적으로는 애플도 차세대 자동차 산업에서 OS부터 하드웨어, 소프트웨어, 서비스까지 포함한 종합 참여자의 자리를 노리고 있는 것으로 보인다.

아이폰과 마찬가지로 OS부터 하드웨어까지
수직 통합을 노리는가

구글을 설명했을 때와 마찬가지로 애플의 철학과 집념, 사업 구조와 수익 구조, 그리고 차세대 자동차 산업을 위해 무엇을 목표로 하고 있는지 정리해 보기로 하자.

애플의 미션과 비전은 구글이나 아마존만큼 구체적이지 않지만, 브랜드관만큼은 명확하다. 광고에서는 '선도한다', '재정의한다', '혁명을 일으킨다'와 같은 메시지를 내세우며 제품 브랜드로서의 세계관을 표현하고 있다. TV 광고의 '다르게 생각하라Think different', '당신의 시Your verse' 등의 문구는 꼭 애플 사용자가 아니더라도 인상에 남아 있는 사람이 많다. 제품과 서비스를 통해 사람이 자기답게 살아가게끔 지원하는 것이 애플의 브랜드관이며, 여기에 강렬하게 집착하고 있다.

잡스의 후계자인 팀 쿡 CEO도 이런 철학을 충실히 따라 경영하고 있다. 덧붙이자면 최고 디자인 책임자인 조너선 아이브도 핵심 인물 중 한 명이다. 일반적으로 기업의 브랜딩에서 일단 중요한 것은 경영자나 창업자 등의 개인 브랜딩이다. 그들의 사상이나 집착이 점포부터 회사 전체, 제품 하나하나 수준에까지 스며들어 있는 것이 핵심이다. 이런 점에서 애플은 잡스, 쿡, 아이브 세 명의 셀프 브랜딩이 기업 철학

애플의 팀 쿡 CEO

출처: Wikipedia

과 제품에 모두 녹아들어 높은 수준으로 융합되어 있다.

잡스가 수백 년에 한 명 나오는 천재라는 점에는 의심의 여지가 없다. 또 세상을 바꿨다는 말이 나오는 혁명가가 모두 그렇듯 어쨌든 극단적인 인격의 소유자였다. 천재라고 칭송받는 한편 때로는 사이코패스, 나르시시스트라며 다들 꺼린다. 뛰어난 발표자이자 마케터임과 동시에, 제품 생산에서는 편집적이라 할 정도로 디테일에 집착을 보인다. 이런 사람은 누구도 대체할 수 없다.

잡스와 비교했을 때 팀 쿡에게서 보통 사람이라는 인상을 지우기 어렵다. 그러나 제대로 알고 보면 쿡 역시 뛰어난 경영자이며 충분한 카리스마를 갖추고 있다. 경영자에는 우뇌의 통찰형·카리스마형 경영자와 좌뇌의 작전형 경영자가 존재한다. 그렇게 본다면 잡스는 그야말로 우뇌형이지만, 쿡은 우뇌와 좌뇌 양쪽이 뛰어난 밸런스형이라고 할 수 있다. 쿡에게 있고 잡스에게 없는 것은 조직력을 향상하는 능력이다. 잡스의 후계자라는 강렬한 압박을 받으면서도 쿡은 애플이라는 세계적 대기업의 조타수 역할을 빈틈없이 해내고 있다. 이 점은 반드시 높이 평가받아야 한다.

또 쿡은 CEO 취임 후 스스로 성적 소수자라는 사실을 커밍아웃하면서 독자적인 리더십과 매니지먼트를 발휘했다. 쿡은 미국에서 다양성과 진보의 상징적인 존재이며 쿡 자신이 애플에 하나의 가치가 되어 있다. 혁명적이라 할 정도는 아니지만 쿡 역시 천재적인 경영자다.

또 아마존의 제프 베조스와의 차이점을 언급하자면 사용자 경험과 고객 경험cx에 대한 집착이다. 원래 잡스는 CX에 엄청난 집착이 있어 CX가 곧 애플의 대명사였다. 하지만 2017년 후반 무렵부터 적어도 미국에서는 CX가 아마존의 대명사가 되었다.

리더십의 방향성은 대조적이다. 나중에 다시 언급하겠지만, 베조스가 지구상에서 가장 고객 중심적인 회사라는 비전을 내걸고 조직을 견인하는 비전가 리더십형 리더라고 한다면, 쿡은 단순한 미션을 사원 모두와 공유하고 각자가 실행으로 옮겨가는 권한 이양형의 미션 리더십형 리더에 가깝다고 할 수 있다.

다음으로 애플의 사업 구조와 수익 구조를 살펴보자.

현 상황의 애플은 하드웨어, 소프트웨어, 콘텐츠, 클라우드, 직영점 등의 사업을 전개하고 있는데, 매출은 주로 제품과 하드웨어에서 올리고 있다는 점이 특징이다. 그중 약 55%가 아이폰에 의한 매출이다.

참고로 애플과 아마존의 수익 구조를 비교하면, 아마존은 저가 전략에 수익은 고객 환원과 신규 투자에 투입하고 영업 이익률을 매우 낮은 수준으로 유지하면서 현금 흐름을 중시하는 경영을 계속하고 있다. 반면에 애플은 고가 전략으로 높은 이익률을 실현하고 수익은 신규 투자보다는 자사주 매입과 배당에 투입하는 구조에 특징이 있다.

내가 애플도 차세대 자동차 산업에서 하드웨어부터 소프트웨어, 서비스까지 포함한 종합 참여자의 자리를 노리고 있다고 분석하는 이유가 여기 있다. 잡스 사망 후 CX에 대한 집착 면에서는 베조스에 자리를 넘겨준 모양새지만, 역시 애플은 하드웨어에 강점을 지닌 제품 생산

표 17 애플의 미션×수익 구조×사업 구조

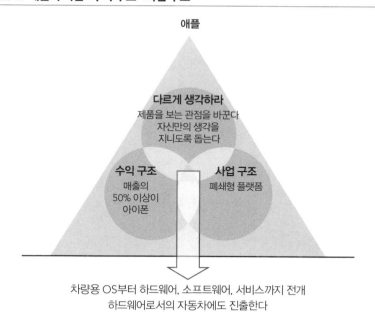

회사이자 전형적인 제조사다. 하드웨어로부터 얻을 수 있는 사용자 경험으로 사용자를 매료해 온 회사다. 진척이 뒤처져 있다고 해도 수면 아래서는 착실히 아이카를 준비 중일 수 있다.

그리고 우선 넓은 의미에서 차량용 OS의 패권을 쥐고 소프트웨어와 하드웨어의 모든 것을 갖춤으로써, 지금의 아이폰이 그렇듯 풀라인업으로 수직 통합을 진행해 가리라는 것이 내가 예상하는 애플의 미래 예측도다.

아마존은 우선 자율주행을 통한 물류 사업의 강화를 노린다

아마존이 자율주행차를 연구하고 있다는 사실은 예전부터 종종 보도되었다. 원래 아마존은 일찌감치 물류 거점에 무인 시스템과 로봇을 통한 상품 관리 시스템인 아마존 로보틱스를 도입해 효율화를 도모해 왔다. 드론을 이용한 배달 거점이 되는 고층형 드론 물류 센터의 특허도 공개되어 있어, 아마존의 무인화와 로봇화의 흐름이 앞으로 빨라질 것이라는 건 틀림없다.

제프 베조스는 2017년 5월 미국 인터넷 협회에서 이루어진 대담에서 AI가 지닌 커다란 가능성에 관해 말할 때 자율주행차Self-driving Car를 언급했다.

자율주행차의 본질은 로봇이다. 배송의 효율화를 위해 자율주행 기술을 활용하는 전문 팀을 사내에 꾸렸다는 보도도 있다. 팀에서는 트럭과 지게차를 자동으로 달리게 하는 것을 목표로 하고 있다고 한다.

아마존의 제프 베조스 CEO

출처: Wikipedia

2017년 1월에는 자율주행차 관련 특허를 취득했다는 사실도 알려져, 아마존이 자율주행 분야에 진출하는 것은 확실하다고 보인다. 아마존의 특허는 간선 도로망에서 여러 대의 자율주행차를 제어하기 위한 시스템에 관한 것이다. 상황에 따라 자율주행차가 최적의 차선을 식별하기 위한 기술인 듯하다. 특허는 아마존 테크놀로지스라는 자회사가 2015년 11월에 신청해 2017년 1월에 통과되었다.

물류에서 자율주행이 실현되면 상품 배송에 드는 비용을 대폭 삭감할 수 있을 것이다. 이미 자사 브랜드의 물류망을 정비하고 있는 것을 생각해도, 아마존의 목적 중 하나는 물류 사업의 강화다. 아마존이 자율주행차를 개발하는 이점은 대단히 많다.

무인 편의점 '아마존 고'와 완전 자율주행의 테크놀로지는 동일하다

아마존에서 자율주행차의 개발은 상당한 단계까지 진척되어 있다고 봐도 좋을 것이다. 내가 그렇게 분석하는 근거는 2016년에 아마존이 발표했던 무인 슈퍼마켓 아마존 고에 있다.

2018년 1월에는 일반인 대상의 아마존 고 1호점이 시애틀에 오픈했다. 쇼핑객은 자동 개찰기처럼 생긴 게이트에 스마트폰을 대고 아마존 ID를 인증해 들어간다. 그다음에는 선반에서 자유롭게 상품을 골라 그대로 매장을 나오기만 하면 된다. 계산대에서 계산할 필요 없이 매장 밖으로 나오면 자동으로 결제되어 스마트폰으로 영수증을 보낸다. 사실 여기에 이용하고 있는 기술은 거의 자율주행 기술과 겹친다. 프롤로그에서도 인용했지만, 나는 전작인 《아마존 미래전략 2022》에 이렇게 적었다.

"베조스 제국에서 계획을 추진하고 있는 우주 사업과 드론 사업의 본질은 무인 시스템이라는 점이다. 무인 편의점 점포인 아마존 고 역시 무인 시스템이다. 음성인식 AI인 아마존 알렉사가 이미 자동차 제조업체의 스마트 카에 탑재되기 시작했다는 점을 감안한다면, 사실 베조스는 완전 자율주행 분야의 패권 장악까지 계획하고 물밑 준비를 진행하고 있을지도 모른다. 완전 자율주행의 실험장이 아마존 고라면 그야말로 경이로운 일이다."

실제로 아마존 홈페이지에는 자율주행차에 이용되는 컴퓨터 비전, 센서 퓨전, 딥 러닝과 같은 기술을 응용했다고 적혀 있다. 즉 컴퓨터 비전이 매장 내의 카메라를 통해 고객의 얼굴 등을 인식해 그곳에서 무엇을 하고 있는지를 관찰한다. 딥 러닝을 통해 AI가 고객의 행동을 심층학습하고 고속으로 PDCA(계획과 행동을 통해 빠른 속도로 문제를 개선하는 방법-편집자)를 회전시켜 고객의 경험 가치를 높여 간다. 아마존은 이 기술을 통틀어 '그냥 걸어 나가세요Just Walk Out'라고 표현한다. 완전 자율주행의 과정과 많은 점에서 비슷하다.

궁극의 사용자 경험을 제공한다, 아마존 카

아마존의 철학과 집착, 사업 구조와 수익 구조, 그리고 차세대 자동차 산업을 위해 무엇을 계획하고 있는지 정리해 보기로 하자.

아마존의 미션은 창업 이래로 변함없이 지구상에서 가장 고객 중심적인 회사다. 여기서 말하는 고객 중심주의란 단적으로 사용자 경험을 가장 중요시하고 있다는 점을 의미한다. 사용자 경험의 향상을 위해 빅테이터×AI를 충분히 활용하고 결과적으로 높은 경쟁 우위성을 실현하고 있다. 이는 추천의 정밀도에도 단적으로 나타난다. 아마존은 사용자의 구입 데이터와 더불어 사용자 간의 유사성이나 상품 간의 같은 점을 해석해 '이 상품을 구입한 사람은 이런 상품도 구입했다'와 같이 정교하고 치밀한 추천을 해준다.

고객 중심주의라고 하면 요즘에는 뻔한 레퍼토리일지도 모른다. 그러나 아마존의 경이로운 점은 그것을 단순한 말로 끝내지 않고 모든 영역에서 관철해 끝까지 해내는 데 있다. 그것은 CEO 제프 베조스의 수완과 캐릭터에 따른 부분이 크다. 장기간에 걸친 미션을 계속 추구하는 초장기적 관점과 PDCA를 초고속 회전시키는 초단기적 관점을 겸비하고, 인격적으로도 어떤 때는 친근하다가도 어떤 때는 미친 듯이 화를 내는 양극단적인 성격의 소유자다. 비전 있는 경영자라는 점은 틀림없지만 쉽게 어울릴 수 있는 상대는 아닌 것 같다. 그러나 시가 총액 70조 엔을 넘는 초거대 기업을 이끌고 고객 중심주의를 철저하게 지키려면 이 정도로 상식 밖 인물이 아니고서는 불가능하다.

아마존의 수익 구조를 살펴봤을 때 특징은 매출의 60%를 북미에서 내고 있다는 점이다. 한편 수익의 약 70%는 클라우드 컴퓨팅인 AWSAMAZON WEB SERVICE가 차지하고 있다. 사업 영역은 확대일로에 있다. 디지털 세계 속 온라인 서점부터 시작해 가전, 패션, 생활용품까지 모두 다루는 에브리싱 스토어로 진화했다. 또 클라우드, 물류, 동영상 스트리밍, 무인 편의점, 그리고 우주 사업도 하는 에브리싱 컴퍼니로 진화했다. 또 당장에는 킨들, 알렉사, 아마존 에코 등 인터페이스까지 전개하고 있다.

이런 미션과 사업 구조를 고려한다면 아마존의 목적도 차량용 OS부터 하드웨어, 소프트웨어, 서비스까지를 수직 전개하는 데 있다고 예상할 수 있다. 또 사용자 경험을 추구하는 이상, 사용자 인터페이스가 되는 자동차 본체 즉 하드웨어 부분까지 진출하는 것이 아마존으

차량용 아마존 알렉사(필자 촬영)

로서는 자연스러운 귀결이다.

결국, 베조스의 다음 야망은 정확하게 말하면 아마존 카다. 더구나 앞서 설명한 대로 우선은 물류 사업에서 완전 자율주행을 완성하리라고 생각되지만 언젠가는 일반 승용차에서도 실현하게 될 것이다.

CES 2018은 스마트 스피커에 의한 구글 홈 대 알렉사의 대결이 주목받은 이벤트였다. 그저 말을 걸기만 하면 되는 뛰어난 사용자 경험인 음성인식 AI 비서가 자동차에 탑재되는 흐름은 멈추지 않을 것이다.

단상에서 설문 조사업체의 경영진이 스마트 스피커의 동향 조사를 발표하는 장면이 있었다. 현재 미국에서는 스마트 스피커의 이용률이 16%를 돌파했다. 참고로 아마존 에코의 이용률은 11%, 구글 홈의 이

표 18 아마존의 미션×수익 구조×사업 구조

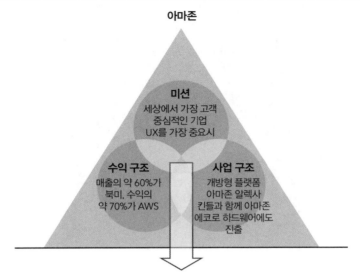

아마존

미션
세상에서 가장 고객
중심적인 기업
UX를 가장 중요시

수익 구조
매출의 약 60%가
북미, 수익의
약 70%가 AWS

사업 구조
개방형 플랫폼
아마존 알렉사
킨들과 함께 아마존
에코로 하드웨어에도
진출

차량용 OS부터 하드웨어, 소프트웨어, 서비스까지 전개
하드웨어로서의 자동차에도 UX=UI의 중요 부분으로서 진출한다

용률은 4%로 아마존이 약 3배의 점유율을 차지하고 있다.

주목했으면 하는 부분은 '다음으로 어디서 사용하고 싶은가?'라는 설문에 대한 응답이다. 가장 많은 응답은 차 안이었다. 스마트 홈에서 스마트 카, 그리고 스마트 라이프로. 고객 경험이 나아갔으면 하는 방향으로 사용자가 이렇게 요구하고 있는 이상, 지구상에서 가장 고객 중심적인 회사인 아마존이 거기에 부응하지 않을 리 없다.

고객 경험의 궁극을 지향한다면 알렉사를 사용자 인터페이스 삼아 하드웨어까지 수직 통합에 착수할 것이다. 아마존은 킨들과 아마존 에코의 대성공을 통해 뛰어난 사용자 경험을 제공하려면 뛰어난 하드웨어가 꼭 필요하다는 인식을 강화했다. 전자상거래 사이트의 OS, 하드웨어, 소프트웨어를 수직 통합해 새로운 사용자 경험을 제공해온 것이 아마존의 역사다. 그렇다면 차세대 자동차 산업에서도 똑같은 일에 착수할 것이다.

무인 편의점인 아마존 고를 비롯해 우주 사업과 드론 사업 등에도 진출하려는 아마존이 지향하고 있는 것의 본질은 광범위한 무인 시스템의 구축이다. 이 사업들도 완전 자율주행의 성격을 지니고 있다. 이미 물류 창고에서는 로봇을 달리게 하고, 우주 사업과 드론에서 앞서 나가고 있는 베조스 제국이 지상에서도 우선 물류부터 완전 자율주행을 실현할 것으로 생각하는 것은 자연스럽다.

물론 아마존이 이렇게 수직 통합을 실현하기 위해서는 다양한 장애물을 해결해야 한다. 그렇지만 철저한 안전성을 갖춘 뛰어난 사용자 경험과 사용자 인터페이스로서의 아마존 카가 완성되는 날을 기대한다.

아마존에 관해서는 2018년 4월 들어 충격적인 소식이 잇달아 날아들었으므로 이번 장의 마지막에 추가로 더 이야기한다. 우선 소개할 내용은 차세대 테크놀로지의 핵심이자 분산형 사회를 책임질 요소로 기대되고 있는 블록체인 서비스를 AWS에서 개시한다고 발표한 것이다. 아래에 AWS 사이트의 내용을 인용하고자 한다.

"AWS 블록체인 템플릿은 인기 있는 오픈소스 프레임워크를 사용하여 안전한 블록체인 네트워크를 쉽고 빠르게 생성 및 배포할 수 있는 방법을 제공합니다. 이러한 템플릿을 사용하면 블록체인 네트워크를 수동으로 설정하는 데 시간과 에너지를 낭비하지 않고 블록체인 애플리케이션을 구축하는 데 집중할 수 있습니다."

중앙집권형 플랫폼의 제왕 아마존이 타사에 앞서 비중앙집권형·분산형이 특징인 블록체인을 서비스를 제공해 가겠다는 점은 정말로 위협적이다. 게다가 미국 블룸버그 통신은 4월 23일, 아마존이 가정용 로봇을 개발하고 있다고 보도했다. 2018년 말까지 임직원의 가정에 시범 도입을 목표로 하고 있으며, 이르면 2019년에 소비자용으로 판매할 가능성이 있다는 것이다. 가정용 로봇의 기능에 관해서는 밝혀진 바 없지만, 시범용 기기는 카메라와 이미지 인식 소프트웨어를 탑재해 자동으로 나아갈 수 있다고 보도되었다. 이제 자동 로봇카인 아마존 카의 실현이 시간문제임을 인지하고, 각사에서 중장기적인 전략을 다시 세워야 할 시기가 오고 있다.

제4장

GM이 시험중인 자율주행차 이미지

전 자율주행의 증거로 공개된 시각 이미지에는 핸들도 페달도 보이지 않았다.

용도로는 우선 운전자가 없는 무인 택시로서 승차 공유 사업에 사용할 계획이다. 기반이 된 차체는 GM의 소형 EV인 쉐보레 볼트 EV다. 완전히 충전했을 때 주행 거리는 383km이며, 판매 가격은 4만 달러 이하로 테슬라의 모델 3을 웃도는 평가를 받는 EV다.

완전 자율주행의 비전과 실현에 이르는 과정이 담긴 '자율주행차로 세상을 바꾼다'라는 91페이지에 달하는 자료가 GM의 미국 홈페이지 상에 공개되어 있다. 자동차 회사가 자율주행에 관한 내용만을 해설·공개하는 자료로서는 가장 자세한 것 중 하나다. 자료에 따르면 비전은 무사고, 무배출, 무혼잡의 3무無다. 그 밖에 완전 자율주행을 실현하는 요소 기술 등이 낱낱이 소개되어 있다.

현재 미국에서는 주마다 완전 자율주행을 위한 법 정비가 진행되고 있는데, GM은 미국 전역에서의 전개를 내다보고 운수부 고속도로 교통안전국과 협의 중이다. 이미 샌프란시스코와 애리조나 주 피닉스 등의 공공 도로에서 EV인 쉐보레 볼트를 기반으로 한 실험차를 사용해 주행 실험을 거듭하고 있다고 한다.

계획대로 일이 진행된다면 불과 몇 년 후에 미국 주 대부분을 GM이 만든 무인 택시가 돌아다니거나, 기존 자동차 제조사가 테슬라 등 신흥 참여자를 앞설지도 모른다. 어느 쪽이든 예상 밖이다. 그러나 자동차가 여전히 자동차 형태를 유지하고 하드웨어가 여전히 기존 가솔린차의 연장선에 있는 한, 기존 자동차 산업의 양산화 테크놀로지를 필요로 할 수밖에 없다. 그런 의미에서 거대기술 기업이 양산화를 앞두고 답보 상태에 있는 사이에 기존 자동차 제조사가 반격하는 것은 충분히 생각할 수 있는 이야기다.

GM 재건을 주도하는 수완가 경영자, 메리 바라 CEO

GM은 리먼 쇼크 후에 한 차례 파산했던 회사다. 일찍이 세계 최대의 자동차 제조사로서 업계에 군림했던 GM도 2000년대에는 경영 상태가 악화됐고, 2008년에는 세계 1위의 자리를 도요타에게 내주었다.

그러나 경영 파산 이후 GM은 착실하게 경영 혁신을 진행해 왔다. 2014년 이후 경영 혁신을 견인한 인물은 현 CEO인 메리 바라다. GM

GM의 메리 바라 CEO

의 폰티악 제조 공장에 근무하던 아버지 슬하에서 태어나 부모 자식 2대에 걸쳐 GM에 근무하고 있다. 바라의 표현을 빌리자면 몸 안에 GM의 피가 흐르고 있는 여성이다.

바라는 옛 GM 연구소(현 케터링 대학)에서 전기공학 이학사를 취득하고 졸업했다. GM 입사 후에는 연구직 외에 공장과 홍보, 구매 등 다양한 부서에서 경험을 쌓고 2011년 이후로 글로벌 제품 개발과 구매·공급망 담당 수석 부사장을 역임했다. 요컨대 GM 토박이인 대단한 사람이다. 참고로 바라는 GM 차인 카마로를 끔찍이 아낀다고 해서 '카걸'이라고 불리는 경영자이기도 하다.

옛 빅3 기업 중 최고경영자 자리에 여성이 취임한 것은 처음 있는 일이기도 해서 2014년 취임 당시부터 바라는 주목받는 존재였다.

또 CEO 취임 이전부터 바라는 경영 개혁으로 실적을 냈다. 예전에 GM은 전방위적으로 수많은 차종과 브랜드를 가지고 전 세계에 생산 거점을 확장했는데, 불필요한 거점을 정리해서 비용을 압축하고 사내 조직 구조조정을 추진함으로써 혼돈의 GM에 질서를 가져왔다는 평가를 받았다. 그 후에도 바라는 차종과 타깃을 압축하는 전략을 추진했다. 2017년에는 부진한 유럽 자회사 오펠을 매각하는 등 부실 사업을 축소하고, 이와 함께 픽업트럭인 쉐보레 실버라도의 개발에 거액을 투자했다. 기존 고급차 브랜드인 캐딜락도 최근 부진에서 회복하고 있다.

2017년의 통기 결산은 미국 세제 개혁 등의 영향 때문에 4,237억 엔의 적자를 기록했지만, 시가 총액에서는 모델 3의 양산화를 앞두고 정체된 테슬라를 제쳤다.

2021년까지 EV의 흑자 전환을 공약

무엇보다 차세대 자동차 영역에서 GM이 거대기술 기업을 선도하고 있다는 견해가 강해지고 있다는 점이 GM의 부활을 예상하게 한다. 최대 요인은 말할 것도 없이 2019년 연내 완전 자율주행차의 실용화다. 미국 컨설팅업체인 네비건트의 신용 평가에 따르면 GM이 자율주행 분야의 전략 면과 실행 면에서 평가 1위다(2위는 웨이모).

2018년 1월 20일에는 본고장인 디트로이트에서 개최된 북미 국제 자동차쇼 관련 행사에서 향후 경영 전략이 언급되었다. 바라에 따르면 자율주행 차량부터 무인 택시 서비스까지 모두 자사에서 착수하기 위한 병행 전략을 취한다고 한다. 예를 들어 GM의 자율주행 기술은 2016년에 인수한 자율주행 기술 개발 벤처기업인 크루즈 오토메이션사로부터 얻은 것이다. 자율주행차의 개발에 꼭 필요한 벤처기업의 기술력에 GM의 양산과 부품 조달의 노하우를 쏟아부음으로써 속도감 있는 제품화를 지향한다.

EV에 관해서도 2021년까지는 흑자 전환하겠다고 공약했다. EV화의 흐름이 확정적인 가운데 다음 과제인 EV의 흑자 전환을 약속할 수 있는 한 가지 근거는 배터리 비용의 절감이다. EMC 1.0이라고 불리는 신형 배터리 시스템은 리튬이온 배터리의 셀 재료 중에서 가장 고가인 코발트의 사용량을 줄였다.

더불어 배터리의 차체 조립 효율화와 배터리 셀 냉각 시스템을 개선했다. 이에 따라 차세대 볼트는 배터리 비용을 거의 유지한 채로 주행 가능 거리를 45% 늘리든지, 같은 주행 거리인 채로 비용을 45% 삭감할 수 있다고 한다. 그 밖에도 중국에서는 현지 파트너사인 SAIC(상하이자동차)와 제휴해 EV 조립 공장의 비용 절감을 진행하고 있다고 보도되었다.

또 당장에는 해외 부실 사업 철수와 가솔린차의 호조에 힘입어 EV 개발을 위한 예산이 윤택하다. 현재 GM에는 세계 최대급의 배터리·EV 그룹이 있어 1,700명 이상의 기술자와 연구자가 배터리와 EV의 개발에 종사하고 있다. 배터리 이외에도 차세대 EV 전용 차체 구조인 플러그 앤 플레이를 개발했다. 이는 자유도가 높은 모듈러 형식을 채용한 것으로, 다양한 크기의 배터리 시스템과 더불어 연료 전지의 탑재도 가능하다고 한다.

GM의 첫 EV 양산 모델인 쉐보레 볼트는 발매된 지 1년 이상 지났는데, 2017년 미국에서의 판매 수로는 테슬라의 모델 3과 닛산자동차의 리프를 웃돌았다. 앞서 설명한 대로 볼트는 자율주행에 의한 무인 택시 사업의 기반이 되는 차체다. 이렇게 승차 공유 영역에 진출하는 것은 완성차를 판매하는 기존 사업의 매출 감소로 이어질 수 있지만, GM으로서는 변혁의 고삐를 늦추려 하지 않는 모양새다. 2018년 2월에는 그해 중에 자율주행 기술 개발에 약 1,000억 엔을 투자한다고 발표했으며 더욱 개발 속도를 올릴 것이다.

이상의 사실로부터 제5장에서 설명할 다임러와 마찬가지로 GM은 하드웨어인 자동차부터 승차 공유까지, 차세대 자동차 산업의 수직 통합·종합 참여자를 목표로 하는 게 분명하다.

파괴적 개혁에 도전하는 포드

GM의 메리 바라 CEO가 몸 안에 GM의 피가 흐르고 있다고 할 정도로 토박이인 것과 대조적으로, 포드의 짐 해킷 CEO는 2013년까지 자동차 산업에서의 경험이 없던 경영자다. 그러나 이제부터 설명할 특이한 경력과 캐릭터를 가진 해킷이기 때문에 가능한 부분이 있다. 포드는 지금 해킷에 의한 파괴적 개혁Disruption의 한가운데 있다.

CEO 취임 100일째인 2017년 10월, 해킷은 57페이지에 달하는

포드의 짐 해킷 CEO

CEO 전략을 발표했다. 포드의 파괴적 개혁으로서 5가지 포인트를 꼽았다. 원문을 번역하면 다음과 같다.

맞춤으로써 파괴적 개혁에 대비한다. 사람과 물자를 이동시키는 차량 비즈니스에 진출한다. 우리의 자동차는 스마트폰으로 연결한다. 스마트한 자동차는 새로운 운송 수단의 운용·시스템 속에서 성장한다. 새로운 운송 수단의 운용·시스템 속에서 우리는 새로운 비즈니스

표 19 포드가 추진하는 파괴적 개혁의 5가지 포인트

- 맞춤으로써 파괴적 개혁에 대비한다.
- 사람과 물자를 이동시키는 차량 비즈니스에 진출한다.
- 우리의 자동차는 스마트폰으로 연결된다.
- 스마트한 자동차는 새로운 운송 수단의 운용·시스템 속에서 성장한다.
- 새로운 운송 수단의 운용·시스템 속에서 우리는 새로운 비즈니스 기회를 획득하고 진화해 간다.

기회를 얻고 진화해 간다(표 19).

 CES 2018 개최 당일 기조연설에서 더욱 구체적인 계획이 언급되었다. 포드는 데이터와 소프트웨어, AI를 구사하여 교통을 중심으로 도시를 활발하게 만들 솔루션 기업으로 전환한다는 내용이었다. 포드도 기존 자동차 제조사에서 탈피해 소프트웨어와 AI를 핵심으로 하는 실리콘밸리형 차세대 자동차 산업의 참여자로 이행한다는 선언임이 틀림없다.

 해킷이 CEO로 취임한 시기는 2017년 5월이다. 마크 필즈 전 CEO는 주주와 창업 일가로부터 경영책임을 문책당하는 형태로 사임했다. 예전에 포드의 자회사인 일본 마쓰다 자동차의 사장으로서 경영 재건을 지휘했던 필즈는 2021년까지 완전 자율주행차를 양산하겠다고 발표하는 등 차세대 자동차에 대한 대응을 서둘렀지만, 구체적인 성과를 남기지는 못했다.

 포드는 옛 빅3 중 유일하게 리먼 쇼크 후에도 파산하지 않았지만, 최근에는 매출 저하 압박을 받고 주가도 침체해 있다. 의결권의 40%를 쥔 포드 일가의 빌 포드 회장은 조직의 재정비를 해킷에게 맡긴 것이다.

자동차 산업 경험 없이 취임한 해킷 CEO

자동차 산업 출신이 아님에도 창업 일가에게 전폭적인 신뢰를 받는 짐 해킷이란 대체 어떤 인물일까?

 해킷은 1955년 출생으로 62세다. 앞서 설명했듯이 오랜 역사를 지닌 가구 제조업체인 스틸케이스의 재건으로 실적을 올린 인물이다. 그리고 2013년에 포드의 이사 및 자율주행과 서비스 자회사의 사장에 취임했다. 즉 해킷은 포드의 CASE 중 A(자율주행)와 S(서비스)를 담당했던 셈이다. 재임 중에는 샌프란시스코의 승차 공유 회사인 채리어트와 자율주행 스타트업인 아르고 AI에 출자했다.

그런 해킷이 어째서 포드 CEO로서 발탁된 것일까? 해킷의 기용을 통해 관료적인 조직과 상하질서가 엄격한 기업 문화를 개혁해 의사 결정의 속도를 올리고 싶었던 것이 그 이유다. 해킷은 스틸케이스를 재건할 때 12,000명의 구조조정을 단행했다. 그러나 구조조정 이상으로 기업 문화를 개혁했던 경험이 중요하다.

스틸케이스의 재건에서 해킷은 세계적인 컨설팅 기업인 아이데오에 출자해 협력 관계를 맺었다. 아이데오는 디자인 사고라고 불리는 경영 기법을 고안했다고 알려져 있다. 디자인 사고란 제조사 측의 사정을 사용자에게 밀어붙이는 것이 아니라, 사용자와 함께 사용자 자신이 떠안은 과제의 해결을 통해 상품을 개발하고자 하는 것이다. 새로운 가능성과 새로운 가치를 발견하기 위한 문제 해결 과정이다.

그중에서도 스틸케이스의 개혁은 단순한 사무실 가구의 제조·판매에서 소통 부족과 폐쇄성, 스트레스와 같은 업무상의 과제를 가구로 해결하는 솔루션형 사업으로 개혁하는 것이었다. 아이데오의 손을 거치면 예컨대 사무실 형태도 확 바뀐다. 사람의 시선을 방해하는 벽을 제거하고 파티션 높이를 낮춤으로써 직원 간의 소통을 원활하게 만든다. 벽에는 화이트보드를 설치해 그 자리에서 언제나 토론할 수 있는 환경으로 만든다. 이런 사무실은 현재 실리콘밸리에서 하나의 트렌드가 되어 있다.

이처럼 해킷은 실리콘밸리식 조직 개혁의 실천자이며, 예전에 스티브 잡스와도 친분을 맺는 등 실리콘밸리에 두터운 인맥을 갖고 있다. 따라서 포드 회장이 해킷을 수장으로 지명한 배경에는 포드를 실리콘밸리형 차세대 자동차 산업의 참여자로 개혁해 주기를 바라는 의도가 분명히 깔려 있다.

지역 신문인 디트로이트 프리 프레스는 이런 표현으로 해킷을 평가한다.

100년 이상의 역사가 있는 전통적인 기업을 이끄는 방법을 알고 있다 해킷은 1912년 창업한 스틸케이스의 경영자를 20년 동안 맡으면서 디자인 사고 등 혁신적인 접근법으로 비즈니스와 기업 문화를 변혁했다. 스틸케이스에서의 경험은 마찬가지로 100년 이상의 역사를 지닌 포드를 개혁하는 데도 커다란 무기가 될 것이다.

변화야말로 기업의 생존을 위해 중요하다고 생각한다 포드 입사 이후 자율주행과 공유 서비스 자회사를 경험하고, 불과 12명의 직원으로 시작했던 자회사를 600명 규모로까지 성장시켜 왔다. 해킷이라면 차세대 자동차 비즈니스로의 전환을 기업이 성장하기 위한 기회로 포착할 수 있을 것이다.

미국 중서부 특유의 낙천적인 성격이 성과를 만들어내고 있다 해킷은 2013년에 스틸케이스의 투자자를 상대로 이렇게 말했다.

"우리 부모님은 불경기 시대를 꿋꿋하게 살아왔습니다. 내가 부모님에게서 배운 것은 냉소를 삼가고 매사를 더욱 밝은 측면으로 상상하는 것입니다."

포드 일가인 빌 포드 주니어와 친하고 절대적인 신뢰를 받고 있다 포드 회장에게 받는 신뢰가 두터워, 무슨 일이 생길 때마다 해킷을 '비전 있는 리더다', '해킷이라면 해낼 것이다'라고 칭찬한다.

아이데오식 디자인 사고를 통한 파괴적 개혁

해킷에 의한 파괴적 개혁의 요체가 2017년 10월에 발표된 CEO 전략에 실려 있다. CEO 전략은 스틸케이스를 재건할 때와 마찬가지로 디자인 사고를 충분히 반영한 내용이다.

아래에서 이 내용을 파헤쳐 보자(표 20).

우선 해킷은 두 가지 핏을 꼽는다. 여기서 말하는 핏이란 맞춤fitness의 핏이다. 바람직한 상황일 것, 혹은 바람직한 상황으로 만드는 것을 의미한다.

첫째는 매출을 초기화하고 비용을 줄이는 것이다. 최근 포드의 비용은 매출과 같은 속도로 증가하고 있다. 구체적으로 보면 2010년부터 2016년까지 매출이 30% 성장한 반면 같은 기간의 총비용도 29% 늘어났다. 또 순매출에 대한 설비투자 비율도 2010년에 3.5%였던 것에 대해 2016년에는 4.9%가 되었다. 이래서야 좀처럼 이익이 남지 않는다.

앞으로는 현재 진행형으로 글로벌한 운영 조직으로 변혁하고 책임

표 20 디자인 사고를 통한 포드의 파괴적 개혁

오늘의 우리가 제대로 하지 못한다면 미래를 대비할 수 없다

맞춤	맞춤
매출을 초기화하고 비용을 줄인다	비즈니스 운영을 재설계한다
의욕을 쟁취한다	
전략적 선택	
기업 문화의 변혁	

을 명확히 함으로써 비용 절감을 추진한다고 한다. 비용 증가를 기존의 절반으로 제어하면서 매출 증가를 끌어올릴 계획이다. 또 다른 하나의 핏은 비즈니스 운영을 재설계하는 것이다. 여기서는 일회성 비용 절감이 아니라 지속적인 개선을 진행해 갈 방침이다. 앞으로는 고객이 정말로 바라는 것을 제공하기 위해 세분화했던 모델 수와 옵션의 라인업을 엄선한다. 나아가 개발 과정을 재검토해서 개발 기간을 20% 단축한다. 생산성과 효율성의 향상을 도모하고 공장의 스마트화를 추진한다.

이상의 두 가지 핏을 목표로 직원의 의욕을 높인다. 정확하게는 직원의 의욕을 쟁취한다는 뉘앙스의 표현이다. 새롭게 제시된 철학·사상·집념으로 사내 분위기를 고무한다. 단순한 자동차가 아니라 열정과 함께 자동차를 제공하는 것, 스마트한 세상에 스마트한 자동차를 제공

하는 것, 세상에서 가장 신뢰받는 모빌리티 컴퍼니가 되는 것, 자동차뿐만 아니라 자동차와 스마트한 세상 자체에 이바지하는 것. 해킷은 이런 표현을 사내외를 향해 선언하고 있으며 이 역시 사원을 고무하는 힘으로 작용한다.

그리고 이상으로부터 도출된 전략적 선택은 다음과 같다. 자사의 강점과 시장 기회에 경영 자원을 집중한다. 혹은 스마트한 세상의 스마트한 자동차에 집중한다. 자율주행과 EV화에 집중한다. AI, 딥 러닝, 3D 프린팅, 스마트 공장 등을 추진한다.

이렇게 다시 전체를 조망하면 포드의 전략이란, 새로운 비전과 사상을 내걺으로써 직원의 의욕을 고취하고 경영 자원을 자율주행과 EV화 등 차세대 자동차 산업의 핵심이 되는 기술에 집중하는 등, 기업 문화를 현재의 시장 환경에 적응시킨 형태로 바꿔가겠다는 전략이라고 정리할 수 있다.

비전은 스마트 시티 만들기

해킷의 CEO 취임 후부터 2018년 초까지 포드가 차세대 자동차로 향하는 움직임을 따라가 보자.

2017년 10월, 투자자를 위한 경영 전략 발표회에서 2019년까지 미국에 발매될 모든 차를, 또 2020년까지 세계 시장에 판매할 신차의 90%를 통신 기능을 갖춘 커넥티드 카로 한다고 발표했다. 원래 포드는 마이크로소프트와 공동 개발한 차량용 정보 시스템인 싱크SYNC로

커넥티드 카의 선두주자가 되어 왔는데 이것을 더욱 밀고 나가려는 모양새다.

2017년 12월에는 2025년까지 중국에서 새롭게 50개 차종 이상을 투입해 중국에서의 매출을 현재보다 50% 늘리겠다는 계획을 발표했다. 그중 EV와 하이브리드차가 15개 차종 이상이다. 2019년까지는 모든 차에 통신 기능을 표준으로 탑재한다. 이에 따라 세계 최대의 시장인 중국에 중점 투자하겠다는 자세가 선명해졌다. 참고로 포드는 바이두가 가진 자율주행 기술을 오픈소스화하는 아폴로 계획에 참여하고 있다.

아마존과의 제휴도 이루어지고 있다. 아마존은 2018년 4월 프라임 회원용으로 자동차 트렁크에 상품을 배달하는 새로운 서비스인 아마존 키 인카Amazon Key In-Car를 개시한다고 발표했다. 아마존 키 인카 서비스를 이용할 수 있는 고객은 GM과 볼보(볼보는 1999년에 포드, 2010년에 중국 지리자동차가 인수함―옮긴이)의 자동차 소유자다(모든 차종이 대상은 아니다). 이 서비스를 이용하면 주인이 집을 비우고 있어도 자동차 트렁크를 열어 화물 배달을 완료할 수 있다.

서비스화 영역에서는 2017년 8월에 도미노 피자와 제휴해 자율주행차를 통한 피자 배달 실험을 시작했고, 2018년 1월에는 식품 택배 벤처 기업인 포스트메이트Postmate로부터 자율주행을 통한 배송 서비스를 수주했다.

당면 실적은 어떨까? 2017년 10~12월기 결산에서는 약 2,600억 엔의 흑자를 기록하면서 전년 동기 적자에서 흑자 전환을 달성했다.

포드가 그리는 모빌리티의 미래(필자 촬영)

　그렇지만 매출이 시장의 예상을 밑돌았기 때문에 해킷은 이 결과에 만족하지 않고 지속해서 비용 절감을 도모하며 자율주행과 전기자동차에 대한 투자를 확대한다고 한다.

　그리고 앞에서도 언급했던 2018년 1월의 CES 2018이다. 해킷은 가까운 미래의 스마트 시티를 그린 CG를 배경으로 모빌리티의 미래에 관해 이야기했다.

　우리 생활 구석구석까지 디지털 기술이 파고든 미래의 스마트 시티에서 모빌리티는 어떤 모습을 하고 있을까? 또 포드는 어떤 기업이 되고자 하고 있을까? 포드가 데이터와 소프트웨어와 AI를 구사하여 교통을 중심으로 도시를 활발하게 만들 솔루션 기업으로 전환하겠다고 한 것은 당시 발표에서 나온 표현이다.

해킷은 여기서 새롭게 자동차뿐만 아니라 사람이나 도시와도 연결하기 위한 플랫폼으로서 TMC Transit Mobility Cloud를 발표했다. 반도체 대기업인 퀄컴과 제휴해 개발하고 있다. 바로 상상되지 않을 수 있는데 해킷은 이런 장면을 소개했다. 레스토랑에서 만나기로 약속을 잡은 남녀. 공유차인 리프트를 타고 약속 장소로 향하던 남성은 TMC로부터 교통 상황이 좋지 않다는 사실을 알게 되었다. 그래서 공유 자전거로 갈아타서 무난하게 레스토랑에 도착한다. 포드의 짐 페얼리 수석 부사장은 많은 기업과 제휴해서 이 서비스를 확충할 수 있도록 하고 싶다고 말했다.

필자는 이 발표 현장을 취재했는데, 솔직히 말해 포드의 스마트 시티와 TMC 구상은 다른 주요 회사가 수년 이내의 비전을 제시했던 것들 가운데 구체적인 사업 면에서 너무 동떨어지고 현 상황의 자율주행과 EV에서 너무 동떨어져, 요컨대 현실성이 없는 듯한 느낌을 받았다. 주가를 보더라도 시장에서 받는 평가 역시 마찬가지가 아닐까 생각한다. 특히 단기적인 실적을 중시하는 투자자로부터는 매서운 눈초리를 받고 있다.

그래도 나는 포드의 역습에 크게 기대를 걸고 있다. 경영 전략 수준에까지 디자인 사고를 접목한 CEO와 이를 전폭적으로 지원하는 오너 일가, 성과가 나오기까지 인내하는 동시에 기대를 걸어보고 싶다.

제5장

새로운
자동차 산업의 패권은
독일이 쥘 것인가
-독일 빅3의 경쟁 전략

2022

디젤에서 EV로, 고난을 기회로 바꾸려는 독일

자동차 산업의 발상지는 19세기 독일이다. 오랜 역사 속에서 확고한 지위를 구축해온 다임러, 폭스바겐vw, BMW의 독일 빅3가 바야흐로 대변혁의 계절을 맞이하고 있다. 대변혁이란 바로 디젤차에서 EV차로의 흐름이다. 독일은 지금까지 디젤 엔진에 주력해 온 국가다. 일본에서는 그다지 익숙하지 않은 디젤차인데, CO_2의 배출량이 가솔린차보다 적고 세제 우대의 이점이 있다는 이유로 독일에서는 가솔린차와 동등한 규모로 보급되어 있다. 독일 연방 자동차국에 따르면 2012년 이후의 연료별 자동차 신규 등록 대수는 가솔린차가 50%대, 디젤차가 48% 전후로 파악하고 있다.

하지만 2016년은 디젤의 비율이 45.9%로 내려가고 가솔린차는 52.1%로 상승했다. 한편 EV차의 비율은 0.1포인트씩 증가해 2017년 11월에는 신규 승용차 등록 대수에서 차지하는 EV의 비율이 처음으로 2%를 넘었다.

배경에는 디젤 신화의 붕괴가 있다. 2015년 11월, 폭스바겐이 질소산화물의 배출량을 조작해 적게 보여주는 소프트웨어를 탑재한 디젤차를 판매한 것이 발각되었다. 조작 대상 차종은 전 세계에서 1,100만 대에 달했다. 디젤차가 친환경이 아니었다는 사실이 대형 게이트로 번져 폭스바겐의 경영진은 문책 사임하고 주가는 한때 43%나 하락해 폭스바겐의 브랜드 가치가 크게 훼손됐다.

게다가 각국 도시부의 대기오염 문제가 더해져 유럽 전역에서 디젤 규제 논의가 폭발했다. 런던에서는 도시 중심부로 진입하는 일부 디젤차에 하루 10파운드를 과금하기로 했다. 다임러의 본고장인 독일 슈투트가르트에서는 환경 보호 단체인 독일 환경 행동DUH이 대기 중의 질소산화물 농도가 상한치를 크게 넘는다며 정부를 상대로 소송을 제기한 결과, 법원은 시내 디젤차 진입을 금지하는 것이 유효하다는 판결을 내렸다. 파리와 마드리드 등 4개 도시는 2026년까지 디젤차 진입을 금지하기로 합의했다.

이런 규제 강화의 흐름을 저지하고자 2017년 8월에 베를린에서 개최된 디젤 문제 대책 회의에서는 빅3를 포함한 독일의 자동차 제조사 8사가 한자리에 모여 대책을 협의하고, 유럽 내를 주행하는 디젤차 약 530만 대의 소프트웨어를 무상으로 업데이트하기로 약속했다.

2017년은 국가적으로 EV화 추진이 잇달아 표명된 해였다. 프랑스와 영국은 2040년까지 디젤차와 가솔린차의 판매를 금지한다고 발표했다. 이런 흐름은 유럽 바깥에도 퍼져나가 인도는 2030년까지, 인도

네시아는 2040년까지 내연 기관 자동차 판매를 금지할 의향을 보였다(인도는 2018년 2월에 철회).

가장 중요한 독일 정부는 EV화로 인해 기존형 자동차 산업의 고용이 100만 명 가까이 없어질 것이라는 계산이 있어 몇 년까지 금지하겠다고 명확히 밝히지는 않았다.

그러나 개별 제조사는 이미 EV화를 위해 나서기 시작했다. 독일 자동차 공업회는 2020년까지 EV 등 차세대 자동차에 400억 유로를 투자하는 것, 향후 2~3년 내로 100개 차종, 향후 5~8년 내로 150개 차종을 시장에 투입할 것을 발표했다. 다시금 덧붙이자면, 자동차 제조사의 최대 시장인 중국과 뒤를 잇는 미국이 함께 EV화를 추진하는 이상 조만간 디젤에서 EV로의 전환은 피할 수 없다. 이를 커다란 비즈니스 기회로 포착하기 위해 각사가 대응을 서두르고 있다.

경영 개혁을 추진하는 폭스바겐

이런 상황에서 독일의 빅3도 EV화를 위해 대규모 투자를 시작했다. 빅3가 차세대 자동차 산업의 조류를 어떻게 파악하고 있는지 개관해 보자.

우선 예기치 않게 디젤에서 EV로 전환을 시작하게 된 폭스바겐이다. 자동차 판매 대수 순위에서 도요타와 상위를 다투던 명문이지만 배기가스 조작으로 인해 명성도 한 번은 땅에 떨어졌다. 그러나 조작이 발각된 지 몇 개월 후인 2016년 11월 트랜스폼 2025+라는 신경영 계획을 발표하면서, 폭스바겐의 표현을 빌리자면 사상 최대의 변화를 동반하는 개혁에 착수했다.

표 21에 경영 계획의 전체 구조를 나타냈다. 폭스바겐에서는 경영 계획에서 미션을 '자신들의 운송 수단과 함께 미래를 생산적인 것으로 만든다', 비전을 '사람들을 전진시킨다'라고 내걸었다. 각각을 실현하기 위한 목표로 네 가지를 제시했다.

첫째는 열성적인 고객에 관한 목표다. '2025년까지 8,000만 명의 고객을 확보한다', '정량 지표로서 NPCNet Promoter Score(고객의 충성도를 수치화한 지표)를 향상하는 것을 목표로 한다', '기술적인 품질 향상 및 그것을 고객이 인식하는 것을 지향한다'라는 세 가지 점을 구체적인 내용으로 한다.

둘째는 전진하는 강력한 팀이라는 표제로 직원에 관한 목표다. '직원 만족도 지표 및 근무 환경 향상을 지향한다', '당사는 직원에게 더욱 매력적인 회사가 된다', '여성 관리직 비율을 늘리고 경영의 국제화를 동시에 추진한다'라는 것이 구체적인 항목이다.

셋째는 지속 가능한 모빌리티다. 'CO2의 배출량을 25% 감축한다', '사회적 책임과 윤리에 관한 브랜드 이미지를 향상한다', '2025년까지 전기 동력 모빌리티에서 세계를 선도한다'라는 세 가지 점을 내걸고 있다.

마지막 넷째는 미래를 지탱하기 위한 수익성이다. '지속 가능성과 경쟁력을 유지하기 위해 수익성을 향상한다', '투자 자금에 대한 수익성을 향상한다', '장래의 활동은 순 현금흐름을 플러스로 하면서 지원해

표 21 트랜스폼 2025+의 전체 구조

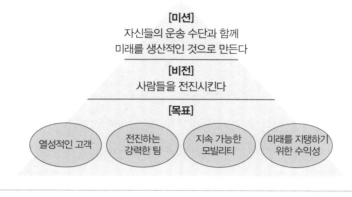

[미션]
자신들의 운송 수단과 함께
미래를 생산적인 것으로 만든다

[비전]
사람들을 전진시킨다

[목표]

| 열성적인 고객 | 전진하는 강력한 팀 | 지속 가능한 모빌리티 | 미래를 지탱하기 위한 수익성 |

출처: 폭스바겐의 영문 결산 자료 등에서 필자가 작성

간다'라는 세 가지 내용이다.

솔직한 감상을 말하자면 폭스바겐 자료의 내용만으로 사상 최대의 변화를 동반하는 개혁이라는 위기감과 문제의식을 읽을 수는 없었다. 또 특히 위 내용 중 '전진하는 강력한 팀'이라는 항목에 나타나 있지만, 얼마 전까지 일본 대기업의 목표를 떠올리게 만드는 것이 아닌가 하고 생각했다. '당사는 직원에게 더욱 매력적인 회사가 된다'라는 목표에 이르러서는 주어가 회사가 되어, 만약 내가 폭스바겐의 직원이었다면 회사에 일체감을 느낄 수 없는 표현이라고 느꼈을 것 같다. 일본과 마찬가지로 독일 역시 전통적인 기업의 경영 개혁은 호락호락한 문제가 아닌 듯하다.

그러나 EV에 주력하는 모습에는 괄목할 만한 점이 있다. 2025년까지 그룹 전체에서 80개 모델(그중 30개 모델은 PHEV)을 발매하고, 2030

년까지는 아우디와 포르쉐, 벤틀리 등 그룹의 약 300개 모델 전체에 전기 동력차를 설정하는 전략인 로드맵 E를 발표했다. 2025년 시점에 EV가 차지하는 비율은 약 25%, 연간 판매 대수는 최대 300만 대가 될 것으로 내다보고 있다.

디젤차와 가솔린차에 비하면 EV차는 부품 개수가 적기 때문에 EV 화에는 생산 체제의 축소가 동반된다. 폭스바겐은 23,000명의 구조 조정을 단행하는 한편, EV와 관련해서 새롭게 9,000명의 고용을 창출할 계획이다. 분명히 폭스바겐은 조직 자체를 재검토하는 대변혁의 한 가운데 있다.

폭스바겐은 자율주행에도 진출했다. 폭스바겐이 자동주차 기능, 아우디가 자율주행 기술 개발을 개발하는 식으로 그룹 내에서 분담하는 체제를 갖추고 있다. 2017년에는 아우디의 고급 세단 A8에서 자율주행 3단계를 실현했다고 발표했고, 같은 해 제네바 모터쇼에서는 더욱 고도의 5단계 자율주행을 실현한 무인 택시 콘셉트 카인 세드릭을 발표하는 등 착실히 실적을 쌓아가고 있다.

완성차 제조사이면서 서비스로의 진출도 도모하고 있다. 2016년에는 이스라엘의 승차 공유업체인 겟트Gett에 출자했고, 2018년부터는 자사에 의한 승차 공유 서비스인 모이아를 개시할 예정이다.

3사 연합으로 차세대 자동차에 임하는 BMW

계속해서 BMW는 어떨까? 미니 쿠퍼인 미니MINI와 롤스로이드 등을 산하에 둔 BMW는 몇 년 전부터 EV 브랜드인 i 시리즈를 전개하고 있다. 2025년까지 EV와 PHEV를 합쳐 25개 모델을 투입할 계획이다.

다임러나 폭스바겐에 비하면 규모가 작은 BMW는 타사와의 연계를 통해 완전 자율주행에 대처하고 있다. 현재는 미국의 인텔, 이미지 인식 반도체를 개발하는 이스라엘의 모빌아이와 3사 연합을 맺어 자율주행 플랫폼 개발을 추진하고 있으며, 2021년까지 완전 자율주행차의 양산을 목표로 하고 있다. 동시에 3사 연합은 인텔과 인텔의

인텔 부스의 BMW 자율주행 실험차(필자 촬영)

산하에 있는 모빌아이에도 생명선이 되고 있다. 다음 사진은 필자가 CES 2018에서 촬영했는데, 인텔 부스에 자율주행차의 대표작으로 BMW 차가 전시되어 있던 모습이 인상적이었다.

3사 연합은 2016년 7월 1일 BMW의 해럴드 크루거 회장, 인텔의 브라이언 크르자니크 CEO, 모빌아이의 암논 샤슈아 회장이 공동 기자 회견을 열어 2021년까지 완전한 자율주행차의 양산·시판화를 목표로 한다고 발표해 시장에 큰 충격을 주었다. 당시에는 이 정도 수준의 자율주행차를 시판 시기까지 발표한 점이 획기적이었다.

그러나 이후 인텔과 모빌아이는 엔비디아와 AI용 반도체 경쟁에서 큰 경쟁 우위를 보이지 못하고 3사 연합도 당시만큼의 화제성을 모으지 못하고 있다. 인텔은 모빌아이 인수를 계기로 자율주행의 R&D 거점을 이스라엘로 옮겼다. 독일과 이스라엘과의 공동 개발에 기대를 걸어 본다.

CASE로 차세대 자동차의 방향성을 제시한 다임러

독일의 빅3 가운데서도 가장 주목해야 할 곳은 바로 다임러다.

고급차의 대명사인 메르세데스 벤츠로 잘 알려진 다임러는 판매 대수로는 세계 10위(2017년)지만 매출로는 더욱 상위 순위에 자리하고 있다. 수장은 디터 제체다. 멋들어진 콧수염과 캐주얼한 데님 차림이 트레이드 마크인 디터가 이사회 회장에 취임한 2006년은 다임러가 고급 승용차의 점유율 1위 자리를 BMW에게 빼앗겼던 해이기도 했다.

다임러의 디터 제체 회장

출처: Wikipedia

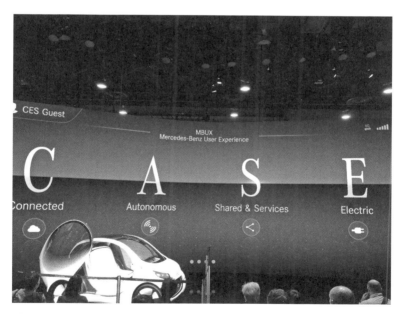

다임러의 CASE 전략(필자 촬영)

그때부터 디터는 흡사 파괴자와 같았다. 크라이슬러와의 합병 문제를 청산하고 본사 건물을 매각하면서 사명을 다임러로 바꾸는 등 대대적인 조직 개편을 단행함으로써 다임러의 재출발을 진두지휘했다. 그리고 2016년, 차세대 자동차 산업의 핵심을 담당하는 참여자로서 다임러가 강렬한 존재감을 나타내 보인 사건이 있었다.

그해의 파리 모터쇼에서 다임러는 새로운 EV 브랜드인 EQ를 발표함과 동시에 CASE라고 이름 붙인 중장기 전략을 내세웠다. 다임러야말로 차세대 자동차 산업의 조류를 제시한 장본인이다. CASE 발표는 줄곧 가솔린 자동차의 혁신 기업이었던 다임러가 차세대 자동차의 흐름도 선도해 보이겠다는 의사 표명이기도 했다.

제1장에서 CASE에 관해 언급했는데 여기서는 CASE에 대한 다임러의 대처를 개별적으로 살펴보자.

C는 연결화 및 스마트화다. 다임러의 홈페이지에는 '쾌적하고 안전하면서 새로운 차원의 엔터테인먼트를 자동차가 제공하는 시대로'라고 되어 있다. 메르세데스 미 커넥트는 그런 서비스의 한 사례다. 차 밖에서 앱을 통해 주차 조작을 할 수 있는 원격 주차 기능을 갖춘 것 외에, 사고가 발생했을 때는 버튼 하나로 콜센터에 연결된다. 또 전문 교환원이 레스토랑이나 호텔 예약 등 다양한 안내 서비스를 24시간 체제로 제공한다.

A는 자율주행이다. 다임러는 자율주행의 선두주자를 자인하고 있는데, 단초는 1960년대에 도입된 크루즈컨트롤(자동차의 속도를 일정하게 유지하는 정속 주행 장치—옮긴이)로 거슬러 올라간다. 1995년에는 네

개의 카메라와 당시의 최신 마이크로프로세서를 탑재한 벤츠 S 클래스가 독일 뮌헨에서 덴마크 코펜하겐까지 완주했다. 2013년 8월에는 실험 차량이 독일 만하임~포르츠하임 약 100km 구간의 일반 도로를 자율주행했다.

현재의 시판차는 부분적인 자율주행 시스템인 드라이브 파일럿을 탑재해 고속도로에서의 주행을 보조한다. 또 운전자가 방향 지시등을 조작하면 자동으로 차선을 변경하는 액티브 레인 체인징 어시스트의 도입은 테슬라의 모델 S에 이어 세계에서 둘째로 빠른 것이었다.

S는 공유화 및 서비스화다. 다임러는 2008년부터 다른 곳에 반납 가능한 형태의 차량 공유 서비스인 카투고Car2go를 시작했으며 지금은 회원 수가 300만 명을 넘는 서비스로 성장했다. 카투고에 관해서는 뒤에서 자세히 설명한다.

그리고 E는 전기 동력화다. 앞으로 EV에 100억 유로를 투자하고 2022년까지 10개 차종을 시장에 투입한다고 발표했으며, 2018년에는 독일 동부 드레스덴에 대규모 배터리 공장을 건설할 예정이다.

다임러는 2007년부터 소형차인 스마트의 EV를 양산했는데, 파리 모터쇼에서는 EV의 신규 브랜드 EQ를 통해 포괄적으로 CASE를 전개한다고 발표했다. 또 '(EQ는) 이동 수단으로서 자동차의 존재 의의를 확장해 특별한 서비스와 체험, 혁신을 만들어내는 완전히 새로운 모빌리티다', '우리는 모빌리티 제공자가 된다'라는 발언도 나왔다. 이를 통해 다임러가 CASE를 개별적으로 실현하고자 하는 것은 아니라는 것을 추측할 수 있다. 즉 이제까지 개별적으로 진화해왔던 자율주행, 연결, 공유와 같은 핵심 항목을 EV라는 카테고리로 흡수해 융합시켜 완전히 새로운 모빌리티 서비스를 창조하고자 하는 것이다.

원래 EV는 자율주행 및 공유와 친화성이 높다. 모터로 구동되는 EV는 가솔린차와 비교하면 전자 제어가 쉽고, 주유소 등 장소의 제약 없이 충전 설비를 설치할 수 있어 공유 서비스와도 궁합이 좋다. 이런 조건에서 연결×자율주행×EV×공유와 같은 서비스는 쉽게 떠올릴 수 있다.

예를 들면 무인 운전 EV 택시를 스마트폰으로 부르고 이용한 시간 단위로 요금을 내는 서비스 같은 식이다. 사실 2017년 9월에는 차량 공유용으로 설계한 자율주행 EV의 콘셉트 카가 발표되었다. 콘셉트 카인 스마트 비전 EQ 포투Smart Vision EQ ForTwo는 CASE의 네 조건을 전부 갖춘 최초의 자동차로, 현재 다임러가 전개하고 있는 공유 서비스 카투고를 발전시킨 것이다. 운전석이 없는 완전 자율주행차가 도시부를 순회하고 사용자가 전용 앱을 통해 예약하면 역시 자동으로 사용자가 있는 곳으로 직행한다. 사용자가 자동차를 빌리러 가는 게 아니라 자동차 쪽에서 사용자를 찾아 맞이하러 오는 시대가 머지않아 오는 것이다.

다임러는 EV를 기점으로 자동차 제조사에서 서비스 제공자로 변모하려 하고 있다. 서장에서 소개한 것처럼 파리 모터쇼에서 디터는 이런 표현을 했다.

"나는 지금까지 왜 기계공학이 아닌 전기공학을 전공했느냐는 말을 들었습니다. 이제 드디어 내 전공을 살릴 시대가 왔습니다. 오늘의 주제는 EV입니다."

디터는 어쩌면 이렇게 말하고 싶었을 것이다.

'내가 해 왔던 것은 틀리지 않았다. 드디어 다임러와 나의 시대가 온 것이다.'

카투고로 MaaS에서도 앞서가다

'우리는 모빌리티 제공자가 된다'라고 선언한 다임러. 다임러의 표현대로 서비스로서의 이동 수단, 통칭 MaaS_{Mobility-as-a-Service}의 영역에서는 다른 자동차 회사에 크게 앞서 있다.

MaaS란 원래 자동차에 한정된 것이 아니라 지하철과 택시, 버스, 철도 등 모빌리티 전반을 조합해 사람을 이동시키는 서비스 전반을 가리키는 개념이다. 이때 모빌리티는 소유하는 것이 아닌 서비스로 제공되는 것이다. 현재 자동차 제조사는 자동차라는 제품을 판매함으로써 보수를 얻고 있는데, MaaS의 참여자는 서비스의 대가로 보수를 얻게 된다. 또 모빌리티 서비스는 다방면에 걸쳐 있어 자동차 제조사 이외의 참여자도 시장에 진입하게 된다. 제7장에서 자세히 소개하겠지만, 개인이 소유한 차를 택시처럼 사용하는 승차 공유 계열의 참여자도 단지 한 가지 사례에 불과하다.

차량 공유도 일종의 MaaS다. 차량 공유란 사업자가 회원에게 차를 빌려주는 것으로, 원래 유럽에서 철도나 버스 등의 대중교통을 보완하는 수단으로 생겨났다. 소유에서 공유라는 가치관의 전개가 배경이 되어 청년층을 중심으로 널리 퍼져 있다. 일본에서도 차량 공유 시장은 증가 추세에 있는데, 2020년에는 2012년에 비해 5배까지 확대될 것으로 보인다. 그러나 다임러의 차량 공유 서비스가 세계 최대 규모로 성장하고 있다는 것은 일본에서 그다지 알려지지 않았다.

바로 카투고Car2go인데, 2008년 프랑스의 렌터카 사업자인 유럽카Europcar와 합작으로 설립되었다. 현재 카투고는 스마트라는 2인승 EV를 사용해 독일, 이탈리아, 스페인, 미국, 중국 등의 26개 도시에서 전개되고 있다. 이미 회원 수는 300만 명이다. 2017년에는 전년 대비 30% 증가라는 성장을 달성했다. 2018년 3월에는 다임러와 BMW가 이동 서비스 사업을 통합한다고 발표해 우버나 리프트, 디디추싱과 같은 승차 공유계 참여자까지도 맹추격하는 체제를 정비했다.

일본의 차량 공유와 가장 큰 차이점은 다른 곳에 반납 가능한 형태라는 점이다. 길거리 주차가 금지된 일본에서는 승하차 장소가 한정돼 있어 정해진 장소에서 자동차를 빌려 반납하는 방식이 취해지고 있다. 이래서야 렌터카보다 나은 점이 없다.

반면에 카투고는 길거리에 주차된 차를 자유롭게 사용하고 사용이 끝나면 또 길거리에 주차하는 다른 곳에 반납 가능한 형태다. 일부러 자동차를 반납하러 점포까지 갈 필요가 없다. 더구나 한 번 회원 등록하면 스마트폰이나 컴퓨터를 통해 언제든지 예약할 수 있다는 간편함이 있다. 요금은 주행 거리와 관계없이 1분당 과금되고, 별도로 주유비와 보험료가 필요 없으며, 전자칩이 내장된 면허증을 갖다 대면 잠금이 해제되는 단순한 사용성이 매력이다. 요금은 가장 저렴한 스마트 차종의 경우 1분당 29센트다.

자동차 산업의 제왕으로서 MaaS의 사회 구현에 발 빠르게 착수한 다임러. 그 결과로 완성차를 파는 것과 같은 수준의 수익까지 내다볼 만큼 효과를 보고 있다.

과거에 차량 공유 사업은 사용자가 자가용차를 멀리하는 결과로 이어진다는 이유로 자동차 제조사가 진출하지 않았었다. 하지만 다임러는 차량 공유의 사회 구현을 추진한 경험으로부터 오히려 자동차 판매가 늘어난다고 이야기한다. 여태까지 소유보다는 공유라고 생각했던 사람도 실제로 타 보니 차를 사고 싶어지는, 즉 카투고가 자동차의 시승 체험 역할을 수행한다는 것이다.

2016년부터는 카투고와 별개로 메르세데스 벤츠의 차량 공유 서비스가 시작되었는데 이 역시 대성공했다. 공유 서비스라면 고급차 벤츠도 부담 없이 탈 수 있다며 사용자들이 반겼고, 벤츠의 판매 대수도 7년 연속으로 사상 최고를 갱신했다. 정말로 차량 공유가 자동차 판매도 늘리는지는 아직 검증이 필요하지만, 그런 확신을 얻은 다임러가 앞으로도 차량 공유로 세력을 늘려가리라는 것은 거의 틀림없다.

MBUX로 사용자 경험 중시를 천명하다

다임러는 CES 2018에서 주목해야 할 발표를 했다. 바로 혁신적인 차량용 시스템인 메르세데스 벤츠 유저 익스피리언스MBUX다. 알기 쉽게 설명하자면 MBUX란 아마존의 알렉사나 구글의 구글 어시스턴트와 같이 그저 말을 거는 것만으로 직관적으로 조작할 수 있는 차내 AI 비서다. 호출 명령어는 "헤이, 메르세데스Hey Mercedes!"다. 2018년 중에는 벤츠 A 클래스에 표준 탑재되고 최종적으로는 전 차종에 도입될 예정이라고 한다.

결론부터 말하자면 나는 이 MBUX에 관해서, 자동차 제조사로서는 드문 사용자 경험 중시 가치관과 차내용 AI 비서, 최신 인포테인먼트(인포메이션+엔터테인먼트) 시스템이 결실을 본 것이라는 점에서 매우 고무적인 것이라고 평가한다.

CES 2018에서 이목을 모았던 AI 비서는 실질적으로 가전용과 차량용 모두 포함해 '알렉사냐 구글 어시스턴트냐'라는 독점 상태에 있으며 도요타도 알렉사 도입을 결정했다. 중국의 구글이라고 불리는 인터넷 검색업체 바이두가 새로운 음성인식 AI인 두어 OS를 발표했는데, 자동차 제조사로서 독자적으로 IT 대기업 수준의 AI 비서를 탑재해온 곳은 유일하게 다임러뿐이었다.

그렇다면 MBUX란 구체적으로 어떤 것일까? 콕핏에는 고해상도 터치스크린 제어 디스플레이 두 개가 있고, 각종 기능은 터치 입력과 음성 명령을 통해 호출하는 구조다. MBUX 시스템에는 엔비디아의 GPU 테크놀로지가 들어가 있으며, AI가 운전자의 정보를 학습하여 취향에 맞는 레스토랑을 안내해 주거나, 마음에 드는 음악을 제안하거나, 일정을 관리하는 등 다양한 방식으로 운전자를 지원한다.

그뿐만 아니라 시스템에 말을 거는 경우 이제까지의 AI 비서처럼 '라스베이거스 날씨 확인', '에어컨 온도를 ○○도로 맞춰 줘'와 같은 획

일적인 음성 명령이 아니라, '오늘은 샌들을 신어도 괜찮을까?', '좀 춥네'처럼 마치 사람을 상대로 하는 듯이 자연스럽게 대화할 수 있다고한다. MBUX 시스템은 23개국에서 이용할 수 있으며 최신 일상어에대응하기 위해 매일매일 업데이트된다고 한다.

이처럼 최신 기능을 많이 갖춘 MBUX의 진정한 혁신성은 이름대로사용자 경험에 있다. MBUX를 위해 전문 엔지니어링 팀을 설립한 엔비디아의 젠슨 황 CEO는 '세계 최첨단의 미래형 콕핏을 만들어내고싶다', '가장 중요한 것은 사용자 경험을 혁신하기 위해 AI가 도입되는것'이라고 말했는데, 여기서도 사용자 경험을 중시하는 자세를 확인할수 있다.

원래 사용자 경험이란 마케팅 전문가인 번트 H. 슈미트 교수가 제창한 개념이다. 제품과 서비스를 통해 얻을 수 있는 경험의 총칭이며, 특히 최근 웹 마케팅에서 가장 중요한 개념으로 여겨지고 있다. 예를 들어 아마존에서는 사이트를 방문한 사용자의 동향을 가시화하고 분석하여 디자인과 상품의 레이아웃을 개선해가는 식으로 PDCA를 고속회전시킴으로써, 즐겁고, 센스 있고, 바람직하고, 알기 쉽고, 신뢰할 수있는 사용자 경험을 만들어내고 있다.

나는 앞으로 현실 세계에서도 사용자 경험이 가장 중요한 개념이 될것으로 생각한다. 아무리 고기능 서비스를 추구한다고 해도 그것만으로 타사와 차별화하기란 어려울 것이다. 그래서 관건이 되는 것이 바로뛰어난 사용자 경험이다. 차세대 자동차에서도 사용하면서 즐겁고 편안하며 센스 있는 체험을 제공할 수 있는 참여자가 사용자의 선택을 받을 것이다.

그런 시대의 기대에 MBUX는 멋지게 부응한다. 이제까지 자동차 업계는 인포테인먼트 시스템을 독자적으로 진화시켜 왔다. 음악과 영상 재생, 카 내비게이션, 애플의 카플레이와 같이 스마트폰과 연동하는 기능은 충실해졌다. MBUX는 여기에 음성인식 AI를 도입해 그저 말을 걸기만 하면 용무를 끝마치도록 사용자 경험을 진화시킨 것이다.

말을 걸기만 해도 용무를 끝마치는 것 이상의 사용자 경험은 현재로서는 존재하지 않는다. 이는 아마존 알렉사를 탑재한 음성비서 단말 아마존 에코가 미국에서 폭발적인 인기를 누리고 있는 것만 봐도 분명한 사실이다. 고객 경험의 진화 과정으로서 사용자는 스마트 홈에서 스마트 카로의 흐름을 자연스럽게 받아들일 것이다.

이런 서비스가 테크놀로지 계열 기업이 아닌 기존형 자동차 제조사였던 다임러로부터 시작됐다는 게 무엇보다 큰 의미가 있다. 이제까지 사용자 경험을 추구해왔던 쪽은 아마존과 구글로 대표되는 테크놀로지 계열 기업이었고, 기존형 자동차 제조사는 테크놀로지 계열 기업에 압도당하기만 했다.

그러나 최근 들어 기존형 자동차 제조사의 대표 격이었던 다임러가 사용자 경험UX이라는 말을 서비스 이름에 넣어버렸다. 사용자 경험에 대한 깊이 있는 이해와 테크놀로지 계열 기업 대두에 대한 위기감, 그리고 사용자 경험을 추구하는 진심 어린 태도가 드러나 있다.

이상의 사실로부터 분명한 것은, 다임러는 하드웨어로서의 자동차부터 차량용 OS와 차량 공유까지 차세대 자동차 산업의 수직 통합·

종합 참여자를 목표로 하고 있다는 점이다. 2008년에 카투고를 개시했다는 점을 생각하면 다임러는 주도면밀하게 준비를 진행하고 있었다. 자율주행의 진척 상황은 잘 보이지 않지만, 수면 아래서는 어떤 회사보다도 정공법으로 앞을 향해 나아가고 있었다. 역시 자동차 업계의 제왕이다. 거대기술 기업에 좌지우지 당할 뻔했던 차량용 AI 비서의 패권조차 다임러는 전혀 포기하지 않았다.

제6장

중국 브랜드가
자동차 선진국에
수출되는 날

2022

자동차 대국에서 자동차 강국을 꿈꾸는 중국

차세대 자동차 산업의 패권을 노리는 중국을 고찰하는 것이 제6장의 목적이다. 이번 장의 제목은 중국 브랜드가 자동차 선진국에 수출되는 날이다. 이것은 선동하려고 붙인 제목이 아니라, 실제로 중국이 2017년에 발표한 자동차 산업의 중장기 발전 계획 중에서 목표로 내건 것이다.

최근에 미국과 유럽, 일본 언론이 중국의 자동차 산업뿐만 아니라 기술 면에서의 약진을 다루는 일이 많아졌다. 일찍이 미국은 일본이 급성장을 이룩하던 시절 과격한 일본 때리기를 하는 한편, 냉정하게 '재팬 애즈 넘버 원Japan as number 1'으로서 일본을 연구해 경쟁력을 되찾은 경험이 있다. 하버드 대학의 에즈라 보겔 교수가 쓴 동명의 이 서적은 미국 기업뿐만 아니라 정부에도 커다란 영향을 미쳤다.

현시점에서 미국과 유럽, 일본 소비자가 중국차가 품질에서 뒤떨어진다고 생각하는 것은 확실하다. 분명 중국은 연간 2,400만 대 이상의 승용차를 생산·소비하는 자동차 대국이지만, 중국 자동차 제조사의 기술력과 브랜드력은 미국과 유럽, 일본에 비하면 아직 뒤처진다고 말할 수밖에 없다.

중국 정부는 그런 상황을 타파하기 위해 2017년 4월 자동차 산업의 중장기 발전 계획(이하 중장기 계획)을 발표하고, 2020년까지 세계에 통용되는 중국 브랜드를 구축해 자동차 선진국에 수출하는 것을 명쾌한 목표로 삼았다. 나아가 중국은 10년 후에 세계의 자동차 강국이 되겠다는 최종 목표를 내걸었다.

그래서 중국 정부가 중점을 두겠다고 한 분야가 신에너지차ᴺᴱⱽ·커넥티드카·에너지 절약차 등이다. 중국 자동차 산업의 약점인 흡기계·배기계 등 가솔린차 및 엔진 계통의 기술을 최첨단으로 만드는 방향이 아니라, IT와 컴퓨터 같은 첨단 기술 및 신에너지 등을 자동차에 통합해 자동차의 스마트화·친환경화를 추진하는 전략이라고 할 수 있다. 자신이 이길 수 있는 게임의 규칙 안에서 대결하려는 전략을 실행하고 있다.

중국의 중장기 계획에는 2020년까지 자동차 산업의 스마트화 수준을 끌어올린 다음, 2025년까지 세계 상위 10위권에 진입하는 자동차 제조사와 전지·센서·전기 제어 시스템 등의 부품 제조사를 육성한다는 구체적인 목표가 설정되어 있다. 또 R&D·제조·물류·판매·애프터 서비스의 공급망을 스마트화해 업계의 벽을 뛰어넘는 융합을 추진함으로써 자동차 서비스 산업이라는 새로운 업태를 창출·확대하겠다고 강조한다. 그 밖에 신에너지차의 비율·스마트 시스템의 신차 탑재율·에너지 절약 기술의 채용률 등 다양한 수치 목표가 명기되어 있다.

특히 필자는 중장기 계획의 세 가지 점에 주목했다. 첫째는 R&D를 통해 중국차의 기술·품질·안전성을 향상해 세계에 통용되는 중국 브랜드를 육성하겠다는 강한 자세를 내세운 점이다. 둘째는 중국차의 선진국 수출과 국제 시장에서의 점유율 확대를 명쾌하게 지향하는 한편, 해외 전략으로서 중국 기업의 국제 협력을 촉구하고 있는 점이다. 그리고 셋째는 자동차 대국에서 자동차 강국이라는 슬로건이 중국의 대전략인 일대일로(중국이 주도하는 내륙과 해상의 실크로드 경제 벨트를 지칭함—옮긴이)를 따르는 커다란 영향력을 지닌 지도 사상으로 여겨지고 있다는 점이다.

위의 세 가지 점을 통해 중국은 소비국으로서의 자동차 대국에 그치지 않고 중국 브랜드가 신에너지차NEV 등을 축으로 하는 차세대 자동차 산업의 변혁·재편까지 주도하는, 제조국으로서의 자동차 강국이 되려고 한다는 점을 알 수 있다. 그리고 중국의 자동차 산업 정책은 역시 중국 정부가 추진하는 인공지능AI 산업 정책과 함께 자동차 산업×AI 산업 정책으로서 실행에 옮기고 있다.

국가 프로젝트, 바이두의 아폴로 계획은
세계 최대·최강의 자율주행 플랫폼을 향한다

중국 정부는 2017년 인공지능AI에 관한 중요한 정책을 발표했다.

7월에 발표된 차세대 인공지능 발전 계획에서는 AI에 관한 3단계 성장 목표가 설정되었다. 2020년까지 AI를 핵심으로 하는 산업을 구축하고, 약 16조 엔 이상의 시장을 창출하는 것. 2025년까지 AI를 제조·의료·농업 등 폭넓은 산업 분야에 응용해 약 80조 엔 이상의 시장을 창출하는 것. 그리고 2030년까지 AI를 생산·생활·국방 등의 면까지 널리 확산시켜 약 160조 엔 이상의 시장을 창출하는 것을 목표로 내걸었다.

그리고 11월에는 차세대 인공지능 개방·혁신 플랫폼이 발표되었다. 그중에서 2030년까지 인공지능 분야에서 중국이 세계 최고 선진국이 되겠다고 선언했으며, AI의 개방적 R&D 체제 구축 및 중국 정부에 의한 AI 산업의 전면적인 지원이 표명되었다. 아울러 국책 AI 사업으로서 4가지 주제가 설정되었고 각 주제에 관한 위탁 기업이 선정되었다. 네 가지 주제란 도시 계획, 의료 영상, 음성인식, 자율주행인데 넷째인 AI×자율주행의 위탁을 받은 기업이 바이두百度다.

바이두는 중국의 구글이라고 불리며 알리바바, 텐센트와 함께 중국의 3대 IT 기업인 BAT의 일각을 차지하는 최대 검색업체다. 바이두는 국책인 AI×자율주행 사업을 수주하기 전인 2013년부터 자율주행 제조사와 협력해 자율주행 개발을 진행하고 있었다.

그리고 2017년 4월, 중국 AI의 제왕으로서 배양한 AI 기술과 검색 서비스로부터 축적된 빅데이터, 고해상도 3차원 지도 노하우, 센싱 등 자율주행 기술을 결집하는 등 만반의 준비를 마친 뒤 자율주행 플랫폼 계획을 발표했다. 이름하여 아폴로 계획이다. 미국 항공우주국NASA

의 유명한 유인 우주 비행 계획과 똑같은 이름이다.

바이두가 지닌 AI 기술·빅데이터·자율주행 기술을 파트너사에 공개하고 상호 공유함으로써 파트너사가 단기간에 독자적인 자율주행 시스템을 구축하는 것을 가능하게 하는 AI×자율주행 기술 플랫폼을 제공한다. 이렇게 더 많은 파트너사를 끌어들임으로써 바이두의 아폴로를 자율주행차의 세계적 플랫폼 혹은 생태계로 만드는 것을 목표로 하는 것이다.

아폴로 계획의 파트너사는 주요 기업만 해도 실로 다채로운 면면을 갖추고 있다. 중국 자동차 제조사 빅5 중에서는 디이자동차第一汽車, 둥펑자동차東風汽車, 창안자동차長安汽車, 치루이자동차奇瑞汽車가 참여한다. 준대기업에서는 장화이자동차江淮汽車, 베이징자동차北京汽車가, 전기자동차EV 제조사에서는 BYD, CHJ, 바이두가 출자한 NIO와 벨트마이스터가, 버스 차량 제조사에서는 최대기업인 진룽버스金龍客車가 참여한다.

외국계 자동차 제조사에서는 독일의 다임러·미국의 포드·한국의 현대·일본의 혼다, 부품 제조사에서는 독일의 보쉬·ZF·컨티넨탈 등 대기업이 모였다. 게다가 자율주행의 심장부를 쥔다고 여겨지는 AI용 반도체 제조사에서는 미국의 엔비디아·인텔, 네덜란드의 NXP, 일본의 르네사스가, 클라우드 서비스에서는 마이크로소프트, 내비게이션 등 자동차 관련 기술에서는 네덜란드의 톰톰TomTom, 승차 공유에서는 그라브·UCAR, 통신 기기에서는 ZTE·화웨이, 센서 기술에서는 벨로다인Velodyne 등이 아폴로 파트너사로 이름을 올려두고 있다(2018년 4월

27일 시점의 아폴로 홈페이지에 따름).

실로 쟁쟁한 멤버들이다. 아폴로 파트너사 수는 주요 사업자만 해도 이미 50곳을 넘었다. 아폴로가 세계 최대·최강의 자율주행 플랫폼이 될 가능성을 내포한 이유다.

바이두는 2017년 4월의 아폴로 계획 발표에 이어 7월에 아폴로 1.0, 9월에 아폴로 1.5로 자율주행 플랫폼 기술을 단계적으로 오픈소스화했다. 필자가 참가했던 CES 2018에서는 아폴로 2.0으로 자율주행 기술을 거의 전부 오픈소스화했다. 그 시점에서 아폴로의 구현을 통해 단순한 도시부 도로에서 밤낮과 상관없이 자율주행이 가능한 수준에 도달했다고 추측한다.

아폴로는 앞서 설명한 대로 2017년 11월에 중국 정부로부터 AI×자율주행의 국책 사업 위탁을 받고, 파트너사를 끌어들이면서 급속도로 세력을 확대하고 있다. 아폴로의 특징은 국책 플랫폼이라는 점이다. 중국 정부는 자동차 산업 정책과 AI 산업 정책에서 모두 국제 협력과 개방과 같은 개념을 중시하고 있다. 다만 중국 내부의 플랫폼은 될 수 있을지언정 정말로 전 세계를 끌어들일 수 있을지는 시험대에 올라 있는 상황이다.

중국의 구글 '바이두', 무엇을 하는 회사인가

중국 최대 검색업체인 바이두는 현 회장·CEO인 리옌훙李彦宏이 2000년에 창업·설립했다. 본사는 중국 베이징 시에 있고 직원은 2016년

말 시점 약 45,000명이다. 2005년에는 미국 나스닥에 상장했다. 중국의 구글이라고 불리며 바이두 검색, 바이두 지도, 바이두 번역 등을 잇달아 사업화했다.

2017년 연간 보고서에 따르면 바이두에는 9명의 이사가 재직 중이다. 그중 창업자이자 회장·CEO인 리엔훙은 베이징 대학에서 정보과학 학사, 뉴욕 주립대 버팔로 캠퍼스에서 컴퓨터 과학 석사를 취득한 뒤, 인포시크 등을 거쳐 바이두를 창업하는 데 이르렀다.

부회장·COO인 루치陸奇는 푸단 대학에서 컴퓨터 과학 학사와 석사, 카네기멜론 대학에서 같은 전공 박사를 취득한 뒤, 야후·마이크로소프트 이사를 거쳐 2017년 1월 바이두에 초빙되었다. 자율주행 등의 상품·기술·영업 등의 책임자다. 사장인 장야친張亞勤은 중국 과기대에서 전기공학 학사와 석사, 조지워싱턴 대학에서 박사를 취득한 뒤 루치와 마찬가지로 마이크로소프트의 이사를 거쳐 2014년 9월부터 바이두 경영에 참여하고 있다. 기술·신규 사업·해외 사업을 담당한다.

위에서 소개한 세 명의 이사에게는 엔지니어라는 점, 미국에서 학위를 취득했다는 점, 또 루치와 장야친은 마이크로소프트 이사 경험이 있다는 점이 공통점이다.

바이두는 BAT 중 다른 두 회사보다 앞서 실리콘밸리에 AI 연구소를 설립하고 3년 동안 10만 명의 AI 엔지니어를 육성한다고 선언했는데, 기술계 출신 경영자가 R&D와 기술력을 경영의 근간에 두는 기술경영의 자세가 나타나 있다.

바이두의 사업은 검색 서비스 등의 바이두 핵심 부문과 동영상 스트리밍 서비스인 아이치이_{iQiyi}를 양축으로 하고 있다. 검색 서비스에는 바이두 검색, 바이두 백과, 바이두 번역 등이 있다. 바이두 검색 서비스에서 사용자 편의성을 향상하는 것이 바로 중국어의 자연어 처리 기술이 사용된 음성비서 두어_{Duer}다.

재무제표(2017년 연간 보고서)에 따르면 바이두의 2017년 매출은 130억 달러, 영업이익은 24억 달러였다. 매출 내역을 보면 80%가 검색 서비스를 중심으로 하는 바이두 핵심 부문이고 20%가 아이치이 사업이다. 최근 아이치이 실적상승이 두드러지기는 하지만, 바이두는 역시 검색 서비스 회사라 해도 좋을 것이다.

구글은 정부 검열을 꺼려 2010년에 중국 시장 검색 사업에서 철수했다. 구글이 없는 중국에서의 바이두 검색 서비스 시장 점유율은 2018년 들어 약간 하락하기는 했지만 대략 70%에서 80%로 추정하고 있다(스탯카운터 글로벌 스탯츠의 자료에 따름).

이런 상황에서 바이두가 구글의 검색 서비스를 복제하고 있을 뿐이라는 말도 종종 들린다.

리옌훙은 바이두가 구글과 차별화할 수 있는 점을 몇 가지 꼽고 있는데, 필자는 중국인 사용자에게 새로운 사용자 생성 콘텐츠_{UGC}를 만들 수 있도록 한다는 점에 주목하고 있다. UGC란 SNS의 댓글, 이미지, 동영상, 리뷰 사이트에서의 감상, 인터넷 판매 사이트의 상품 리뷰 등 사용자가 직접 인터넷상에서 만든 콘텐츠의 총칭이다. 바이두는 이미 인터넷상에 있는 콘텐츠의 색인을 만들었을 뿐만 아니라, 중국인 사용자가 만든 UGC도 색인화해 검색할 수 있도록 하고 있다.

한편 바이두의 2018년 4월 27일 기준 시가 총액은 877억 달러다. 텐센트와 알리바바의 시가 총액은 각각 4,700억 달러, 4,537억 달러다. 적어도 주식 시장의 평가만 놓고 본다면 바이두는 BAT의 다른 두 회사에 뒤처져 있다.

매출에서도 텐센트가 약 380억 달러, 알리바바가 약 230억 달러로(모두 2017년 연간 보고서), 바이두는 두 회사와 차이가 크게 벌어져 있다. 바이두의 최근 스마트폰·모바일 결제·금융 서비스에 대한 대응 지연이나, 제휴했던 승차 공유업체 우버의 중국 시장 철수 등이 그대로 주식 시장 평가와 실적 면의 차이로 이어진 모양새다. 그랬던 바이두가 기사회생을 기대하며 승부를 걸고 있는 분야가 바로 자율주행이 포함된 AI 사업이다.

바이두는 2014년 4월 바이두 대뇌를 발표했다. 바이두 대뇌란 검색에서 사용자 편의성을 향상하기 위해 컴퓨터로 신경망을 만들어서 다층적인 학습 모델과 대량의 기계학습을 통해 데이터 분석과 예측을 수행하는 것이다. 2016년 9월에는 심층학습 플랫폼인 패들패들PaddlePaddle을 오픈소스화하고 세계적 수준의 AI 엔지니어 영입을 도모하고 있다.

현재 바이두의 AI는 AI 개방 플랫폼으로서 체계화되어 있다. 바이두의 AI가 수행하는 메뉴는 음성인식·음성 합성·문자 인식·이미지 인식·얼굴 인식·이미지 검색·언어 처리·기계 번역 등 다방면에 걸쳐 있다.

2017년 1월에는 바이두가 이제까지 배양해 온 AI 기술의 전략적인 집대성으로서 음성인식 시스템인 두어 OS가 발표되었다. 두어 OS란

'사람들의 생활에 AI를'이라는 콘셉트 하에 바이두가 지닌 AI 기술과 스킬을 공개함으로써, 그저 말을 걸기만 해도 AI 비서가 처리해 주는 스마트 기기와 솔루션을 단기간에 개발하는 것을 가능하게 하는 기본 소프트웨어다.

알기 쉽게 표현하자면 바이두판 아마존 알렉사다. 엔터테인먼트·생활 스타일·스마트 홈 등 10개 영역에서 200가지 이상이나 되는 스킬 세트를 갖추고 스피커·가전·모바일·자동차 등 다양한 스마트 기기를 통해 사용자에게 서비스를 제공한다.

바이두는 AI 사업 체계를 표 22와 같이 나타내고 있다. 이제까지 배양해 온 백엔드(사용자에게 직접 보이지 않는 서버나 알고리즘 등의 영역—옮긴이)의 AI 기술인 바이두 대뇌와 클라우드 컴퓨팅을 기반으로, 프론트엔드(UI와 같이 사용자에게 보여 직접 조작할 수 있는 영역—옮긴이)의 AI 기술로서 전략적으로 내세운 것이 바로 음성 AI 시스템인 두어 OS와 자율주행 플랫폼인 아폴로다.

AI가 운전자인 자율주행은 바이두의 AI 기술이 가장 잘 활용되는 분야다. 실제로 두어 OS는 사람·차량 AI 인터페이스로서 자율주행 플랫폼 아폴로의 중요한 일부를 차지하고 있다.

바이두는 2013년 이후 자동차 제조사와 협력하면서 완전 자율주행에 필수인 고해상도 3차원 지도, 차량 위치Localization·센싱·행동 예측·운행 계획·운행 지능형 제어 등 자율주행에 관한 기술을 개발해 왔다.

2015년 말에는 무인 운전 사업부를 설치하고 베이징 주변에서 자율주행 프로토타입 차의 테스트 운행을 실시했다. 2016년 4월에는 자율

표 22 바이두의 인공지능(AI) 사업 체계

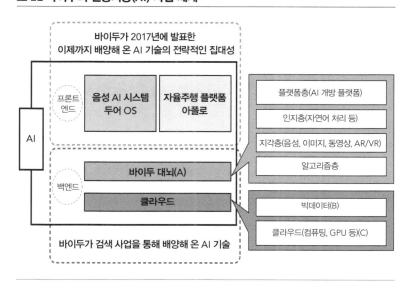

출처: 2017년 7월 바이두 AI 개발자 대회 자료를 토대로 필자가 작성

주행의 R&D와 테스트에 주력하기 위해 미국 실리콘밸리에 거점을 설립했다. 이어서 8월에는 자율주행 테스트 차량으로 중국 자동차 제조사 빅5 중 하나이자 나중에 아폴로 계획에도 참여하는 치루이자동차가 제조하는 전기자동차EV를 채용했다. 더욱이 9월에 미국 캘리포니아 주에서 자율주행차의 테스트 주행을 실시하는 허가를 취득했다.

　11월에는 중국에서 18대의 자율주행차를 전시하고 데모 주행을 실시했다. 아폴로 계획 발표 직전인 2017년 3월에는 베이징 시 하이덴 구의 도로 세 곳에서 자율주행차 8대의 테스트 주행 실시에 대한 허가를 신청했다. 이처럼 바이두는 자율주행 사업을 착실히 진행해 오고 있다.

그런 가운데 2017년 4월 바이두가 만반의 준비를 하고 내세운 것이 자율주행 플랫폼 아폴로다. 바이두가 검색 사업을 통해 배양한 AI 기술에 이제까지 개발해 왔던 자율주행 기술, 음성 AI 시스템인 두어 OS의 운전 및 자동차에 관한 스킬 세트가 융합되어 아폴로라는 형태로 배포된 것이다.

한편 구글의 CEO인 선다 피차이는 모바일 퍼스트에서 AI 퍼스트로의 전환을 선언하며 2016년 12월에 연구 조직인 구글 엑스에서의 개발 단계를 종료시키고 자회사 웨이모를 통해 자율주행의 사업화를 재기동한다고 발표했다. 바이두의 아폴로 계획은 이런 구글의 전략 혹은 타이밍과 매우 유사하다.

그렇다면 아폴로의 구체적인 내용을 살펴보자. 여기서부터 열 몇 페이지는 상당히 전문적인 내용이므로 흥미가 있는 독자가 아니라면 건너뛰고 읽어도 상관없다. 하지만 자율주행 개발 기술을 이해하는 데 알맞은 재료이기도 하니 필자로서는 제대로 읽어보기를 권한다.

바이두의 아폴로 계획, 철저 분석

필자는 앞서 아폴로를 이렇게 표현했다.

'바이두가 지닌 AI 기술·빅데이터·자율주행 기술을 파트너사에 공개하고 상호 공유함으로써 파트너사가 단기간에 독자적인 자율주행 시스템을 구축하는 것을 가능하게 하는 AI×자율주행 기술 플랫폼'

그래서 다음 세 가지 특징으로부터 아폴로를 살펴보고자 한다. 첫째는 '아폴로는 공개 플랫폼이다'라는 점, 둘째는 '아폴로는 기술 플랫폼 형태를 취하고 있다'라는 점, 그리고 셋째는 '아폴로에 참여하는 파트너사의 속성'이다.

제일 먼저 가장 큰 특징인 '아폴로는 공개 플랫폼이다'라는 점부터 설명한다. 아폴로는 데이터의 개시와 공유에 관한 선언 중에서 공개, 공유, 호혜의 콘셉트를 역설하고 있다.

그렇다면 무엇이 공개이고, 무엇이 공유된다는 것일까? 바로 데이터·소스 코드·기술의 세 가지다.

데이터는 아폴로의 정밀도 향상에 절대 빠뜨릴 수 없으면서도 자율주행의 능력을 결정짓는 매우 중요한 요소다. 바이두는 아폴로에 방대한 데이터 세트를 제공하지만, 그것만으로는 충분하지 않다. 파트너사로부터 제공되는 데이터를 포함한 데이터의 총체야말로 자율주행의 정밀도를 결정짓는다. 참고로 중국에서 수집된 데이터는 중국 내 서버에만 축적되고, 중국 이외에서 수집된 데이터의 취급은 수집지의 법령에 따른다는 규칙이 마련되어 있다.

수집된 데이터는 원칙적으로 전부 공개된다. 공개되는 데이터에 대해 시뮬레이션을 하거나 주석을 다는 정보 처리 권한은 플랫폼 소유자인 아폴로에 부여되어 있다. 공개되는 데이터는 주로 원본 데이터 Original Data, 주석 데이터 Annotation Data, 자율주행 신 Scene 으로 나뉜다. 간단하게 말하자면 원본 데이터는 센서 데이터·운전 행동 데이터·위치 데이터 등 실주행으로부터 직접 얻는 데이터이고, 주석 데이터는 원본 데이터에 주석이 추가된 데이터, 자율주행 신은 시뮬레이터상에서 시뮬레이션 된 자율주행 시나리오(시뮬레이션 시나리오 데이터)다.

주석 데이터, 시뮬레이션 시나리오 데이터, 데모 데이터는 클라우드 상의 데이터 플랫폼으로 공개되어 파트너사에 공유·이용되거나 편집 되는 구조다. 아폴로의 클라우드에는 데이터 플랫폼과 더불어 데이터 의 시뮬레이션이나 트레이닝(학습)을 담당하는 컴퓨팅 능력이 갖춰져 있다. 또 데모 데이터의 측정(Calibration)과 원본 데이터에 주석을 다는 서 비스가 클라우드상에서 제공된다.

아폴로는 데이터의 개시와 공유에 관한 선언 중에서, 공개되는 데이 터에 관해 '더 많이 공헌한다면 더 많은 성과를 만들어낼 수 있다'라 며 파트너사에 당부하고 있다. 클라우드상의 데이터 플랫폼에서 취급 되는 데이터의 양과 정밀도는 아폴로 자율주행 능력의 원천이다.

한편 아폴로의 자율주행에 관한 프로그래밍 소스 코드는 Git-Hub(소프트웨어 개발 프로젝트를 위한 웹 서비스)로 공개되어 있다. 소 스 코드란 컴퓨터 프로그래밍 언어로 작성된 컴퓨터 프로그램의 문자열, 텍스트 내지는 텍스트 파일을 말한다. 아폴로가 진화한다 는 것이란 소스 코드의 라인 수가 증가하는 것, 또는 소스 코드가 수정되는 것을 의미한다.

아폴로에 참여하는 파트너사라면 누구나 공개된 소스 코드를 이용 할 수 있다. 또 파트너사가 독자적으로 소스 코드를 작성해 API(자신의 소프트웨어를 공개해서 다른 소프트웨어의 기능을 공유할 수 있도록 하는 것)를 통해 기존의 소스 코드를 교체하는 것도 가능하다. 즉 아폴로는 바이 두와 파트너사가 함께 창조·확충하는 플랫폼 혹은 생태계다.

다음으로 둘째 특징인 '아폴로는 기술 플랫폼 형태를 취하고 있다'라는 점에 관해 설명한다. 자율주행을 실현하기 위해서는 인지 → 판단 → 제어의 기술을 한데 모을 필요가 있다. 이런 기술들의 개념상 배치를 규정하는 것이 플랫폼이다. 바이두는 플랫폼상에 배치한 공개된 기술을 기반으로, 각각의 전문성과 강점을 살려 독자적인 자율주행 시스템을 구축한다.

여기서 필자가 주목한 대목은, 공개된 기술이 가로축의 가치망 구조와 세로축의 계층구조로 배치되어 있다는 점이다(표 23). 가로축은 인지 → 판단 → 제어로부터 차량으로 이어지는 자율주행의 가치망이다.

표 23 아폴로 계획의 기술 플랫폼

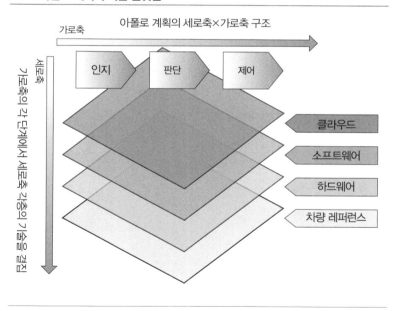

아폴로 계획의 세로축×가로축 구조

가로축

세로축

인지　판단　제어

클라우드
소프트웨어
하드웨어
차량 레퍼런스

가로축의 각 단계에서 세로축 각층의 기술을 결집

출처: 아폴로 자료를 토대로 필자가 작성

세로축은 가치망을 성립시키기 위한 차량 레퍼런스·하드웨어·소프트
웨어·클라우드의 네 계층이 설정되어 있다.

공개되는 기술은 아폴로 1.0, 아폴로 1.5, 아폴로 2.0으로 아폴로가
진화하는 것에 맞춰 증가하고 있다. 현재로서는 무선으로 자율주행차
의 소프트웨어를 업데이트하는 OTA Over-the-Air 이외의 기술은 전부 공
개되어 있다(표 24). 그중에서 아폴로 특유의 중요한 기술로서 주목해
야 할 것은 아폴로 컴퓨팅 유닛 ACU ·고해상도 3차원 지도·아폴로용 두
어 OS의 세 가지다. 이에 관해 각각 설명한다.

아폴로 컴퓨팅 유닛 ACU 은 차량에 장착하는 것만으로 자율주행차
를 만들 수 있는, 말하자면 올인원 제품으로, 상품화와 양산화를 노린
전략적인 기기라고 할 수 있다. ACU는 외관은 하드웨어이지만 내장된
시나리오는 차량 위치나 고해상도 3차원 지도와 같은 소프트웨어 및
클라우드상의 기술과 통합되어 있다. 실현하려는 자율주행 기능 단계
에 따라 베이식 Basic ·어드밴스드 Advanced ·프로페셔널 Professional 세 가

표 24 아폴로 2.0의 기술 플랫폼

클라우드 서비스 플랫폼	HD Map	Simulation	Data Platform	Security		OTA	DuerOS
오픈 소프트웨어 플랫폼	Map Engine	Localization	Perception	Planning	Control	End–to–End	HMI
	Runtime Framework						
	RTOS						
레퍼런스 하드웨어 플랫폼	Computing Unit	GPS/IMU	Camera	LiDAR	Radar	HMI Device	Black Box
레퍼런스 차량 플랫폼	Drive–by–wire Vehicle						

■ 1.0에서 공개　　□ 1.5에서 공개　　□ 2.0에서 공개

출처: 아폴로 자료

지가 있다. 특히 ACU 프로페셔널에 내장된 시나리오는 방대한 중국의 교통 데이터를 갖추었으며 중국의 독특한 도로 상황에도 대응할 수 있게 되어 있는 등, 중국 시장에 대한 고도의 이해에 기초하고 있다.

아폴로 자체는 공개된 플랫폼이다. 그러나 상품화·양산화를 노린 ACU에 한정해서 말하자면 바이두가 펼치는 포위 전략의 일환이라고 파악할 수 있다. 전통적인 자동차 제조사의 힘을 빼고 중국의 바이두가 플랫포머로서 차세대 자동차 산업의 패권을 쥐는 식의 전개도 보이는 것이다.

고해상도 3차원 지도는 자율주행의 생명선이라고 할 수 있는 디지털 인프라를 만드는 기술이다. 기존의 카 내비게이션용 지도와 고해상도 3차원 지도가 크게 다른 점은, 후자가 센싱의 중요 부품인 라이더LiDAR와 더불어 주행 중인 자율주행차의 현재 위치를 아는 기능의 핵심을 담당한다는 데 있다.

차선이 없어지는 경우가 적지 않은 일반 도로에서 완전 자율주행을 실현하려면 카메라로부터 얻어지는 이미지 데이터만으로는 불충분하다는 견해가 대세다. 완전 자율주행을 완벽히 실현하려면, 차량 위치의 기술과 연계해 클라우드상에서 디지털 차선과 표지판 등을 충실히 재현하고 라이더 등으로부터 얻어지는 실시간 정보와 현재 위치를 대조 확인하는 고해상도 3차원 지도가 꼭 필요하다.

바이두는 구글, 독일의 히어HERE와 나란히 고해상도 3차원 지도의 양산 능력을 갖추고 있다. 바이두는 아폴로에 고해상도 3차원 지도 기술을 배치함으로써 완전 자율주행의 생명선인 고해상도 지도에서도 중요한 지위를 구축하려 하고 있다.

아폴로용 두어 OS는 음성 AI 시스템인 두어 OS로부터 자동차 및 운전에 관계된 스킬 세트가 따로 분리되어 아폴로용으로 재구성된 사람·차량 전용 AI 인터페이스다. 집에 거치된 스마트 스피커에 그저 말을 거는 것만으로 원격으로 현관에 차를 대어 놓거나, 연료의 잔량을 확인하거나, 차 안의 에어컨을 켜 두는 등 150가지 이상이나 되는 스킬 세트를 가진 음성 AI 비서로서 기능한다. 그야말로 아폴로용 두어 OS는 자율주행차를 연결된 자동차로 바꾸는 것이다.

차세대 자동차 산업에 커다란 영향을 미친다고 여겨지는 4대 요인 CASE(연결성·자율주행화·공유 및 서비스화·EV화) 중에서 연결성, 즉 연결된 자동차라는 점에서 두어 OS가 아폴로의 핵심에 자리 잡고 있다는 점에는 주목할 필요가 있다. 아폴로에 기본으로 탑재된 음성 AI 비서인 두어 OS는 최종적으로 그저 말을 걸기만 하면 차 안의 모든 조작을 할 수 있는 수준까지 상정하고 있다. UI(사용자 인터페이스)의 높은 우위성 때문에 아폴로가 차세대 자동차 플랫폼의 가장 유력한 후보 중 하나라는 점은 틀림없다.

아폴로용 두어 OS는 음성비서 기능 외에도 얼굴 인증·피로 감시· AR 내비게이션·H2V(Home to Vehicle)·사이버 보안·개인 추천 엔진(소비자 행동에 기반해서 통계적으로 모델링하는 기술. 고객 기본 정보·구매 이력 정보· 콘텐츠 열람 정보 등으로부터 추천을 결정하는 기술) 등 자율주행에 관한 다양한 솔루션을 제공한다.

그런 애플리케이션 중의 한 사례가 아폴로 운전자 피로 모니터링 시스템이다. 교통사고의 약 20%는 운전자의 피로가 원인이라고 알려진 가운데, 얼굴 인식·기계학습·심층학습·음성 합성·능동적 추천 등 두어 OS의 기능을 이용해 피로에 초점을 맞춘 안전 운전 솔루션이다.

이상이 자율주행을 실현하기 위해 아폴로가 채용한 기술 플랫폼에 관한 설명이다. 기술 플랫폼에서는 차량 자체가 그다지 중요시되고 있지 않다는 점을 알 수 있다. 기본적으로는 어느 제조사가 조립한 EV든지 아폴로 컴퓨팅 유닛ACU만 장착하면 그것만으로 자율주행차가 되는 것이다. ACU에 내장된 시나리오가 클라우드와 소프트웨어에 배치된 기술에 접속하면 차량은 자율주행차로서의 생명을 주입받는다. 이때 차량은 반자동 제어 장치Drive by Wire로서 전기적으로 제어되는 단순한 하나의 부품에 불과하며, 한편 존재감을 높이는 쪽은 AI 기술과 자율주행에 관한 기술, 그리고 관련 사업자다.

그렇다면 셋째 특징인 '아폴로에 참여하는 파트너사의 속성'에 관해 살펴보자. 표 25는 아폴로 계획 홈페이지에 게재된 파트너사의 속성과 국적에 따라 필자가 정리한 것이다. 참여하는 파트너사의 면면을 통해 여러 가지 사실을 알 수 있다.

우선 아폴로의 파트너사는 지방정부와 대학·연구기관을 포함해서 중국이 대세를 차지하고 있다. 중국 자동차 제조사 빅5에서는 알리바바와 관계가 강한 상하이자동차를 제외한 디이자동차·둥펑자동차·창안자동차·치루이자동차 4사가 이름을 올리고 있다. 준대기업에서는 장화이자동차·베이징자동차·창청자동차·광저우자동차의 자회사 등이다. 최대 버스 제조기업인 진룽버스도 참여한다. EV 제조사에

표 25 주요 아폴로 파트너사의 분류

	승용차 제조사	상용차 제조사	EV 제조사	부품 제조사
중국	디이자동차(빅5, 3사 제휴) 둥펑자동차(빅5, 3사 제휴) 창안자동차(빅5, 3사 제휴) 치루이자동차(빅5) 장화이자동차 베이징자동차 창청자동차 LIFAN MOTORS LEOPAARD(GAC 자회사) TRAUM ZOTYE AUTO	진룽버스 푸텐자동차 LIFAN LOVOL (공작기기 등)	BYD CHJ NIO(Baidu 출자) Weltmeister (Baidu 출자)	Desay SV Automotive FlyAudio HSAE(항셍그룹) UAES(보쉬) ADAYO Smarter Eye E-LEAD
유럽	다임러(독일)			보쉬(독일) ZF(독일) 콘티넨탈(독일) VIRES(독일)
미국	포드			
아세안				
한국	현대			
대만				
일본	혼다			
캐나다				

	클라우드	승차 공유 콜택시 · 렌터카	온라인 교육
중국		UCAR China CarExperts eHi Car Service PAND AUTO	
유럽			
미국	마이크로소프트		Udacity
아세안		Grab	
한국			
대만			
일본			
캐나다			

AI용 반도체 컴퓨팅	고해상도 지도	LiDAR 등 센서 기술, 부품	AI 관련 기술 소프트웨어 등
ON Semiconductor	MOMENTA	Hesai Photonics Robosense BD Star Navigation SOLING	TXZING Horizon Robotics ROAD ROVER RATEO IDRIVERPLUS Technology Thunder Soft Geekbang China TSP iMotion PlusAI
NXP(네덜란드) ESD Electronics(독일) Infineon(독일)	TOMTOM (네덜란드)		Delphi(영국)
NVIDIA 인텔 fortemedia		AutonomouStuff Velodyne LiDAR	POLYSYNC
NEOUSYS			
르네사스		파이오니아	
			NOVAtel BlackBerry QNX

로봇 기술	기기 제조사	미디어·뉴스	정부 기관	대학·연구 기관
	ZTE YF Tech 화웨이	CSDN	바오딩 충칭 양강신구 Anting Shanghai International Automobile City 우후 BEIJINGETOWN 슝안	베이징항공항천대학 베이징이공대학 칭화대학 상하이교통대학 Tongji University China Automotive Engineering Research Institute
Open Robotics				

출처: 아폴로 홈페이지(2018년 4월 27일 시점)를 토대로 필자가 작성

서는 BYD·CHJ·NIO·벨트마이스터가 참여한다. 바이두는 NIO와 벨트마이스터에 출자해 EV 제조사의 경영에 직접 관여하고 있다.

그 밖에 독일 보쉬의 중국 합작 회사를 포함한 부품 제조사, ZTE·화웨이 등 통신 기기 제조사, 소프트웨어 및 AI 관련 기술 회사, 승차 공유·콜택시 서비스를 제공하는 UCAR 등 서비스 업체가 참여한다. 게다가 바오딩保定·우후芜湖·충칭重慶 등 자율주행 테스트 주행지가 있는 지방정부가 파트너로 참여한다. 그야말로 BAT의 일각인 바이두가 이끄는 중국의 일대 세력이다.

특히 2017년 12월 빅5 가운데 디이자동차·둥펑자동차·창안자동차 3사가 전략 제휴에 이르렀다는 점에 주목해야 한다. 원래 3사는 최고경영자 인사를 통해 관계를 모색 중이었는데, 제휴하게 됨으로써 장래의 합병 또는 경영 통합도 충분히 시야에 넣고 있을 것이다.

물론 3사의 실질적인 소유주는 중국 정부다. 3사의 자동차 생산 대수는 1,000만 대를 넘는다고 알려져 현시점으로 세계 3위의 점유율을 가진 셈이다. 예를 들어 아폴로 컴퓨팅 유닛ACU이 3사가 제조하는 EV에 탑재된다고 생각해보자. 실로 아폴로는 눈 깜짝할 새에 세계 최대·최강의 자율주행 플랫폼 후보로 도약할 것이다.

외국계 파트너사에도 주목할 필요가 있다. 자동차 제조사에서는 독일의 다임러, 미국의 포드, 한국의 현대, 일본의 혼다가 참여한다. 게다가 자율주행의 심장부를 쥔다고 여겨지는 AI용 반도체에서는 미국의 엔비디아와 인텔 등이 참여한다. 자동차 부품 등에서는 독일의 보쉬, ZF, 콘티넨탈이, 센서 기술에서는 미국의 벨로다인 라이더가 참여한다. 아폴로 계획이 발표된 지 반년 만에 중국 내외로부터 약 1,700곳의 파트너사가 참여했다고 알려졌는데, 일본 기업은 한정되어 대체로 중국·미국·독일 연합이라는 정치색 강한 플랫폼이 되어 있다.

차세대 자동차 산업의 OS로서 기대되고 있는 차량용 컴퓨팅 유닛에서는 CES 2018에서 중국 바이두×미국 엔비디아×독일 ZF 3사의 제휴에 의한, 중국 시장에서의 양산 대응을 내다본 개발 추진이 발표되었다. 3사의 제휴는 구체적으로 아폴로 컴퓨팅 유닛ACU, 엔비디아의 AI용 반도체인 드라이브 자비에DRIVE Xavier, 그리고 ZF의 차량용 컴퓨터에 기반한 것이다. 그야말로 자율주행 기술 심장부 최강의 AI 기업×AI용 반도체×거대 공급자 조합이다. 중국·미국·독일 연합의 중요한 하나의 사례다.

엔비디아는 원래 자사의 차량용 고성능 프로세서가 볼보·아우디·다임러·테슬라·혼다 등에 채용된 것 외에 보쉬나 ZF와도 제휴 관계에 있다. 게다가 톰톰·히어·젠린 등과 연계하여 고해상도 3차원 지도와 AI의 활용, 자동주차 솔루션 등의 연구·개발을 진행해 왔다. 이처럼 차세대 자동차 산업의 열쇠를 쥔 엔비디아가 아폴로 계획에 참여했다는 사실에 커다란 의미가 있다고 말해도 좋을 것이다.

자동차 제조사가 아폴로에 참여하는 것은 중요한 시사점을 내포하고 있다. 전통적인 자동차 산업에서 자동차 제조사는 완성차를 제조하기 위해 자신을 정점으로 하고 엔진 관련 부품과 흡기·배기·윤활·구동계 기술 등 계열 공급사를 거느린 피라미드 구조를 만들었다.

한편 아폴로 기술 플랫폼에서 차량은 기본적으로 전기 모터·전지·

동력 제어 시스템·동력 전달 장치 등을 장비할 뿐, 극단적으로 말하면 반자동 제어 장치로서 전기적으로 제어되는 하나의 부품에 불과하다. 즉 자동차 제조사가 피라미드의 최상위에 있다고 단정할 수 없는 것이다. 아폴로에서 차량 대신 존재감을 키우는 쪽은 AI 기술과 자율주행 기술이라는 점은 앞서 설명한 대로다.

다임러와 포드를 포함해 아폴로에 참여하는 자동차 제조사는 당연히 이 점을 이해하고 있다. 실로 차세대 자동차 산업에서의 생존을 걸고 CASE를 내다본 전략적인 견지에서 아폴로에 참여하고 있다. 한편 자동차 제조사 이외의 파트너사는 각각 전문성과 강점을 아폴로 계획에 가져옴으로써 자율주행 사회를 함께 구축함과 동시에 이익도 누리고자 꾀하고 있다.

지금까지 살펴본 것처럼 아폴로는 자율주행에 관한 단순한 오픈 플랫폼이 아니다. 음성 AI 시스템 두어 OS, 고해상도 3차원 지도, 아폴로 컴퓨팅 유닛ACU과 같이 차세대 자동차 산업의 패권을 쥐기 위한 장치가 곳곳에 깔린, 말하자면 바이두 기술의 총결집이라고 해도 좋을 것이다. 그리고 더 많은 파트너사가 참여함으로써 데이터 축적·소스코드 업데이트·기술 진보 등을 통해 플랫폼은 기술적으로 강해진다.

더욱 중요한 사실은 자율주행에 관한 기술 표준과 국제 기준의 책정, 심지어 자동차 업계의 변혁·재편에도 영향을 미치는 정치력이 아폴로에 축적된다는 점이다. 무엇보다 아폴로는 중국 정부가 전면적으로 지원하는 AI×자율주행 사업의 국책 플랫폼이다.

로드맵에 따르면 아폴로 계획은 2018년 12월까지 특정 고속도로와 도시 도로에서의 자율주행 실현을 계획 중이다. 게다가 1년 뒤에는 불특정 고속도로와 도시 도로에서의 자율주행을 실현한다는 목표를 내걸고 있다.

중국·미국·독일을 중심으로 하는 강력한 파트너사, 중국 정부의 강력한 지원, 바이두가 지닌 빅데이터×AI 분야의 강점 등으로부터 아폴로는 강력한 경쟁 우위성을 만들었다. 자율주행 분야에서는 2단계부터 상향식으로 완전 자율주행을 목표로 해온 일본 기업과 처음부터 완전 자율주행을 지향한 해외 기업과의 명암이 갈리고 있다. 자율주행에 관한 기술 경쟁이 더욱 심해지는 가운데, 중국의 최신 테크놀로지라는 측면과 더불어 글로벌한 차세대 자동차 산업에서의 최대·최강 자율주행 플랫폼 후보로 바이두의 아폴로 계획을 계속 주시할 필요가 있다.

바이두판 아마존 알렉사, 음성비서 '두어 OS'가 스마트 카·스마트 홈·스마트 시티 OS를 노린다

음성 AI 비서는 스피커에 말을 걸기만 하면 목소리를 인식해 뉴스 확인, 커피 주문, 음악 감상, 일기 예보 확인, 에어컨 켜기, 자동차 조작, 차 안에서 영화표 예매 등 여러 일을 처리하게끔 돕는다.

이중 말만 걸면 된다는 편리함과 우수한 고객 경험 등을 앞세운 아마존 알렉사가 시장을 이끌고 있다. 아마존 알렉사는 AI를 통한 음성 인식 및 자연어 처리 시스템이다. 아마존은 알렉사를 서드파티에 공개

아마존 알렉사 로고
출처: Wikimedia commons

해 생활 서비스 전반에 생태계를 형성하고자 한다. 그 결과 알렉사는 스마트 스피커인 아마존 에코뿐만 아니라 가전제품, 보안, 실외, 주차장, 자동차, IoT 제품 등 여러 분야에 탑재돼 여러 사물, 장면, 기능에 자리 잡았다.

바이두의 두어 OS도 AI를 통한 음성인식 및 자연어 처리 시스템이다. '사람들의 생활에 AI를'이란 표어를 내걸고 있는데, 두어 OS가 설치된 스마트 기기는 자연어를 인식해 AI 음성비서로서 여러 기능을 제공한다.

바이두 또한 두어 OS를 서드파티에 공개해 바이두가 가진 AI 기술 및 스킬에 더해 파트너 회사의 스킬, 콘텐츠, 서비스, 기술력 등을 흡수해 생태계를 형성하려 하고 있다. 바이두는 CES 2018에서 아폴로 계획과는 별개로 음성 AI 시스템인 두어 OS를 선보이는 부스도 마련했다.

중국 샤오두짜이지아小度在家의 스마트 로봇인 리틀 피시Little Fish, 미국 생글드Sengled의 스마트 램프 스피커, 일본 팝핀 알라딘Popin Aladdin의 프로젝터 내장 스마트 라이트 등 두어 OS가 탑재된 IoT 가전이 다수 소개되고 있는 광경에 많은 사람이 시선을 빼앗겼다. 바이두가 만든 스마트 스피커 레이븐 HRaven H, 스마트 로봇 레이븐 RRaven R의 세련된 디자인 또한 인상적이었다. 현재 개발 중인 AI 홈로봇 레이븐 QRaven Q 는 얼굴인식 기능, 자율주행 플랫폼 아폴로와의 연동 기능을 갖출 예 정이라고 한다. 물론 전부 말만 걸면 되는 음성 AI 비서다.

두어 OS를 설치한 스마트 기기는 아마존 알렉사가 탑재된 아마존 에코에 해당한다. 아마존 에코가 스마트 홈 플랫폼인 것처럼 두어 OS 가 설치된 스마트 기기도 엔터테인먼트, 정보 서비스, 유틸리티, 교육, 생활 스타일, 모빌리티, 개인 비서 역할 등 생활 속의 여러 가지 요구사 항에 대응한다. 두어 OS는 바이두판 아마존 알렉사인 셈이다.

좁은 의미로 두어 OS는 음성으로 동작하는 스마트 기기와 그에 따 른 솔루션을 개발하기 위한 기본 소프트웨어다. 기기에 마이크 혹은 스피커가 있다면 두어 OS 설치로 스마트 기기가 된다.

두어 OS 생태계는 기본 소프트인 두어 OS, 클라이언트인 기기, 바 이두의 AI 기술에 의한 스마트 기기화, 그리고 스킬에 의한 콘텐츠와 서비스의 결합으로 만들어진다. 여기에 더 설명을 추가한다.

먼저 자사 기기(음성 AI 비서)를 개발하려고 하는 파트너사는 클라이 언트로서 바이두가 공개한 두어 OS 레퍼런스 디자인(바이두가 AI 제품 을 개발하려고 하는 파트너사에 공개하는 설계도)과 개발 키트에 따라 작업 한다.

파트너사가 개발한 기기의 스마트화는 바이두 AI의 몫이다. 바이두는 검색 사업을 통해 알고리즘과 표현 학습A, 웹 데이터, 검색 데이터, 이미지, 동영상, 위치 정보 등의 빅데이터B, 이미지 처리 등 컴퓨팅 능력C과 같은 AI 기술을 키워왔다(표 22 참조). 바이두 AI는 음성인식, 이미지 인식, 자연어 처리, 사용자 프로필 데이터 접근이라는 네 가지 기본 기능을 갖추고 있으며, 이 기능이 파트너사가 개발하는 기기에 탑재되면 기기는 스마트 기기가 된다. 이 AI 기술이야말로 두어 OS가 음성 AI 시스템이라는 것의 핵심이다. 바이두도 두어 OS가 설치된 아바타 로봇 샤오두小度를 개발한 바 있다.

바이두가 개발한 스마트 기기에 콘텐츠와 서비스를 결합하는 기술이 스킬이다. 스킬이란 스마트 기기에 내리는 지시, 혹은 사용자에게 제공되는 기능을 말하는데, 바이두 및 파트너사의 외부 서비스와 연계하면 영화 감상, 음악 듣기, 검색, 식사 주문 등 다양한 서비스를 이용할 수 있다. 파트너사 수가 늘어 스킬이 추가되면 두어 OS의 기능이 확장된다. 현재 두어 OS 생태계가 가진 스킬은 10개 분야에 걸쳐 있으며, 그 수는 200가지 이상에 달한다.

두어 OS가 설치된 스마트 기기는 스피커, TV, 냉장고, 온수기, 공기청정기, 조명, 완구, 세탁기, 청소기, 밥솥, 에어컨, 로봇, 스테레오, 리모컨, 도어록, 커튼, 시계, 헬스 모니터, 자동차, 모바일 등 실로 다양하다. 이 스마트 기기는 사람들의 생활과 관련된 온갖 사물, 장면, 기능에 침투해 이제는 스마트 홈, 스마트 카 플랫폼으로 탈바꿈하고 있다. 또 외부에서 여러 콘텐츠와 서비스를 두어 OS 생태계로 끌어와 커다란 비즈니스 생태계를 형성하는 도화선이 되고 있다.

두어 OS가 설치된 가전, 자동차, IoT 제품 등 스마트 기기는 스마트 시티를 위한 플랫폼이기도 하다.

2017년 12월 바이두는 중국 허베이성 슝안신구 정부와 도시 계획·설계에 AI 기술을 활용하는 AI 도시 계획을 위해 전략적으로 협력하기로 합의했다. 슝안신구는 중국 정부가 성장 엔진으로 건설 중인 신경제특구다. 이 합의에는 슝안신구의 스마트 시티 조성과 그를 위한 자율주행, 대중교통, 교육, 안전, 헬스 케어, 환경 보호, 결제 등의 분야에 AI 기술을 활용할 것이 명기되어 있다. 그 밖에도 바이두는 허베이성 바오딩, 안후이성 우후와 충칭, 그리고 알리바바의 본거지인 상하이에서도 AI 기술을 이용한 스마트 시티 건설을 위해 각 지방 정부와 협력해 나갈 예정이다.

스마트 시티 건설에는 AI 음성 시스템 두어 OS, 자율주행 플랫폼 아폴로를 포함해 표 22에 있는 바이두 AI 기술의 전부가 활용될 예정으로, 사람들의 생활 구석구석까지 AI가 침투해 업무, 주거, 이동, 오락 등 생활에 필요한 여러 요구사항이 충족될 것이다.

중국은 국가 차원에서 AI 산업을 전면 지원하고 있는데, 중국 정부는 2020년까지 약 16조 엔 규모의 AI 시장을 조성하고 10년 후에는 10배인 약 160조 엔 시장으로 키우겠다고 선언했다. AI는 저탄소 사회 실현, 살기 좋은 도시 만들기, 사람과 자연의 공생 등 중국이 떠안고 있는 사회 과제와 일맥상통한다. 그만큼 스마트 시티는 중국의 경제와 사회 정책의 일환으로 중요한 역할을 담당하고 있다.

바이두는 음성 AI 시스템 두어 OS를 스마트 카, 스마트 홈, 스마트 시티의 기본 소프트웨어로 규정하고 생활 서비스 전반의 생태계를 형성하고자 하고 있다. 한편 AI 음성비서 시장에서 선두를 달리는 아마존 알렉사는 아마존 에코라는 절대적인 스마트 홈 플랫폼을 보유해 4,000대 이상의 스마트 기기에 탑재되었고 스킬 수도 25,000가지를 넘어선다고 한다. 압도적인 아마존 알렉사 경제권에 바이두의 두어 OS가 대항하기 위한 열쇠는 아마존보다 앞서가게 될 스마트 시티 계획, 중국 정부의 지원, 중국 내 사회문제를 해결하겠다는 사명감에 숨어있지 않을까 생각한다.

세를 과시하는 각각의 중국 EV 제조사들

중국에서는 이미 EV 제조사가 60곳 이상 있다고 한다. 그야말로 군웅할거의 시대다.

기존 가솔린차와 비교해 EV는 흡기계, 배기계가 불필요하며 엔진을 다루는 기술력, 실적 평가도 중요하지 않다. 모듈화, 전자화, 수평 분업화가 진행되어 많은 완성차 제조사가 난립하고 있다는 사실 자체가 자동차 산업의 진입 장벽이 무너지고 업계 구조가 붕괴하고 있다는 증거다.

중국은 자동차 대국에서 자동차 강국으로의 도약을 노리며 자동차 선진국으로의 수출이라는 구체적인 목표까지 제시하고 있는데, 목표 달성을 위해서는 앞으로 미국·유럽·일본의 자동차 제조사를 뛰어넘어야 한다. 중국 정부는 엔진 차로는 미국·유럽·일본의 자동차 선진국에 이길 수 없다고 인식해 엔진이 없는 자동차인 전기자동차EV화×자율주행화를 선도해 추진함으로써 차세대 자동차 산업의 강국으로 자리매김하고자 한다.

중국 정부의 자율주행화에 대한 대응은 자동차 산업 중장기 발전 계획(2017년 4월), 차세대 AI 개방·혁신 플랫폼(2017년 11월)을 통해 AI×자율주행의 국책 사업과 바이두의 자율주행 플랫폼인 아폴로로 구체화했다. 한편 전기자동차EV화에 대해 중국 정부는 전략적으로 대응하고 있다. 추진책 및 선택과 집중책을 접목해 국제 경쟁력을 갖춘 중국 자동차 산업의 EV화를 달성하려고 한다.

우선 EV 추진책을 살펴보자. 베이징과 상하이 등 대도시에서는 가솔린차의 번호판을 추첨제로 발행해 제약을 거는 한편, EV 구매자는 쉽게 번호판을 발급받도록 했다. 또 EV 구매자는 최대 100만 엔 정도의 보조금이 지급되며 구매 후에도 특정 고속도로의 주행 규제가 면제되는 등 우대조치를 받는다. 앞서 말한 중장기 발전 계획(2017년 4월)에 뒤이어 2017년 9월에는 승용차 기업 평균 연비·신에너지차 크레디트 동시 관리 실시법(통칭 NEV법)이 공포되었다. 간단히 말해 중국의 자동차 회사는 2019년 이후 판매 대수의 약 10% 이상을 신에너지차NEV로 채워야 한다는 규정을 의무화한 법이다. 중국 정부의 EV 전환을 강력하게 밀어붙이는 정책이라 해도 좋을 것이다.

선택과 집중책은 어떨까? 중국 정부는 2009년 6월 신에너지차 생산 기업 및 제품 진입 관리 규칙을 통해, EV를 포함한 신에너지차NEV

제조사업에 대해 일정한 진입 규칙을 마련했다. 2015년 6월 전기자동차 기업 신규 설립에 관한 관리 규정에서는 순수 전기자동차 제조사에 대한 추가적인 진입 요건도 설정했다.

2017년 1월에는 2009년의 진입 규칙을 개정해 신에너지차의 정의와 범위를 명확하게 밝힘과 동시에 안전을 위한 진입 요건 강화, 검사 조치 정비, 법적 책임 강화 등을 천명했다. 요건에 관련된 심사를 통과하지 못한 NEV 제조사는 보조금 수급 자격을 잃는 등 우대조치를 받을 수 없다. 실제로 NEV의 적합성 심사 위반으로 행정 처분을 받은 자동차 제조사도 나왔다. 재정 부담 경감과 보호주의를 향한 우려로 중앙·지방 정부가 NEV 제조사에 지급하는 보조금이 단계적으로 폐지될 가능성도 있다고 한다.

중국 내 EV 제조사가 난립하면서 중국 정부는 EV 제조사를 20곳 정도로 추려내겠다는 방침을 분명히 했다. 독일 제조사도 EV 면허 취득에 고전하고 있어, 주요 제조사가 독일 정부와 함께 수면 아래서 대책을 마련하고 있다고 한다. 중국 정부는 중국 자본이 투입된 완성차 제조사를 전폭적으로 지원해 국제 경쟁력을 갖춘 NEV 제조사를 육성함과 동시에 차세대 자동차 산업 경쟁에서 경쟁 우위에 서고 싶다는 의향이 있는 듯하다.

중국 자본의 자동차 제조사와 전지 제조사에 대한 극진한 우대책도 노골적이다. NEV 제조사가 중국 정부에서 보조금을 받기 위해서는 NEV 보급 및 응용 추천차 리스트(2017년 1월 공포)에 포함되어야 한다. 이 리스트에 포함되려면 화이트리스트 등록 기업(배터리 규범 기준 인증 취득 기업)에서 배터리를 조달해야 한다는 조건이 있는데, 다이렌에 자동차용 리튬 이온 전지 공장을 세운 파나소닉과 한국의 삼성전자 및 LG화학을 비롯해 외국 자본 중 리스트에 등록된 기업은 존재하지 않는 상황이다.

중국 자동차 전문지인 〈자동차상업평론汽車商業評論〉이 흥미로운 통계를 냈다. 중국에서의 2017년 상반기 판매 실적을 NEV법에 대입해 각 자동차 제조사의 신에너지차NEV 포인트를 계산한 것이다. 데이터에 따르면 기준치 이상의 NEV 포인트를 벌어 타사에 팔 수 있을 만큼 흑자를 낸 기업은 아폴로의 파트너사인 BYD(비야디자동차), NEV 판매 증가가 두드러지는 베이징자동차, 볼보 등을 산하에 거느리고 있으며 국제전략에 뛰어난 지리자동차 등 몇 곳뿐이다. 반면에 폭스바겐, 도요타 등을 비롯한 외국 제조사나 가솔린차 비중이 큰 국영 자동차 제조사들은 NEV 포인트를 타사에서 구매해야 하는 적자에 빠져 있다.

NEV법은 중국 정부의 전기자동차화(NEV화) 추진책을 확고하게 보여주는 한편 기존 자동차 제조사 및 외국 제조사에는 상당히 어려운 의무를 부여하고 있다. 자동차 제조사 중에는 차세대 자동차 산업에서의 NEV 중요성을 인식하고 가솔린차 판매를 수년 안에 폐지하는 등의 야심적인 경영 계획을 내세운 기업도 있다. 하지만 NEV법 기준을 만족하기에도 벅찬 상황에서 실현 가능성은 의문이다. 한편 신흥 자동차 제조사는 EV 붐에 편승해 대량의 출자금을 쉽게 확보하는 경향은 있지만 건전한 수지 개선 계획이 보이지 않는 등 아직 앞날이 불투명한 상황이다.

그런 가운데 계속해서 중국 정부의 정책 발표나 그에 따른 NEV 제조사의 움직임에는 주의할 필요가 있다. 자동차 산업은 국제 정치와 한 몸이다. 중국의 EV 전환이 차세대 자동차 산업의 변혁, 재편, 그리고 일본 자동차 제조사에도 큰 영향을 끼치리라는 사실은 분명하다.

중국 정부의 자동차 산업 정책

앞서 설명한 자동차 산업의 중장기 발전 계획(2017년 4월), 승용차 기업 평균 연비·신에너지차 크레디트 동시 관리 실시법(통칭 NEV법, 2017년 9월), 차세대 인공지능 개방·혁신 플랫폼(2017년 11월)은 중국 정부의 자동차 산업 정책을 특징짓는 세 가지 중요한 정책 콘텐츠다.

여기에 또 한 가지 꼭 짚고 넘어가야 하는 중요한 정책이 있다. 바로 2016년 7월 공포되어 같은 해 11월 시행된 인터넷 예약 택시의 경영 서비스 관리 잠정법이다. 한 마디로 승차 공유를 인정하는 법이다. 정의에 따르면 승차 공유는 일본의 흰색 택시 행위로도 보일 여지가 있다. 세계적으로 잡음을 내면서도 서비스가 확대되고 있는 가운데, 중국은 법률을 제정하여 승차 공유를 완전히 합법화했다.

이 법안에서 승차 공유 회사는 망약차網約車 플랫폼 기업이라 불린다. 망약차란 인터넷으로 예약하는 택시를 가리킨다. 망약차 플랫폼 기업은 정부 당국의 경영 허가를 취득하고 인터넷 정보 서비스 기업으로 등록해야 한다. 요금 등은 정부에서 결정하고, 중국 국내에 서버를 두어야 하고, 고객 정보와 자동차 주행 데이터를 2년간 저장하고, 채산이 맞지 않는 경영을 금지한다는 조건이 붙는다.

이렇듯 중국의 자동차 산업 정책은 전기자동차EV를 포함한 신에너지차NEV, 인공지능AI, 자율주행, 승차 공유와 같은 서비스를 망라하며 전개되고 있다.

자동차를 구입하는 소비자 관점에서는 정부가 NEV로 차량 교체를 촉진하는 보조금 정책을 통해 탈가솔린을 추진하고 있다. 중국은 CASE(연결화, 자율주행, 공유&서비스화, EV화)를 빠르게 정책화해 차세대 자동차 산업을 향한 영향력을 확보하려 하고 있다.

여기서 자율주행에 관한 국제적인 법 정비에 관한 설명을 추가해 둔다. 자동차 운전을 규제하는 도로교통에 관한 조약은 두 가지다. 하나는 1949년에 서명된 제네바 도로교통 조약으로 미국, 영국, 프랑스, 일본, 네덜란드 등이 서명·비준했다. 다른 하나는 1968년에 서명된 빈 도로교통 조약이다. 주로 유럽 국가가 서명·비준했고 미국과 일본은 포함되지 않았다. 이 두 조약은 모두 자동차 운전은 운전자가 있어야 하며, 자동차 운전은 운전자에 의한 조작이 이루어져야 한다는 취지가 규정되어 있다. 이 규정이 국제법상 자율주행이 인정받지 못하고 있던 법적 근거다.

자율주행 사회로 가는 분위기가 고조되는 가운데 조건부이기는 하지만 자율주행을 법적으로 가능하게 하는 두 조약의 개정 작업이 이루어졌다. 빈 조약은 개정이 채택·비준되어 2016년에 시행되었다. 그러나 제네바 조약은 같은 개정이 채택되었음에도 비준국이 다수에 이르지 못해 시행하지 못하고 있다. 미국과 일본이 가입한 제네바 조약의 개정 작업이 정체되면서 국제법상 어긋나고 있다.

중국은 양쪽 조약 모두에 서명·비준하지 않았다. 즉 적어도 국제법상 중국은 자율주행에 관한 규제를 강요받을 일이 없다. 자동차 선진국인 미국, 유럽, 일본이 법 정비에 시간을 들이고 어떻게든 국내법으로 대책을 마련하면서 자율주행 준비를 진행하는 동안, 중국은 어떻게 보면 무혈입성하여 국가적으로 자율주행과 실증 실험을 진행하고 있다. 이것도 중국의 자동차 산업 정책에 있어 유리한 측면이다.

중국의 에너지 정책에 관해서도 조금 언급해두고자 한다. EV화를 추진하는 데 있어 매우 중요하기 때문이다. 중국은 제13차 5개년 계획(2016~2020년)에서 1차 에너지 소비에 차지하는 비화석연료 비율을 2020년까지 15%까지 올린다는 목표를 정했다. 저탄소 사회 대비, 급증하는 석유 순수입 대책이라는 측면도 있다. 화석연료에서는 대기오염의 주원인인 석탄 대신 천연가스를 확대하고, 비화석연료에서는 재생 가능 에너지와 원자력 개발을 활용하는 에너지 구조의 전체적인 개혁을 진행 중이다. 자동차 산업 정책은 이러한 에너지 정책과 일맥상통한다.

중국 시장의 중요성

여기서 중국 자동차 시장을 개관해 보자.

표 26은 중국, 일본, 미국, 유럽(독일, 프랑스, 영국) 총 4개국·지역의 과거 3년간 자동차 생산 대수와 판매 대수의 추이를 나타내고 있다. 중

국이 타국을 압도하고 있음이 확연하다. 승용차에서는 2017년 중국의 생산 대수·판매 대수 모두 연간 2,500만 대에 이를 전망으로 상용차를 포함하면 각각 연간 3,000만 대를 넘어설 날도 머지않아 보인다. 승용차만 보면 중국의 생산 대수와 판매 대수는 일본, 미국, 유럽(독일, 프랑스, 영국)을 합친 수치를 훨씬 웃돌고 있다.

표 27은 2005년부터 2017년까지 4개국·지역의 승용차 판매 대수의 추이와 승용차 판매 시장에서의 중국 점유율의 추이이다. 승용차 판매 시장을 보면 역시 미국과 유럽, 일본 시장이 오랜 기간 성장세가 주춤하거나 축소되고 있는 가운데 중국의 2017년 승용차 판매 대수는 2005년에 비해 약 6배로 늘었다. 승용차 판매 시장의 중국 점유율도 2005년에는 10% 미만이었으나 2017년에는 35%에 달했다. 중국 시장의 성장이 두드러진다는 사실을 알 수 있다.

국제에너지기구IEA가 발행한 〈글로벌 전기차 전망 2017Global EV Outlook 2017〉에 따르면 2016년 시점에 NEV의 세계 누적 판매 대수는 200만 대에 달했다. 그중 중국 내 NEV 누적 판매 수는 65만 대로 약 32%를 차지해 미국의 56만 대를 넘어섰다.

중국 자동차 업계 단체인 중국자동차공업협회CAAM의 통계에 따르면 2017년 중국 내 NEV 판매 대수는 EV가 승용차·상용차를 포함해 65.2만 대, PHV가 승용차·상업차를 포함해 12.5만 대로 합계 77.7만 대의 NEV가 중국 시장에서 판매되었다는 계산이다. NEV 생산 대수·판매 대수 모두 2017년에는 전년 대비 50% 이상 증가했다. EV 승용차만 보면 생산 대수·판매 대수 모두 80% 이상 증가했다.

표 26 자동차 생산·판매 데이터(중국·일본·미국·유럽)

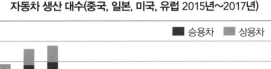

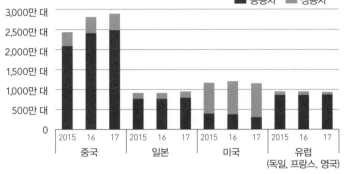

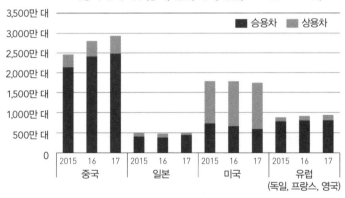

출처: 세계자동차공업연합회 통계 데이터를 토대로 필자가 작성

2017년에 중앙·지방 정부 차원에서 실시한 보조 정책, 소비자에 대한 우대조치, NEV법 공포 등이 효력을 발휘한 모양새다.

표 27 승용차 판매 데이터(중국·일본·미국·유럽) 및 중국 시장 점유율 추이

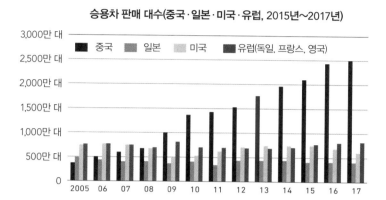

승용차 판매 대수(중국·일본·미국·유럽, 2015년~2017년)

세계 승용차 판매 시장에서 중국 시장이 차지하는 중국 점유율 추이
(2005년~2017년)

출처: 세계자동차공업연합회 통계 데이터를 토대로 필자가 작성

이상의 같은 개관을 바탕으로 중국 자동차 시장의 중요성에 대해 두 가지 점을 꼽고 싶다. 첫째는 역시 시장으로서의 실적과 매력이다. 미국, 유럽, 일본 등 자동차 선진국을 압도하는 시장 규모·성장성·구

매력과 NEV 시장 선행성도 명확히 보여주고 있다.

둘째는 그만큼 매력적이고 타국을 압도하는 규모의 중국 시장이 차세대 자동차 산업을 위해 개혁을 꾀하고 있다는 점이다. 중국은 현 상태대로라면 자동차 대국은 될지언정 자동차 강국이 되기는 어렵다. 그래서 중국은 가솔린차와 엔진 계통의 영역에서 승부를 보지 않고 NEV·커넥티드 카·에너지 절약차 등에 초점을 맞춰 왔다. NEV·AI·자율주행 등 다양한 정책을 내세운 결과, 기업의 구체적인 움직임과 NEV 생산 대수·판매 대수의 수치로 성과가 나타나고 있다.

중국 시장은 말하자면 차세대 자동차 산업에 대한 장대한 사회 실험의 장이다. 특히 개혁의 일부인 NEV 사업에 관한 중국 정부의 외국 자본 규제가 완화되어 외국 자본의 진입장벽이 낮아진 점도 주목해야 한다. 자동차 산업 전체가 CASE를 위해 전략을 세우는 가운데, 미국, 일본 등 자동차 선진국의 사업자는 중국 시장을 주시해야 할 것이다.

중국 브랜드가 미국, 유럽, 일본 제조사를 넘어서는 날

중국에서는 기존의 국영 자동차 제조사와 외국 제조사의 합작 회사 설립을 통해 해외의 노하우를 흡수함으로써 기술력을 높여 왔다. 예를 들어 상하이자동차는 독일 폭스바겐·미국 GM, 디이자동차는 독일 폭스바겐·미국 GM·일본 도요타와 마쓰다, 둥펑자동차는 혼다·르노·닛산과 합작 회사를 차렸다. 2018년 4월에는 미국과의 무역 전쟁 회피를 위해 외자 규제를 철폐할 방침도 내세웠다. 외국 자본 규제

이외에도 자국 기업에 대해서는 극진히 보호하고 있는 중국 정부이기는 하지만, 이런 방침을 내놓을 수 있었던 배경에는 자국 제조사의 성장이 있었다고 생각한다.

최근 민영의 독립 자동차 제조사도 중국 국내에서 존재감을 키우고 있다. 이 제조사들은 중점을 EV로 전환한 이후 외국 제조사와 경쟁하는 위치를 확보해가고 있다. 특히 BYD의 활약이 눈부시다.

BYD는 중국의 선전深圳에 본사를 둔 민영 기업으로 모회사의 주식은 홍콩 시장에 상장되어 있다. 원래 그룹 차원에서 차량용 리튬 이온 전지와 휴대전화용 전지 등 전자기기·IT 부품을 제조·공급해왔다. 2008년에 플러그인 하이브리드 자동차PHEV를 발매해 자동차 제조사업에 본격적으로 뛰어들었다.

2017년 중국 내 NEV 판매 대수는 약 11.4만 대로 중국 NEV 판매 전체의 약 7분의 1을 차지하며 1위에 올라섰고, NEV법에서 의무화한 판매 대수의 10% 이상을 NEV로 해야 한다는 기준을 가볍게 해결하여 비율이 50%를 넘는 것으로 보인다. 교외에 사는 비교적 젊은 층 및 중·저소득자층을 타깃으로 한 보급형 EV를 제조·판매하는 등 마케팅에도 노력하고 있다.

한편, 중국 정부의 중국 브랜드 육성 정책에 호응하듯 국제 경쟁력을 키워 중국 시장뿐 아니라 선진국 시장을 내다보고 사업을 전개하는 중국 브랜드도 등장했다. 여기서는 주목해야 할 제조사의 대표격으로 바이톤BYTON을 소개한다. 2016년에 창업한 FMCFuture Mobility Corporation가 2017년 9월에 세운 신흥 EV 브랜드가 바이톤이다.

바이톤의 EV는 CES 2018에서 유달리 참관자들의 주목을 모았다. 세련된 외관, 핸들 부분의 터치패널과 대시보드 전면에 펼쳐진 긴 스크린 등 독특한 내장은 물론 음성 AI 비서인 아마존 알렉사가 탑재되었고, 손짓만으로 조작 가능한 뛰어난 인터페이스, 3단계 자율주행 기능·운전자 얼굴인식·헬스 체크 기능 등도 갖추고 있다. 부스 전체와 소개 영상 등의 브랜딩도 높은 평가를 받았다.

더욱 놀랐던 것은 이 모델이 2019년부터 중국에서 양산되어 45,000달러 정도의 가격에 실제 판매된다는 계획이었다. 2020년에는 미국과 유럽 시장에도 진출할 예정이라고 한다.

바이톤은 독일 BMW와 일본 닛산의 전 임원들이 세웠다고는 하지만 '중국 제조사임에도 브랜딩이 뛰어나다', '중국 자본의 브랜딩도 이 정도 수준에 도달했다', '이제 자동차 산업에서도 중국 자본을 무시하지 못한다'라는 위협감과 함께 높이 평가받았다. 개발·제조는 중국, 스마트 카 부분의 소프트웨어는 미국, 차체 디자인은 독일이 진행하는 등 미국·중국·독일 3개국에 걸친 수평 분업이라는 의미에서도 획기적이다.

바이톤은 중국 BAT의 일각인 텐센트와 대만 OEM·EMS의 리더 격인 홍하이 과학기술집단의 출자를 받았으며, 독일 보쉬와는 기술제휴를 통해 동력 전달장치 및 브레이크 시스템 등에서 협업을 진행하고 있다. 2017년 12월에 캘리포니아주에 북미 본사를 설립했고, 2018년 2월에는 자율주행 플랫폼을 개발하는 미국의 오로라Aurora와 제휴를 발표했다. 수립한 전략을 착착 실행에 옮겨가며 중국뿐만 아니라 미국

· 유럽에서의 판매를 위해 준비를 진행하고 있다.

다음으로 지리자동차Geely Auto를 소개한다. 지리자동차도 BYD와 같은 민영 기업으로 주식은 홍콩 시장에 상장되어 있다. 2017년 중국 내 NEV 판매 대수는 약 2.5만 대다. 볼보 인수, 런던 택시London Taxi 경영권 획득 및 차체 제조 수주, 로터스Lotus 인수 등 지리자동차는 중국에서 가장 국제화에 적극적인 자동차 제조사 중 하나다.

2018년 2월에는 독일 다임러의 의결권을 행사할 수 있는 주식을 9.69% 취득하여 최대 주주가 되었음을 발표했다. 지리자동차가 다임러의 경영에 참여하고 있다는 의미다. 그 의미는 볼보 등도 소유하고 있는 지리자동차의 세계화 전략뿐만은 아닐 것이다. 물론 자동차 후진국인 중국 제조사가 세계에서도 손꼽히는 명문 제조사를 소유한다는 것뿐만도 아니다. 그 진정한 의미는 CASE를 최초로 제창하고 추진한 다임러조차 중국의 자동차 강국 전략에 편입되었다는 점에 있다. 참고로 다임러는 바이두의 자율주행 플랫폼인 아폴로 계획에도 참여했다.

지리자동차에 관해 또 한 가지 주목해야 할 점은 지리자동차가 2016년 스웨덴에 설립한 자동차 제조사인 링크 앤 컴퍼니LYNK & Co International AB다. 이 회사의 차종 라인업은 크로스오버 두 모델과 세단 한 모델이다. 모두 전기 동력 전달장치를 탑재한 NEV다. 이 모델은 볼보의 컴팩트 모듈러 아키텍처CMA를 공유해 스웨덴에서 설계·제조가 이루어졌다. CMA란 볼보가 전기 동력화를 염두에 두고 소형차를 제조하기 위해 개발한 플랫폼이다. 동력 전달장치, 인포테인먼트, 에어컨, 데이터 네트워크, 안전 시스템 등을 포함하고 있으며 자율주행 기능도 탑재할 수 있다.

이 모델의 특징은 커넥티드 카 기능이 장비되어 있다는 점, 오너십 기능과 공유 기능 양쪽이 내장되어 자동차를 소유하는 방식과 자동차를 공유하는 방식에 모두 적용할 수 있다는 점이다. 즉 NEV화, 자율주행화, 연결화, 공유&서비스로 요약되는 CASE를 모두 충족한다.

참고로 지리자동차는 2015년에 콜택시 서비스 등을 제공하는 EV 공유 회사 차오차오좐처曹操专车를 설립했다. 특징 중 하나는 호출되는 자동차가 모두 지리자동차 소유의 EV라는 점이다. 앞으로 차오차오좐처의 서비스에 링크 앤 컴퍼니의 NEV가 사용될 가능성도 충분히 있다.

링크 앤 컴퍼니의 홈페이지, 전시회, 기자회견 등을 보면 실로 세련되고 감각적인 디자인을 느낄 수 있다. 앞서 말한 바이톤처럼 브랜딩을 가장 중시하고 있다는 점을 알 수 있다.

2017년 11월 링크 앤 컴퍼니가 만든 NEV의 중국 판매가 개시되었다. 중국 판매는 24,000달러부터 가격이 설정되었는데, 지리자동차의 인기 SUV가 15,000달러 정도이므로 상당히 비싼 편이다. 2019년에는 유럽, 2020년에는 미국 판매도 예정되어 있다. 미국의 몇 개 주에서는 자동차 대여 사업 구상도 있는 듯하다. 또 대리점을 거치지 않는 직판이나 온라인 판매 등 기존 자동차 업계와 다른 독특한 마케팅과 영업 기법을 채용하고 있다.

지리자동차의 사업 전개를 보면 분명히 중국이 세계의 자동차 업계를 변혁해 나가겠다는 의욕이 보인다. 차세대 자동차 산업에서 중국이 자동차 강국을 향해 나아가는 움직임을 이해하는 데 있어, 볼보를 산하에 두고 다임러에까지 손을 뻗은 지리자동차의 움직임에 크게 주목할 필요가 있다.

중국 브랜드를 하나 더 소개하고자 한다. 바로 CATL이다. CATL은 중국 푸젠성 닝더에 본사를 둔 중국 최대의 전지 제조사다. 2011년에 설립되어 전기자동차EV용 리튬 이온 전지 등의 제조사업을 전개하고 있다. CATL의 홈페이지에 따르면 2017년 전지의 연간 판매 실적으로 세계 1위를 차지했다고 한다. 소비전력량 판매에서 2015년 2.19GWh에서 2017년에 5배 이상인 11.84GWh까지 증가했다. 중국 내 점유율에서는 BYD를 제친 모양새다.

테슬라와 파나소닉이 공동으로 운영하는 미국 기가팩토리의 연간 생산 능력이 35GWh로(2018년 계획치) CATL은 여전히 그 정도까지 미치지는 못하지만, 맹추격하고 있는 형국이다. 특히 2018년 4월 초 CATL 주식의 선전 시장 상장이 승인되었다. 이에 따라 약 2,200억 엔을 조달함으로써 생산 능력 증강 등 상승세가 더욱 강해지리라 전망된다.

참고로 리튬 자원 개발 회사인 오로코브레Orocobre는 2020년까지의 차량용 리튬 이온 전지 생산 능력을 예측했다. 그에 따르면 CATL은 연간 100GWh로 1위, 다음은 40GWh인 테슬라·파나소닉, 20GWh인 LG화학이 뒤를 잇는다.

앞서 설명했듯이 중국의 NEV 제조사가 정부에서 지원금을 받기 위해서는 신에너지차 보급 및 응용 추천차 리스트(2017년 1월 공포)에 포함되어야 한다는 조건이 있다. 해당 리스트에 포함되려면 중국 정부가 자동차 동력 축전지 업계의 규범 조건(2015년 3월)에서 설정한 기준을 충족하는, 소위 화이트리스트에 오른 전지 제조사로부터 EV 전지를 조달해야 한다.

리스트에 포함되지 않은 기업이 제조하는 리튬 이온 전지를 NEV에 탑재하면 지원금과 보조금이 지급되지 않으므로 당연히 경쟁에서 불리해진다. 소비자도 구매 가격 면에서 불리해짐은 물론 정부에서 인정되지 않은 NEV를 사고 싶지는 않을 것이다.

중국 정부가 공시한 화이트리스트에는 물론 CATL가 포함되어 있다. 이 리스트에는 50사 이상이 포함되어 있는데 모두 중국 제조사이며 외국 기업은 한 곳도 포함되지 않았다. 즉 외국계 NEV 제조사가 중국에서 NEV를 제조하기 위해서는 실질적으로 중국 전지 제조사의 리튬 이온 전지를 탑재해야 한다는 뜻이다.

그렇기에 CATL은 압도적인 강점을 지니고 있다. 실제로 CATL의 리튬 이온 전지는 품질 면에서 높게 평가받으면서 외국계인 BMW X1과 북경현대자동차의 소나타에 탑재되었다. CATL도 고객 제일주의를 표방하며 정책적 지원에만 의존하지 않고 품질로 뒷받침되는 경쟁력 향상을 위해 노력하고 있다. CATL은 북미·유럽(독일, 프랑스)·일본에 거점을 두고 있으며 중국의 NEV 제조사뿐만 아니라 중국 시장을 목표로 하는 외국계 기업에 대해서도 적극적으로 중국 브랜드의 공세를 펼치고 있다.

2016년 11월 중국 정부는 2015년에 공포한 자동차 동력 축전지 업계의 규범 조건 개정안을 제시했다. 개정안에는 전지 제조사의 전지 생산 능력 최저 조건을 2015년 기준의 2억 Wh에서 40배인 80억 Wh로 상향하는 방안이 나왔다. 이 기준을 만족하는 전지 제조사는 CATL·BYD 등 몇 곳 정도다. 허들을 크게 높여 진입을 엄격히 제한함으로써 전지 제조업계를 개혁·재편하고 체질 강화와 국제 경쟁력 양성을 촉진한다는 구상이다.

만일 그렇게 될 경우 중국 시장에서 승부를 보려는 외국계 NEV 제조사는 CATL과의 제휴를 강요받는 셈이다. 중국의 NEV 리튬 이온 전지 시장이 CATL에 의해 거의 과점될 가능성마저 있다. 독자적인 자본으로 중국 시장 진출을 위해 정부 등과 협의 중인 테슬라도 파나소닉의 전지가 화이트리스트에 없는 이상 중국 제조사가 만든 전지를 탑재해야 한다. 테슬라가 CATL과 손을 잡는 시나리오도 결코 허무맹랑하지 않다.

중국 정부는 자동차 산업의 중장기 발전 계획(2017년 4월) 중에서 자동차 제조사뿐만 아니라 세계 상위 10위에 들어가는 부품 제조사도 중국 브랜드로서 육성하고자 한다. CATL는 그 대표격이다.

경쟁이야말로 우위성의 원천

바이두의 아폴로 계획에 질 수 없다: 알리바바와 텐센트의 자동차 산업 전략

중국 정부가 발표한 차세대 인공지능 개방·혁신 플랫폼(2017년 11월)에는 국책 AI 사업으로 선정된 4가지 주제와 위탁 기업이 나온다. 이미 자세히 살펴본 AI×자율주행의 바이두 외에 AI×도시 계획의 알리바바, AI×의료 영상의 텐센트, AI×음성인식의 아이플라이텍이다.

알리바바가 위탁받은 국책 사업은 도시의 AI화다. 교통·수도·에너지 등 기초 시설과 인프라 등 도시에 관련된 모든 것을 수치화해 도시의 빅데이터를 발굴한다. 빅데이터를 토대로 AI를 이용해 차량 정체 해소·경찰과 구급·도시 계획 등 사회에 최적인 솔루션을 제공한다. 물론 자율주행도 수많이 존재하는 기능 중 하나다. 알리바바 본사 소재지인 항저우, 뒤이어 쑤저우에서 시스템 도입이 예정되어 있다.

알리바바는 바이두가 슝안신구 정부와 스마트 시티 합의를 하기에 앞서 2017년 9월에 슝안신구 정부와 AI·핀테크·물류 등의 분야에서 협력할 것을 발표했다. 대중교통 프로젝트에서는 상하이 지하철에 AI 기술을 도입하기 위해 상하이 지하철 운영 유한공사上海地铁运营有限公司와 제휴했다.

한편 텐센트는 AI의 의료 분야 응용을 위탁받았다. 텐센트는 얼굴 인식 등의 AI 기술을 결집해 2017년 8월 AI 의학 이미지 연합 실험실을 설립하고, 식도암 조기 스크리닝 임상 실험 시스템을 정비했다. 과거의 병리 진단 데이터와 의사 간 네트워크에 AI를 이용해 암 조기 발견·미세 종양 검출·CT 검사 능력 향상 등에 도움을 줄 것으로 기대하고 있다. 텐센트도 바이두·알리바바와 마찬가지로 슝안신구 정부와 핀테크 및 공공 의료 분야에서 협력하기로 합의했다.

아이플라이텍은 음성인식 기술을 다양한 솔루션에 활용하는 국책 사업을 위탁받았다. 아이플라이텍은 바이두를 능가하는 음성인식 기술 분야의 최대 기업이다. 시험 문제 작성 등의 교육 분야, 음성 전자 진료기록 입력 시스템 등의 의료 분야, 접수 서비스 및 자동 번역 분야에서 강점을 발휘한다. 아이플라이텍이 개발한 AI를 통해 사람과 차가 쌍방향으로 대화할 수 있는 샤오페이유小飞鱼 시스템은 400만 명에 달하는 실사용자가 있다.

이 4가지 분야는 이미지 인식·음성인식·홍채 인식 혹은 기계학습·심층학습 등을 이용하는 솔루션이다. 자율주행과 의료는 도시 기능의 일부이기도 하다. 당연히 서로 밀접하게 관련되어 있다. 즉 기업들 사이에 필연적으로 경쟁이 생긴다. 자율주행 플랫폼인 아폴로 계획의 경쟁 우위성을 무시할 수 없는 이유는 이처럼 중국 내에서의 경쟁이 치열하기 때문이다.

실제로 차세대 자동차 산업의 패권을 둘러싼 싸움에서 알리바바와 텐센트는 독자적인 움직임을 보인다.

알리바바는 2017년 9월 운영체제인 알리 OS AliOS를 발표했다. 알리 OS란 알리바바의 기존의 운영체제OS 전략을 통합·발전시킨 것으로, 모바일·자동차를 포함한 모든 IoT 제품에 탑재되는 오픈소스 OS다. 콘셉트는 아마존 알렉사나 두어 OS와 매우 유사하다.

알리 OS가 자동차에 탑재되면 운전은 OS가 제어한다. 커넥티드 카 기능을 갖추고 장래의 자율주행에도 대응 가능하다고 한다. 알리바바와 상하이자동차는 합작 회사인 반마 네트워크 테크놀로지Banma Network Technology를 통해 이미 2016년부터 MG와 롱웨이Roewe 등의 브랜드에서 알리 OS가 탑재된 모델을 판매하고 있다. 선룽자동차神龙汽车

도 알리 OS 탑재 모델을 개발해 2018년부터 판매 예정이다. 2017년 12월에는 미국 포드와 전략 제휴를 맺고 클라우드 컴퓨팅 및 커넥티드 카 분야에서 협업을 모색하고 있다. 포드 차의 알리 OS 탑재는 물론 알리바바의 B2C 온라인 쇼핑몰인 텐마오天猫에서 포드 차를 판매하는 구상도 있다고 한다.

2018년 4월, 알리바바는 중국에서 스마트 카 개발을 가속하기 위해 차량용 반도체 대기업인 NXP와 제휴를 발표했다. NXP 프로세서(i.MX 애플리케이션 프로세서)와 알리 OS를 자동차에 탑재함으로써 AI·IoT·클라우드 컴퓨팅·멀티스크린·스마트 콕핏·OTA 등 새로운 차내 사용자 경험이 제공된다고 한다. 바이두의 아폴로로 치면 중국 바이두×미국 엔비디아×독일 ZF 3사에서 발표된 차량용 컴퓨팅 유닛에 해당한다. 알리바바×NXP의 인포테인먼트 솔루션은 차세대 자동차 산업에서 중국 시장을 타깃으로 스마트 카의 양산화를 목표로 하는 알리바바의 전략 상품이다.

알리바바는 2018년 안에 완전 무인 주유소 운영을 개시할 예정이다. 즉 알리바바는 알리 OS라는 스마트 카 OS, 텐마오에서 이루어지는 자동차 판매, 그리고 완전 무인 주유소에서 제공하는 유지보수 및 서비스와 같이 자동차에 관해 광범위한 사업 전개를 주도면밀하게 준비하고 있다고 보인다.

한편 텐센트는 2016년 12월 온라인 지도 서비스 및 고해상도 3차원 지도를 만드는 독일의 히어와 전략적인 포괄 제휴를 맺었다. 히어는 미국 구글에 버금가는, 자율주행의 생명선이나 마찬가지인 디지털 인프라를 구축하는 고해상도 3차원 지도의 공급사다. 양사가 설립한 중국 합작 회사를 통해 중국 시장을 위한 디지털 지도 서비스를 전개하고 자율주행에 이용할 고정밀도 위치 정보 서비스도 구축한다고 한다. 그때 텐센트는 다른 투자자와 공동으로 히어 주식의 10%를 취득했다고 발표했다.

텐센트는 2017년 11월에 베이징에 자율주행 기술에 관한 연구 시설을 개설하고 지금까지 배양해 온 매핑과 AI 기술을 활용해 독자적으로 자율주행 사업을 진행해 왔음이 밝혀졌다. 2018년 4월에는 공공 도로에서 자율주행차의 주행 테스트를 실시했다는 정보가 있다.

게다가 2017년 12월에 중국 선전에서 테스트 주행을 실시한 무인 운전 버스인 알파바Alphaba에는 텐센트가 제공한 스마트폰 승차 앱인 청처하오腾讯乘车码가 채용되었다. 텐센트는 알파바의 테스트 주행에 참여하는 자율주행 기술의 프로젝트 멤버는 아니다. 하지만 간접적으로 얻어지는 노하우는 독자적인 자율주행 사업에 이용할 수 있을 것이다. 텐센트는 제2장에서 말했듯 테슬라에 출자하기도 했다.

이상과 같이 중국 IT의 3강 BAT라 불리는 바이두·알리바바·텐센트가 자동차 산업 전략, 특히 자율주행에 대한 전략이 모두 공개되어 있다.

바이두의 자율주행 플랫폼인 아폴로에 관해서는 앞에서 자세히 살펴본 바와 같다. 알리바바는 알리 OS를 무기로 중국 자동차 제조사 빅5인 상하이자동차 및 미국 포드와 제휴하는 것 외에 신흥 EV 제조사인 샤오펑자동차小鹏汽车를 경영하고 있다. NXP와의 제휴를 통해 양산화를 노린 전략 상품인 차량용 인포테인먼트 솔루션도 선보였다. 텐센트는 고해상도 3차원 지도의 독일 히어를 흡수해 독자적인 자율주행 사업에 나서려 한다. 또 바이두도 출자한 신흥 EV 제조사인 NIO · 벨트마이스터, 나아가 중국 NEV 시장에 진출하려는 테슬라에도 출자했다.

그야말로 중국의 차세대 자동차 산업은 BAT 3사가 서로 얽힌 대결 양상을 드러내 보이고 있다. 이렇게 치열한 대결야말로 글로벌 차세대 자동차 산업에서의 패권을 노리는 중국 우위성의 원천이라 해도 좋을 것이다.

중국 3대 자동차 제조사는 합병할 것인가

규모의 경제를 더욱 확대해 아세안, 미국, 유럽, 일본 시장을 노리는 중국

중국에서 EV 제조사가 중국 내에서 난립하고 있는 것과는 반대로, 기존 자동차 제조사 빅5 중 디이자동차 · 둥펑자동차 · 창안자동차의 대기업 3사가 합병해 중국 정부를 소유주로 하는 세계 최대급의 자동차 제조사가 탄생할지 모른다는 가능성이 점쳐지고 있다. 만일 실현된다면 중국 국내 사업자 간의 경쟁으로 인한 자원의 낭비를 피할 수 있음은 물론 중국 자동차 산업의 국제화도 가속할 수 있는 셈이다.

사실 이러한 국가의 경쟁 전략에는 전례가 있다. 2015년, 중국의 양대 철도 차량 제조사였던 중국남차中国南车와 중국북차中国北车의 합병으로 중국중차中国中車, CRRC가 설립되었다. 이는 미국과 유럽 철도 빅

3의 규모를 웃도는 초거대 철도 차량 제조사의 탄생을 의미했다. 합병 효과로 중국중차의 가격 경쟁력이 높아짐과 동시에, 올 차이나_{All China}를 전면에 내세운 영업 공세까지 더해져 철도 차량 제조 분야에서 중국의 국제적인 존재감이 급격히 향상됐다. 실제로 합병에 의해 중국중차가 탄생한 뒤에는 올 차이나로 동남아시아 및 남미 등에서 미국, 유럽, 일본의 대기업과 수주 경쟁에 나서고 있다.

중국은 규모의 경제에 의한 경쟁력 강화로 세계에 진출하는 전략을 철도 차량 업계에서 이미 경험했다. EV화, 자율주행화, 스마트화 등에 대한 대응으로 인해 차세대 자동차 산업의 개발 비용은 이제까지와는 차원이 다르다. 특히 차량용 OS부터 하드웨어인 자동차, 소프트웨어인 서비스까지를 단번에 관통해 패권을 잡으려 한다면 중국 내에서 소모전을 할 때가 아니라는 사실은 명백하다.

이미 전략 제휴에 이른 디이자동차·둥펑자동차·창안자동차의 합병 구상에는 중국중차을 설립할 때 중국이 채용했던 전략이 엿보인다. 아폴로의 파트너사이기도 한 3사의 전 세계 자동차 생산 대수는 연간 1,000만 대를 넘는다고 알려져 있으며, 현시점에 세계 3위의 점유율을 가지고 있다. 3사는 국가 대표팀으로서 EV·AI·자율주행과 같은 최첨단 분야의 연구·개발력을 높임과 동시에 해외 전개를 가속하며 중국 브랜드의 국제화를 추진하려고 한다.

자동차 산업의 대결은 폭스바겐, 도요타, GM, 르노·닛산·미쓰비시 연합이 판매 대수 1,000만 대 클럽 멤버로서 그 밖의 자동차 제조사를 크게 앞지른 상황이다.

중국 정부가 중국 브랜드의 자동차 선진국 수출을 목표로 내건 가운데, 각각 합작 또는 제휴하고 있는 외국 자본 자동차 제조사 등과 이해관계만 조정될 수 있다면 대기업 3사의 합병은 현실적인 시나리오로서 상정해 두는 것이 타당할 것이다. 속도의 경제와 함께 규모의 경제도 더욱 향상해 대경쟁 시대를 준비하려는 중국의 대전략이다.

철도 차량 제조업계에서는 중국중차의 탄생에 동반해 업계 재편이 발생했다. 2017년 9월 원래 경쟁사 관계였던 독일의 시멘스SIEMENS와 프랑스 알스톰ALSTOM의 철도 부문 경영 통합에 대한 합의가 이루어졌다. 이는 중국중차의 국제 공세에 대항하기 위한 대책임이 틀림없다. 차세대 자동차 산업에서도 중국의 거대 자동차 제조사 탄생이 기폭제가 되어 제휴 관계의 재구축과 업계 재편이 일어날 가능성이 있다고 생각하는 것은 합리적이다.

이번 장의 서두에서 미국과 유럽, 일본 소비자에게 중국차가 품질에서 뒤떨어진다는 견해가 있다고 설명했다. 그러나 자동차 산업이 차세대로 향하고 중국이 자동차 강국이 되려고 하는 가운데 중국 브랜드에 대한 시장 평가는 자연스럽게 바뀌어 갈 것이다. 인도네시아, 태국, 말레이시아 등 아세안 시장에서는 중국차의 약진이 실제로 나타나고 있으며, 미국과 유럽, 일본 등 자동차 선진국의 시장에 중국 브랜드가 널리 자리 잡는 현상도 현실화 될 것이다.

자동차 산업과 IT·전기·전자 산업 등에 종사하는 많은 사람과 이야기를 해 온 가운데, 사람들이 중국을 보는 관점을 통해 그 사람의 문제의식과 위기감의 수준, 그리고 그 사람이 소속된 기업의 변화 속도를 판단할 수 있다는 사실을 깨달았다. 이 책에서 다양한 시장의 데이터를 게재했듯이, 지금 중국 시장은 차세대 자동차 산업, AI, IoT, 로봇 등 모든 주요산업의 주된 전쟁터다.

역사를 대국적으로 살펴보면 앞으로 더욱 성장해 갈 국가는 자유무역주의를 제창했고, 성장이 불안한 나라는 보호주의를 제창해 왔다는 사실을 알 수 있다. 또 지난 10년 동안 글로벌 시장에서의 국가 간 대결을 돌이켜 보면, 환율의 영향 아래에서 싸울 수밖에 없었던 일본과 강력하게 계속 위안화 약세를 유지해 온 중국의 구도를 간과할 수 없다. 그리고 주요산업에서 경쟁의 주된 전장인 중국에서는 실제로 치열한 대결이 펼쳐지고 있으며, 대결의 승자가 글로벌 전개에 나섰을 때의 위협을 과소평가해서는 안 된다는 점은 분명하다.

이번 장 서두에서 말했듯이 일본은 중국을 경시하거나 외면하지 말고, 그렇다고 과대평가하지도 말고, 중국의 동향을 주시해서 배워야 할 점은 배우려는 자세를 갖춰야 경쟁력 강화에 도움이 될 것이다. 중국이 국제적으로 허용되지 않는 수단까지 구사해 올 차이나로 싸우려 하고 있다.

제7장

승차 공유가 그리는 가까운 미래의 도시 디자인
- 우버, 리프트, 디디추싱

2022

승차 공유가 곧 흰색 택시라는 잘못된 오해

일본 상륙이 좀처럼 진척되지 않는 본격적인 승차 공유 서비스. 그 때문인지 승차 공유를 오해하는 측면이 적지 않다.

그중 하나는 승차 공유가 흰색 택시(영업 허가를 받지 않고 일반인이 자가용 차를 사용해 택시 업무를 하는 일)라는 오해다. 이는 승차 공유의 일본 상륙을 저지하고자 의도적으로 만들어진 오해라고 생각한다. 택시 업계가 흰색 택시인 승차 공유에 반발해 국토교통성도 승차 공유의 규제 해제를 신중히 검토한다는 자세를 일관되게 취하고 있다. 하지만 승차 공유가 흰색 택시라는 말은 승차 공유의 본질을 근본적으로 오해한 것이므로 주의가 필요하다.

결론적으로 말하면 승차 공유 기업은 테크놀로지 기업이자 빅데이터×AI 기업이라고 보아야 한다. 나아가 도시 디자인을 변혁한다는 높은 사명감을 내걸고 있음은 물론, 최종적으로 차세대 자동차 산업을

선도할 가능성이 크다는 평
가를 받고 있다. 사실 일본
과 대조적으로 미국과 중국
에서 승차 공유가 자리 잡
아 가는 모습은 놀랍다. 이
미 미국에서는 택시보다 우

미국 내 호텔의 표기. 택시와 함께 우버와 리프
트의 승차장이 안내되어 있다(필자 촬영)

버가 상식이다. 우버는 2009년에 창업했는데, 기업 가치는 이미 7조
엔으로 알려져 유니콘 기업의 대표 격으로 불릴 정도로 성장했다.

승차 공유의 사회 실현이 진행되면서 이제는 단순한 운송 서비스의
영역을 넘어섰다. 필자는 CES 2018에서 그 사실을 확신했다. 미국에
서 우버보다 사회적 평가가 높은 대형 승차 공유업체 리프트의 경영진
이 참가한 '장애인의 자립 지원을 위한 자율주행'이라는 패널 토론에
서 시각 장애가 있는 어느 경영자는 이렇게 말했다.

"승차 공유는 시각 장애인의 자립에 크게 이바지했습니다. 시각 장
애인이라도 앱을 통해 간편하게 이용할 수 있는 승차 공유는 장애인에
게 안심할 수 있는 교통수단입니다."

승차 공유에서는 청각 장애인도 운전자로서 활약할 수 있다고 한다.
승차 공유의 사회 실현이 진행되는 미국에서는 승차 공유 서비스가
운송 서비스로서의 기능적 가치뿐만 아니라 정서적 가치와 정신적 가
치도 제공하는 존재가 되고 있다.

이러한 흐름에 따라 도요타와 GM 등 자동차 제조사가 승차 공유 기
업에 출자하는 움직임이 두드러진다. 또 직접 승차 공유 사업에 진출

하는 기업도 계속 등장하고 있다. 2018년 2월에는 자동차 부품 제조 대기업인 보쉬가 승차 공유 사업에 진출한다고 발표했다. 승차 공유가 차세대 자동차 산업에서 핵심적인 사업이 된다고 예상하기 때문이다.

공유가 세계에 가져온 충격

승차 공유란 무엇일까? 일반적인 이해로는 다음과 같은 설명으로 충분할 것이다. 모빌리티를 서비스로 제공하는 MaaS의 하나로서 자가용 차에 합승, 즉 공유하는 시스템이다. 일반인이 자신의 비어 있는 시간을 활용해 이동하고 싶은 사람을 자가용 차로 운반한다. 또, 앱을 사용한 결제와 SNS에 의한 운전자 평가 시스템 등이 비즈니스상의 특성이다. 차세대 자동차 산업이 자율주행차의 실용 단계에 들어가면 자율주행차는 승차 공유 회사에서 보유할(혹은 자동차 제조사로부터 일괄 대여할) 것으로 보인다.

한편 승차 공유를 제대로 이해하려면 일단 공유라는 개념을 제대로 이해해야 한다. 공유란 물건이나 서비스를 공유하는 시스템이며 P2P(개인 간)로 이루어지는 경우가 많은 것이 특징이다.

거래할 때는 인터넷상의 플랫폼을 활용한다. 거래를 성립시키려면 SNS상의 평가 시스템이 꼭 필요하다. SNS상에 이용자가 남긴 리뷰 등으로 축적된 신용을 기반으로 거래가 성립된다. 아마존에서 책을 살 때 리뷰를 참고하는 것과 마찬가지로, SNS상의 별점과 리뷰 시스템을 통해 새로운 신용 구조가 생긴다. 이는 대단히 중요한 부분이다.

택시와 다른 점은 지역에 따라서는 택시 면허가 없는 운전자에 의한 서비스 제공도 이루어진다는 점, 그리고 스마트폰 앱으로 차를 호출하는 주문형 서비스라는 점이다.

공유는 재화와 서비스의 가동률을 올림으로써 사회 전체의 생산성을 향상시킨다. 재화를 소유하는 개념의 기존 세계에서 자동차의 이용자는 거의 소유자이기 때문에 가동률도 한정적이었다. 하지만 재화를 공유하는 세계에서는 이용자가 불특정 다수로 늘어나 가동률이 향상된다. 자동차의 가동률은 일본이 2~3%, 세계적으로는 5%라고 한다. 이런 유휴 자산을 공유한다면 사회 전체의 생산성이 그만큼 올라가는 셈이다.

하지만 소유에서 공유로 전환이 진행됨으로써 재화 전체의 양이 감소한다는 측면이 지적된다. 즉 공유 서비스 이용자가 늘어나면 자동차의 수 자체가 줄어들 가능성이 있다는 뜻이다. 가동률 향상에 의한 영향과 전체 양의 감소에 의한 영향 중 어느 쪽이 큰지에 대해서는 논란이 있지만(차량 공유 서비스인 카투고를 전개하는 다임러는 공유차가 시승 체험으로 기능하고 있어 오히려 자동차 판매 대수가 증가한다고 한다), 지금 분명한 것은 각각의 업태나 참여자의 전략에 따라 명암이 완전히 갈린다는 사실이다.

또 공유는 P2P 거래가 주체가 되어 기존의 진입장벽을 타파하는 파괴적인 측면이 있다. 각지에서 택시 업계가 우버에 반발하는 사태도 그 단적인 표현 중 하나다. 공유 서비스는 법 규제 및 기존 참여자와의 마찰로 인해 찬반양론의 대상이 되기 쉽다.

크레디트 테크로서의 승차 공유

크레디트 테크(Credit Tech)(여신 정보의 새로운 기술)로서의 승차 공유라는 측면도 흥미롭다. 크레디트 테크란 기존의 신용 구조를 보완하고 새로운 신용을 창조하는 시스템을 가리킨다.

앞에서 말한 대로 공유 서비스의 기본은 P2P, 즉 개인 간 거래다. 이를 성립시키려면 기존에 없던 신용 구조와 신용정보가 필요하다. 모르는 사람의 차를 타거나, 모르는 사람의 집에서 묵거나, 혹은 모르는 사람에게 집을 빌려준다고 상상해보자. 어떤 서비스가 됐든, 신용할 수 있는 상대라는 담보가 없다면 안심하고 이용할 수 없을 것이다.

기존의 은행권·비은행권에서는 연봉과 소유 자산, 근로와 거주 햇수와 같은 것이 신용정보로서 기능했다. 하지만 이것을 공유 서비스에 도입하려면 비용이 너무 커진다.

반면에 크레디트 테크에서는 상대의 프로필과 거래 이력, 거래 상황, 평판 등이 신용정보로서 기능한다. 중국에서는 알리바바가 대량의 구매 데이터와 결제 데이터를 기반으로 개인의 사회적 신용도를 정량화하고 가시화하는 쯔마신용(芝麻信用)이라는 서비스를 만들었는데, 바로 이와 같은 플랫폼이 승차 공유에 꼭 필요하다. 즉 승차 공유의 거래는 크레디트 테크에 의한 새로운 신용정보를 바탕으로 성립한다. 여기에는 승차 공유의 신용정보가 크레디트 테크를 형성한다는 반대 측면도 있다. 승차 공유와 크레디트 테크는 상호보완하는 관계다.

흰색 택시 및 택시와의 차이점

계속해서 승차 공유의 구조를 구체적으로 살펴보자.

우선 플랫폼을 운영하는 기업이 있다. 이번 장에 등장하는 우버, 리프트, 디디추싱 3사가 여기에 해당한다. 이 회사들은 차량을 보유하지 않고 운전자도 고용하고 있지 않다. 대신 플랫폼은 재화와 서비스의 제공자(운전자 또는 택시 회사 등)와 구매자(승객)를 중개한다. 이것이 대략적인 구조다.

서비스를 이용할 때는 SNS와 스마트폰이 큰 역할을 한다. 우버를 이용하기 위해 승객은 스마트폰에 앱을 설치하고 이름, 신용카드, 전화번호 등을 미리 등록해 놓아야 한다. 배차를 의뢰하고 싶을 때는 앱을 열고 근처에 있는 차를 검색해서 연락한다. 이때 앱에는 운전자의 이름과 차종, 과거 평가 등이 표시된다. 내린 뒤에는 등록한 신용카드로 결제한다.

운전자 측은 앱상에서 배차 의뢰를 승인함으로써 수주한다. 승인 전에 알 수 있는 정보는 승객까지의 거리와 현지 도착까지 추정 시간 등이며, 승인하고 나서야 승객의 이름과 목적지를 알 수 있다. 요금의 경우 샌프란시스코에서는 우버의 이용 요금이 택시의 70% 정도인데, 수요가 높은 지역일수록 기준치보다 높아지는 구조다.

하차 후 승객은 앱을 통해 운전자의 운전 기술과 접객 태도, 경력 등을 상세히 평가한다. 이것이 입소문이 되기 때문에 평가가 낮은 운전자는 다른 승객을 받기 어려워진다. 운전자 측도 과거에 태운 승객을 평가할 수 있다.

표 28 승차 공유의 구조

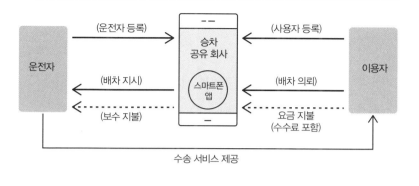

이해를 위해 승차 공유와 흰색 택시를 비교해보자. 흰색 택시는 영업 허가를 받지 않은 개인이 자가용 차를 사용하는 택시 행위다. 따라서 운전자의 신분이 보증되지 않는다. 하지만 승차 공유는 운전자의 신분이 운영 회사에 등록되어 있다. 또 승차 공유에서는 사용자가 평가한 운전자 정보와 운전 기술을 SNS상에서 열람할 수 있다. 이 데이터가 신원을 보증하는 역할을 한다.

계속해서 택시와 승차 공유도 비교해보자. 승차 공유 운영 회사는 승객과 운전자를 중개할 뿐 운행에는 책임을 지지 않는다. 애초에 운전자는 운영 회사의 사원이 아니므로 사고 대응도 개인이 책임진다. 근로 관리와 운전 전의 음주 측정도 없다. 또 대부분의 나라에서는 택시 운전을 하려면 별도의 면허 취득과 등록 제도가 필요한데, 승차 공유는 일반 면허만 있으면 된다. 즉 택시 면허 여부와 관계없이 일반인이 자가용 차나 렌터카를 이용해 운전자로 일할 수 있다는 뜻이다.

사용자 관점에서 승차 공유는 스마트폰 하나로 배차에서 평가까지 전부 처리할 수 있으니 간편하다. 앱을 열어서 가고 싶은 곳을 지정하면 기준 요금과 소요시간, 경로를 알 수 있고 나머지는 배차를 의뢰하기만 하면 된다. 카드가 등록되어 있으니 지갑을 꺼낼 필요가 없다.

게다가 상황에 따라 탈 자동차를 고르는 재미가 있다. 우버와 리프트 모두 저렴한 소형차부터 짐을 싣는 대형 SUV, 스포츠카 등 다양한 차종을 제공한다. 승차 공유는 특정 자동차가 아닌, 다양한 요구사항에 맞춰 다양한 차를 공유할 수 있는 구조다.

2020년까지 3조 시장으로 성장할 전망

승차 공유의 폭발적인 확산을 보여주는 데이터를 소개한다.

라쿠텐樂天의 미키타니 히로시 사장이 대표이사로 있는 일본 신경제 연맹의 보고서에 따르면 2015년 시점에 전 세계 승차 공유 시장 규모는 약 1조 6,500억 엔이다. 보고서에서는 이 숫자가 2020년까지 두 배로 증가할 것이라 추산한다.

미국 컨설팅 기업인 보스턴 컨설팅 그룹은 2030년까지 미국을 주행하는 차의 전체 주행 거리 중 4분의 1이 자율주행으로 치환될 것이며 승차 공유와 자율주행, EV 보급 등으로 이동 비용이 60% 감소한다고 내다봤다.

승차 공유 보급을 위한 법 정비도 진행 중이다. 특히 미국과 중국의 대응이 발 빠르다. 미국은 주 단위로 규제를 제정하는데, 승차 공유를 택시와는 다른 개념의 서비스로 규정하고 운영자에게는 보험 가입과 운전자 연수 등을, 운전자에게는 최소 1년 이상의 운전 경험을 요구하는 등 일정한 책임을 부과하고 나서 정식으로 인정하려는 움직임이 있다. 중국에서는 2016년 인터넷 예약 택시의 경영 서비스 관리 잠정법을 시행해 법 환경을 정비하고 미국과 마찬가지로 운영자와 운전자에게 일정한 책임을 부과한다.

한편 일본은 완전히 세계적인 흐름에서 동떨어져 있는 상황이다. 자가용 차를 이용한 승차 공유는 도로교통법에 따라 흰색 택시 행위로서 금지되어 있다. 또 택시 사업자의 반발이 거세 기본적으로는 용인하지 않는 자세를 취하고 있다. 우버는 일본에서 서비스 제공을 개시했지만 막다른 상황에 몰려 당분간 택시 배차 서비스에 전념한다는 방침이다. 다만 필자로서는 소프트뱅크가 우버의 최대 주주가 되었으니 앞으로 일본의 서비스 카 사업이 우버로 인해 크게 변화하리라 본다.

현 상황에서 승차 공유를 선도하는 참여자는 지금까지 재차 언급한 미국의 우버, 그리고 뒤를 잇는 리프트다. 여러모로 비교 대상이 되는 일이 많은 두 기업이지만 매출 규모로는 우버가 리프트를 크게 앞서고 있다. 리프트의 2017년 매출이 1,000억 엔을 넘어선 것에 비해 우버는 2016년 시점에 이미 7,000억 엔에 달했다.

하지만 현재 우버는 거듭되는 문제에 휘말리고 있다. 2017년 6월에는 성희롱 문제 등 여러 불상사의 책임을 지는 형태로 창업자인 트래비스 칼라닉 CEO가 사임했다. 자율주행에서 사망 사고를 일으킨 와중에 CEO까지 교체되면서 경영이 불안해 보인다.

또 우버의 운전자 관리에 문제가 있고, 이용자의 의견에 대한 대응이 리프트가 한 수 위라는 견해가 있어 이용자 증가 속도에서는 리프트가 우버를 앞선다. 제3장에서 구글의 자율주행 자회사인 웨이모가 제휴 상대를 우버에서 리프트로 교체했다고 언급했는데, 리프트의 약진이 눈부신 상황이다.

그리고 잊어서는 안 될 가장 중요한 참여자가 중국의 디디추싱이다. 현재 중국 국내 시장 점유율 90%를 획득했다. 전 세계 유니콘 기업 10사 중 시가 총액 1위는 우버인데, 디디추싱도 10위권 내에 진입해 있다. 디디추싱뿐만 아니라 중국 기업이 미국 거대기술 기업의 미션을 탐욕스럽게 표절하면서 미국 거대기술 기업 이상의 속도로 미션을 실현하고 있는 모습은 놀랄 만하다. 차세대 자동차 산업을 세계적으로 이끌 선두 기업이 디디추싱이 되는 미래 모습도 충분히 생각할 수 있다.

유니콘 기업 순위 1위에 등극한 우버

이번 장의 주인공인 우버를 살펴보자. 2018년 1월 소프트뱅크그룹이 8,000억 엔을 투자해 최대 주주가 됨에 따라 우버란 어떤 기업인지에 관해 일본에서도 다시금 주목을 하고 있다.

창업자는 전 CEO인 트래비스 칼라닉과 개릿 캠프다. 눈 내리는 파리에서 아무리 손을 흔들어도 택시가 잡히지 않았던 경험이 우버 창업의 계기였다고 한다. 칼라닉이 영화 '007 카지노 로얄' 첫 장면에서 주인공 제임스 본드의 휴대 전화에 지도가 나오는 것을 보고 휴대 전화로 차량이 어디 있는지 추적할 수 있으면 좋을 텐데 하고 생각한 것이 영향을 주었다고 한다. 마침 그 무렵 아이폰과 앱스토어가 등장했다. 앱으로 차를 부르는 비즈니스가 탄생할 토대는 충분히 마련되어 있었다.

2010년 6월, 샌프란시스코에서 서비스를 개시한 우버는 눈 깜짝할 사이에 성장했다. 2016년 시점 숫자를 보면 80곳 이상의 국가·330곳 이상의 지역에서 승차 공유 서비스를 전개하고 있다. 매일 백만 건 이상의 승차가 이루어지고 있으며 연간 거래액은 2조 엔, 기업 가치는 7조 엔을 넘는다고 알려져 있다.

그 밖에 우버에 관한 수치를 몇 가지 소개한다. 조금 오래된 데이터이지만 2014년 1분기에 택시 52%, 렌터카 39%인 데 비해 9%밖에 되지 않았던 우버의 점유율이 2015년 1분기에는 택시 35%, 렌터카 36%, 그리고 우버는 29%에 육박했다. 뉴욕의 상징이라고 불리던 옐로 캡도 우버의 등장 이후 점유율이 떨어져 지금은 옐로 캡보다 우버의 시대다.

승객 내역의 경우 우버는 여성이 52%, 남성이 48%다. 리프트는 여성이 58%, 남성이 42%다. 운전자도 택시에 비하면 여성이 훨씬 많다는 것을 알 수 있다. 뉴욕 택시 운전자는 여성이 1%인 데 비해 승차 공유 운전자는 14%가 여성이다. 일반 여성이 부업으로 안전하게 돈을 벌 수 있는 서비스로 승차 공유가 활용되고 있다는 점을 추측할 수 있다. 다만 일하는 방식에 유연함이 있는 반면에 우버 운전자의 평균 수입이 적다는 비판도 있다. 2014년 시점에 미국 내 15만 명 이상의 실질

운전자를 보유하고 있다.

야만적인 창업자와 뛰어난 비즈니스 모델의 우버

이 책을 쓰며 차세대 자동차 산업을 파악하고자 스무 명이 넘는 경영자를 만나고 주요 기업을 철저히 분석했다. 사실 그중에서도 우버의 창업자이자 전 CEO인 트래비스 칼라닉은 개인적으로 특히 흥미를 느껴 가장 많은 영문 문헌을 조사하고 영어로 된 영상을 봤던 인물 중한 명이다. 우버라는 기업을 칭찬하는 목소리가 높은 가운데 인간으로서의 트래비스 칼라닉에게는 비판이 쏟아지는 현실이 흥미로웠기 때문이다.

우버는 승차 공유뿐 아니라 공유 경제의 대명사가 되었다. 뛰어난 비즈니스 모델은 일반 잡지부터 전문 경영지에 이르기까지 높은 평가를 받고 있다. 지금은 경영대학원에서도 훌륭한 사례 연구의 전형적인 기업이다.

하지만 화제의 대상이 창업 경영자로 옮겨가면 갑자기 분위기가 180도 달라진다. 트래비스 칼라닉이 이끄는 우버는 야만적인 사업 전개로 알려져 있다. 안전 관리 책임과 여객 운송법을 회피하는 수법이 비판을 받아 전 세계에서 소송과 행정 처분을 받았다. 법령 준수를 아랑곳하지 않는 확대 전략을 취함으로써 기업 가치 7조 엔이라는 자릿수가 다른 성공을 거둘 수 있었다고 말할 수도 있겠지만 비판의 목소리는 끊이지 않는다.

일본에서도 2015년에는 국토교통성이 후쿠오카 현에서의 실증 실험을 중지하도록 우버에 지시를 내렸고, 2016년에는 도야마 현에서 예정되어 있던 서비스가 지역 택시 회사의 반발로 무산된 일도 있다.

이런 불상사의 원인은 창업자인 칼라닉의 캐릭터에 있다고 알려져 있다. 조사 과정에서 야만적, 불법적, 막무가내, 골칫덩이와 같은 표현을 자주 접했다. 이번 장 서두에서 승차 공유 회사의 본질은 흰색 택시가 아닌 테크놀로지 기업이라고 했는데 실제로 우버는 사업 전개에 있어 흰색 택시와 같은 무모한 방식으로 점유율을 확대해 왔다.

많은 인터넷 기업의 무덤인 중국에 진출할 때도 거침이 없었다. 우버는 당시 성장세이던 디디추싱의 최대 주주 자리를 차지하고 중국에서 철수했다. 자율주행 기술을 도용하기 위해 구글의 전 사원을 빼내온 혐의로 웨이모가 고소한 적도 있다(나중에 화해했다).

본업 외에도 사고는 끊이지 않았다. 직원의 성추행 문제와 마약 사용 문제로 해고가 이어졌다. 칼라닉 본인이 우버 운전자와 운임 인하를 두고 말싸움을 벌이는 모습이 인터넷에 유출된 사건이 있었다. 우버를 삭제하자는 해시 태그가 트위터에서 돌며 40만 명이 우버 앱을 삭제한 사건도 있다. 이런 불상사에 책임을 지는 형태로 2017년 6월 칼라닉은 마침내 대표직을 사임했다.

미국 거대기술 기업의 창업자는 사회적 문제를 해결하겠다는 강한 사명감으로 창업하는 반면, 칼라닉에게서는 야망과 사리사욕에 가까운 욕망만이 느껴진다. 만약 칼라닉이 요즘 같은 산업 간의 전쟁이 아닌 정말로 전국시대에 태어났다면 천하를 얻었을지도 모른다.

우버의 다라 코스로샤히 CEO

출처: Wikipedia

현재 우버를 이끄는 경영자는 세계 최대의 여행 사이트 익스피디아 Expedia의 전 CEO인 다라 코스로샤히다. 1969년 이란 테헤란에서 태어나 1970년대 말 이란 혁명 후 가족과 함께 미국으로 건너온 코스로샤히는 2005년부터 익스피디아의 CEO로 근무했다. 이슬람교도가 많은 6개국 시민의 미국 입국을 규제하는 도널드 트럼프 미국 대통령의 정책에 반대를 표명한 것으로 잘 알려진 인물이다. 인터넷 업계의 카리스마적 인물까지는 아니지만 익스피디아를 급성장시킨 핵심 인물이다. 2005년 21억 달러였던 매출을 2016년에는 87억 달러 까지 끌어올렸다.

코스로샤히의 캐릭터는 칼라닉과는 대조적으로 부드럽다. 그것이 본업에 반영되었는지 CEO 교체 이후의 우버는 협조 노선으로 바뀐 것 같다. 각국의 법률과 규제에 맞추는 형태로 택시 업계와 손을 잡으려는 움직임이 보인다. 일본에 대해서도 마찬가지다. 2018년 2월에는 다라 코스로샤히가 일본을 방문해 아베 총리와 직접 회담하는 등 다시금 일본 상륙의 의사를 보였다.

경영자가 교체되고 소프트뱅크가 최대 주주로 등극한 이후의 우버는 분명하게 규모 확대에서 경영 효율과 생산성을 더욱 중시하는 쪽으로 방향을 전환했다. 중국과 러시아에 이어 동남아시아 사업도 매각하는 등 지금까지 고전을 면치 못하던 신흥국 시장에서는 철수를 시작했다.

우버의 정체는 '빅데이터×AI 기업'

우버의 서비스를 잘 알려진 택시 서비스와 비교한다면 다음과 같은 차이가 있다. 택시가 간접적(길가에서 손을 흔들어 택시를 세운다)인 데 비해 우버는 직접적으로 앱을 통해 운전자를 호출한다. 또 택시가 픽업(차에 태움)뿐이라면 우버는 거기에 더해 이용자가 운전자에게 별점을 주기도 하고 모바일 결제 등의 서비스를 제공한다. 차종 선택도 가능하다. 에코 카, 택시, 하이야(일본의 고급 택시―옮긴이), 미니밴 등 여러 서비스를 고를 수 있다.

승차 공유 외의 서비스도 있다. 2015년에 주문형 배달 서비스인 우버 러쉬Uber Rush, 2017년에는 운송 트럭 배차 서비스 우버 프레이트Uber Freight 등 자사 서비스를 지속해서 확대하고 있다.

자동차뿐만이 아니다. 2017년 11월에는 소형 비행기를 사용해 하늘을 나는 자동차를 개발하기 위해 NASA와 제휴한다고 발표했으며,

2020년까지 시험 비행을 시행하기로 했다. 일본에서는 아직 미국과 중국만큼 자유롭게 사업을 펼치지 못하고 있으나, 택시 및 하이야 회사와 제휴하는 형태로 콜택시 서비스를 시작했다.

그 밖에도 일본에서 전개 중인 서비스가 바로 우버 잇츠Uber Eats다. 등록된 1,000여 개 점포의 레스토랑 요리를 일반인인 배달 파트너가 배달하는 시스템으로, 이 서비스를 통해서 보통은 배달하지 않는 레스토랑도 이용할 수 있다는 이점이 있다.

여기서 특히 지적해 두어야 할 점은 우버가 테크놀로지 기업, 빅데이터×AI 기업이라는 사실이다. 사내 환경부터가 테크놀로지 기업 그 자체다. 기계학습 플랫폼인 미켈란젤로를 구축해 누구나 AI를 활용할 수 있도록 사내 개발 환경을 표준화했다.

그 성과는 예컨대 우버의 가격 책정에 나타나고 있다. 우버는 가변적 가격 책정Dynamic Pricing 방식을 채택 중이다. 아마존 혹은 우버와 같은 공유 대기업 에어비엔비가 그렇듯이 독자적인 알고리즘으로 수요와 공급을 분석해 실시간으로 가격을 책정한다. 테크놀로지 기업이기에 가능한 일이다. 구체적으로는 성수기에 승객이 많은 지역에서 출발하는 경우 요금을 인상하는 일시적 가격 인상Surge Pricing 제도를 도입했다. 운전자는 앱을 통해 승차 공유 수요가 큰 시간과 지역을 예측해 가격이 폭등한 지역을 효율적으로 돌면 수입을 늘릴 수 있는 셈이다.

인공지능 테크놀로지도 충분히 활용하고 있다. 그 예가 우버 풀Uber Pool이다. 같은 곳으로 가는 사용자끼리 함께 타면 저렴한 요금으로 승차할 수 있는 서비스다. 이 시스템의 배경에 인공지능이 있다. 이 서비스를 운영하려면 정확한 경로와 도착 시각을 예측함으로써 어느 사용자를 합승시켜야 할지를 원활하게 산출해야 한다. 우버는 여기에 인공지능을 이용한 독자적인 경로 검색 엔진을 활용하고 있다.

2017년 1월에는 지금까지 수십억 회에 이르는 배차 서비스를 통해 모은 전 세계의 교통 데이터를 도시에 제공하는 우버 무브먼트Uber Movement를 개시했다. 현재는 일부의 도시 계획 당국과 연구자만 사용할 수 있지만 언젠가는 무료 공개할 예정이라고 한다.

그리고 역시 주목해야 할 것은 자율주행이다. 우버는 2015년 초부터 자율주행 기술 개발에 착수했으며 2016년 시점에 일반도로에서 자율주행 테스트를 실행해 지금까지 320만 km 이상의 시험 주행을 했다고 보도되었다. 필자가 취재했던 CES 2018에서는 자율주행차에 탑재한 AI에 엔비디아의 기술을 채용했다고 발표해 자율주행 기술 개발에 박차를 가하고 있다는 사실을 추측하게 했다. 도요타 자동차는 우버와 자율주행을 포함한 새로운 모빌리티 서비스에서 제휴하고 있다.

이렇듯 우버는 자율주행 분야의 핵심 참여자다. 앞에서도 언급했지만, 자율주행을 사회에 실현하기 위해서는 높은 비용을 높은 가동률로 흡수할 수 있는 승차 공유 회사부터 시작하는 것이 정석이라고 생각한다. 완전 자율주행차가 완성되더라도 높은 가격이 걸림돌이 되어 일반 이용자가 바로 살 만큼의 인센티브는 없을지도 모른다. 하지만 승차 공유 사업자는 금방이라도 완전 자율주행차를 도입하고 싶을 것이다. 왜냐하면, 자율주행×승차 공유가 실현되면 운전자에게 들어가는 인건비가 필요 없어지기 때문이다. 또 이용자가 늘어나는 시간대에 생기는 운전자 부족과 차량 부족 문제도 해결해 준다. 우버가 완전 자율 주행 개발을 서두르는 이유, 구글이 승차 공유 서비스와 제휴하는 이유가 여기에 있다.

우버는 2018년 안에 자율주행 콜택시 서비스를 개시한다고 했으나, 같은 해 3월에 우버의 자율주행차가 보행자를 치어 사망하게 한 치명적인 사고를 일으켰다. 이 때문에 개발에 지연이 생긴 것으로 보인다. 우버가 창업자 시절 승차 공유 사업을 확대해 왔던 막무가내식 수법은 자율주행에 절대 어울리지 않는다. 구글 등의 기업이 안전성에 유의하며 진행해 온 자율주행화의 흐름을 늦추는 움직임이 이 시점에 갑자기 나타난 것은 유감스러운 일이다.

필자로서는 근본적으로 개발 계획을 재검토하고 이 사건을 계기로 안전성을 철저하게 지키는 체제를 구축하기를 바란다. 우버가 안전성과 사회적 책임에 대한 배려 등을 포함해 사고 이후의 사업 전개를 어떻게 풀어나갈지 귀추가 주목된다.

도시 디자인 변혁이라는 사명감에 불타는 리프트

앞에서 언급했듯이 우버에 붙은 막무가내식과 불법적이라는 꼬리표는 항상 따라다녀 경영자 교체 후에도 완전히 사라지지 않았다. 이와 대조적인 위치에 있는 기업이 우버의 뒤를 잇는 업계 2위 기업 리프트다. 2012년에 샌프란시스코에서 탄생한 리프트는 현재 미국 약 300개 도시에서 전개되고 있다. 앞에서 언급한 대로 시장 점유율은 우버와 큰 차이가 벌어져 있지만, 이용자 증가율로는 리프트가 우버를 웃돌고 있다.

우버와의 가장 큰 차이는 일찍부터 규제 당국이나 자동차 업계와 협조 노선을 취하고 있다는 점이다. 해외에 진출할 때는 지역별로 가장 큰 회사와 제휴한다. 중국에서는 디디추싱, 인도에서는 올라OLA, 동남아시아에서는 그랩Grab과 제휴함으로써 우버에 맞서고 있다. 또 라쿠텐과 알리바바 등으로부터 2,000억 엔 이상의 자금을 조달받고, 2016년에는 GM으로부터 약 550억 엔의 출자를 받아 GM이 저가로 리프트 운전자에게 차를 대여해주는 서비스를 시작했다. 서비스의 편의성 면이나 앱의 쉬운 사용성 등에서 리프트가 낫다는 평가도 있다.

우버와 가장 큰 차이점은 경영자의 사명감에 있다. 리프트 경영자의 말에서는 리프트가 도시 디자인을 변혁하는 기업이며 사회문제를 해결할 기업이라는 신념이 느낄 수 있다. 예를 들어 제3차 교통 혁명이 일어나 자동차 중심에서 사람 중심으로 도시가 다시 태어나면 교통량

표 29 리프트의 공동 창업자 존 짐머가 말하는 비전으로서의 제3차 교통 혁명

- 자율주행차가 확산되어 5년 이내에 리프트 서비스 대부분을 차지하게 된다.
- 2025년까지 미국 주요 도시에서 자동차 소유가 사라진다.
- 그 결과 도시의 물리적 환경은 일찍이 경험한 적이 없을 정도로 크게 변한다.
- 가까운 미래의 교통은 단순히 사람이 어떻게 이동하는가에만 영향을 주지 않는다. 도시가 어떻게 변하고 거기에 사는 사람들이 어떻게 살아가는지까지 영향을 준다.

출처: 존 짐머 블로그에서 필자가 번역

도 줄고 오염도 줄어들며 주차 공간도 필요 없어진다. 대신 녹지와 공원, 주택과 기업이 그 자리를 메우게 될 것이다. 그때 승차 공유는 비행기, 철도, 버스 등의 대중교통과 융합하게 되는데 이를 위해 리프트가 교두보 역할을 한다는 계획이다.

또 공동 창업자인 존 짐머는 자신의 블로그에 리프트의 비전이기도 한 제3차 교통 혁명을 제시하고 있다(표 29). 게다가 짐머는 자율주행차로의 이행을 내다본 승차 공유 회사의 성장을 통해, 차도가 넓은 차 중심의 도시 디자인에서 보도가 넓은 사람 중심의 도시 디자인으로 도시 전체를 바꾸고 싶다는 목표를 가지고 있다.

리프트의 미션 문장도 이러한 사명감을 충실히 녹여내고 있다.

"우리의 미션은 교통을 통해 사람들을 다시 잇고 지역을 하나로 연결해 가는 것입니다."

사내외 사람들을 고무해 새로운 가치를 제공하는 리프트에 기대를 걸고 싶다.

기업 문화와 창업자의 캐릭터 면에서 리프트와 우버는 대조적이다. 공동 창업자인 로건 그린 CEO는 이용자와 운전자 모두 리프트에게 중요한 존재이며 운전자의 처우에 관해서도 최대한 배려하고 있다고 재차 강조한다. 선배 운전자가 신입에게 노하우를 교육하는 프로그램도 있다고 하는데, 우버와 리프트 모두에 등록된 운전자를 대상으로 조사한 결과 80%는 리프트 쪽이 좋다고 응답했다.

승차 공유 사업에서는 가는 곳이 비슷한 승객들을 합승시키는 리프트 라인Lyft line, 정해진 경로를 순회하는 리프트 셔틀Lyft Shuttle 등의 옵선을 확대하고 있다.

한편 2017년은 다른 산업 간의 협업이 눈에 띄는 해였다. 예를 들어 리프트는 디즈니와 제휴를 맺고 디즈니 월드에 온 숙박객을 태워 리조트까지 데려다주는 서비스를 개시했다. 제휴처를 확대해 여러 면에서 기존 고객의 이용 편의성 향상을 시도하는 리프트의 자세가 잘 드러난다.

2017년은 우버와 명암이 갈리듯 리프트가 약진한 해이다. 2018년에 리프트가 발표한 자료를 보면 승차 횟수는 전년보다 2배 상승했고 이용자 수는 2,300만 명 이상에 달했다. 사회를 향한 사명감 등 우버보다 긍정적인 기업 이미지에 힘입은 바가 크다. 이렇게 리프트는 경쟁사와의 차이를 좁히고 있다.

리프트는 최근 자율주행 기술에 관한 제휴를 여러 건 체결하는 것으로 주목을 모았다. 제휴 상대는 포드, 재규어, 랜드로버, 웨이모 등이다. 원래 2016년 GM으로부터 출자를 받은 것을 계기로 자율주행 개발에 착수한 리프트는 기업들과 제휴를 통해 연구에 박차를 가하게 되었다.

그중에서도 구글의 자율주행차 자회사인 웨이모와의 제휴는 웨이모가 제휴 상대를 우버에서 리프트로 바꿨다는 측면에서 화제가 되었다. 우수한 서비스 제공을 통해 도시 교통을 개선한다는 비전에서 구글과 통하는 부분이 있었기 때문이다. 자율주행이 승차 공유를 기점으로 시장을 형성해갈 것이라는 예상은 재차 언급한 바 있다.

중국 시장에서 우버를 몰아낸 디디추싱

승차 공유 분야에서 눈여겨봐야 할 마지막 참여자는 중국의 유니콘 기업인 디디추싱이다. 2012년에 창업해 불과 5년 사이에 중국 400개 도시에 진출, 이용자 4억 명을 돌파하며 중국 내 압도적인 점유율을 자랑하는 기업으로 성장했다. 중국의 3대 IT 기업인 바이두, 알리바바, 텐센트에서도 출자를 받아 현재 기업 가치는 500억 달러를 돌파했다고 하니 눈이 부실 정도의 대성공이다.

2017년에는 독자적인 결제 서비스 제공을 위해 결제 서비스 사업자인 19Pay를 인수했다. 같은 해 11월에 일본 최대 택시 사업자인 제일교통산업第一交通産業은 일본을 방문한 중국인 관광객의 택시 이용을 촉진할 목적으로 디디추싱과의 콜택시 서비스 연계를 위한 협의를 시작했다고 발표했다.

디디추싱의 창업자인 청웨이程維 CEO는 알리바바에서 알리페이 관련 사업에 종사하던 인물이다. 택시가 잡히지 않는다는 자신의 경험을 바탕으로 스마트폰을 통해 택시를 부를 수 있는 앱을 개발했다.

베이징 대학과 하버드 대학을 졸업하고 골드만삭스GS 출신이라는 경력이 있는 여성 경영자인 류칭柳青 COO의 존재도 디디추싱 약진의 비결이다. 류칭은 레노보 창업 회장인 류촨즈柳傳志 씨의 딸이다. 류촨즈 회장은 딸에게 높은 수준의 교육을 제공하는 한편 레노보로 입사시키지 않았고, 류칭 역시 자신의 힘으로 골드만삭스에 입사해 사상 최연소 아시아태평양 지역의 집행 임원으로까지 승진했다. 골드만삭스에서 디디추싱 담당이 된 것을 계기로 청웨이가 직접 영입해 입사했다고 한다.

디디추싱이 승차 공유 사업에 진출하면서 중국에 진출해 있던 우버차이나와 격돌했다. 결론부터 말하자면 이 대결에서 우버에 승리한 것이 디디추싱의 국제적인 지명도를 높이는 계기가 되었다.

청웨이 CEO는 칼라닉과 대조적으로 겸손하고 온화해 보이는 캐릭터지만, 골드만삭스에서 배양한 뛰어난 협상력을 지닌 류칭 COO와 함께 펼친 대결 방식은 대담하기 그지없었다. 우버에게 끌려가리라는 예상이 많았지만, 운전자에게 수익이 나오지 않을 정도로 요금 설정을 낮추는 대신 장려금을 지급해 운전자를 모았다. 우버도 이 방식을 따르게 되면서 양사의 장려금 전쟁이 촉발되었다. 거기에서 그치지 않고 승객을 상대로 한 요금도 인하하자 양사의 수익은 점점 나빠져 갔다.

디디추싱의 청웨이 CEO

출처: Wikipedia

이 소모전에 먼저 백기를 들고 패배를 인정한 쪽은 우버였다. 최종적으로 우버는 디디추싱의 주식 17%와 10억 달러 투자를 취득하는 대신 우버의 중국 사업을 디디추싱에 양도하고 중국 시장에서 철수했다. 거칠 것 없던 우버가 패배를 인정하게 만들고 중국에서 몰아내는 위업을 달성한 디디추싱. 이후 중국의 거대한 승차 공유 시장은 디디추싱의 독무대가 되었다.

이후 디디추싱의 해외 진출이 시작되었다. 필자는 디디추싱이 차세대 자동차 산업에서 세계적인 선두 기업이 될 가능성은 충분히 있다고 예상한다. 그 근거는 중국 3대 IT 기업인 바이두, 알리바바, 텐센트와 중국 정부의 지원을 받아 무서울 정도의 속도 경영을 실현하고 있기 때문이다. 특히 BAT 3사와 본업에서 직접 경쟁하지 않는다는 점은 중국에서 대단한 강점이다.

동시에 자율주행 영역에서는 아폴로 계획을 진행 중인 바이두 등 중국 거대기술 기업과 경쟁하면서 자사의 우위성을 철저하게 단련하고 있다는 점이다. 그리고 가장 중요한 것은 도시 디자인을 변혁하겠다는 사명감을 내걸고 있다는 점이다. 이는 차세대 자동차 산업을 이끌 기업 후보의 첫째 조건이다. 디디추싱의 사명은 도시에서 소실되고 있는 교통 시스템을 공유 경제를 통해 보완하는 것이다. 또 승차 공유 플랫폼을 통해 많은 서비스를 소비자에게 제공하고자 하고 있다. 이미 지금까지 축적된 주행·이동 빅데이터를 활용해 소매와 음식에 대한 컨설팅 서비스를 제공하는 것 외에 차내 편의점 사업 등을 개시하면서, 승차 공유가 앞으로 서비스 제공자로서 무엇을 할 수 있는지에 관한 사회 실험을 하고 있다.

승차 공유 플랫폼으로서 디디추싱은 2018년 4월에 도요타 자동차 등 자동차와 부품 대기업 31사가 참여하는 공유 기업 연합을 설립하겠다고 발표했다. 이 연합에는 도요타 외에 독일 폭스바겐, 르노·닛산·미쓰비시 얼라이언스, 부품 제조사로는 독일 보쉬와 컨티넨탈 등이 참여한다. 자동차 제조와 공유, 온라인과 같은 각 분야를 하나의 플랫폼으로 통합해 이용자에게 제공하려는 목적이다. 우선 중국 국내 서비스부터 개시하지만, 실제 목표는 전 세계 최대의 원스톱 승차 공유 플랫폼을 구축하는 데 있다.

중국 거대기술 기업의 주도권 다툼

디디추싱은 중국판 우버라는 평가를 받을 때가 많은데, 분명 빅데이터×AI 기업이라는 점에서 우버와 유사하다.

2015년에는 빅데이터 해석과 AI 개발을 위해 디디연구원을 개설하고 중국 전역을 달리는 차량으로부터 주행 데이터를 수집했다. 이에 따라 85%의 확률로 특정 지역의 수요를 예측함과 동시에 목적지까지 최단 경로를 산출했다. 이는 교통 정체 완화는 물론 도시 계획에도 도움이 되고 있다. 디디추싱은 중국 내 점유율 90%로 알려져 있고 그 플랫폼에 모이는 데이터도 방대하다. 청웨이 CEO에 따르면 하루 2,500만 건의 승차 공유 데이터에 2,000만 명의 운전자와 각 교통수단의 데이터를 수집한다고 한다. 이 데이터가 만들어내는 새로운 서비스에 기대가 모이는 것은 당연하다.

2018년에 들어서도 디디추싱은 활발히 움직이고 있다. 특히 간과해서는 안 될 것은 2월에 정식 발표된 새로운 교통 시스템인 교통 대뇌다. 교통 대뇌는 클라우드 컴퓨팅, AI 기술, 교통 빅데이터 등을 구사함으로써 교통 상황을 예측하고 조정하는 시스템이다. 즉 교통 대뇌는 단순한 데이터 센터가 아니다. 데이터 중추, 분석 중추, 제어 중추로 구성되는데 제어 중추는 신호등과 CCTV, 교통경찰의 투입량까지 제어한다. 디디추싱은 이 시스템 구축을 위한 실험을 20여 개 도시에서 시행한다고 발표했다. 이처럼 디디추싱은 교통 시스템 변혁을 비전으로 내걸고 있는데, 이 분야의 리더가 될지는 아직 미지수다.

중국은 차세대 인공지능 개방·혁신 플랫폼으로 명명된 프로젝트하에 2030년에는 인공지능 분야에서 중국이 세계 최고 선진국이 되겠다고 선언했다. 그리고 국가의 위임을 받아 AI 사업을 추진할 사업자 네 곳이 지정되었다. 이때 바이두의 자율주행 플랫폼인 아폴로 계획 등과 나란히 시작된 사업이 알리바바의 도시 대뇌 프로젝트다. 교통, 에너지, 수도 등 공공 인프라를 전부 정량화·AI화하는 프로젝트다. 이 시스템도 이미 통행시간 단축 등의 효과를 보고 있다.

디디추싱의 교통 대뇌와 알리바바의 도시 대뇌, 그리고 바이두의 아폴로 계획 등 중국에서 손꼽히는 거대기술 기업에 의한 교통 플랫폼의 패권 다툼은 매우 치열해질 것이다. 그러나 그렇기에 더더욱 글로벌 패권을 쥐기에 걸맞은 뛰어난 플랫폼이 중국에서 탄생할 가능성이 클 것이다.

교통 네트워크 회사로서의 승차 공유 회사

이번 장의 마지막으로 미국에서 승차 공유 회사가 어떻게 불리는지 소개한다. 바로 교통 네트워크 회사다. 현재 제공하고 있는 자동차 승차 공유 서비스를 기점으로 항공기, 철도, 지하철, 버스 등 교통수단을 전부 네트워크화 하는 것에 대한 기대가 담긴 호칭이다. 미국 사회에서는 승차 공유 회사를 그렇게 파악한다.

앞으로는 승차 공유 대상 범위에 자율주행차뿐만 아니라 오토바이와 자전거 등도 포함될 것이다. 오히려 자전거 공유 등 작은 탈것부터 시작해 비행기, 철도, 버스, 자동차 등 모든 교통수단을 통합해 관리하는 기업이 진정한 교통 네트워크 회사가 될 것이다.

그리고 디디추싱은 2017년 4월부터 이미 중국에서 이 개념을 실용화 했다. 우선 이 사업은 디디추싱의 승차 공유 서비스와 대중교통을 연결하는 것부터 시작됐다. 현시점에서 후자의 경우 교통 안내 정도에 머무르고 있지만, 필자는 이것이 위에 적은 네트워크 수준으로까지 확대되고 구독과 같은 정액 서비스와 융합되어 모든 교통수단이 결제 면에서 통합되는 한편, 그 밖에도 현재 실험 중인 다양한 교통 이외의 서비스까지 흡수해 생활 전체의 플랫폼으로 변해갈 것이라고 예상한다.

야만스러운 전쟁 무사와 같던 칼라닉은 이미 자멸해 사라졌다. 필자는 등록자 수로 이미 세계 1위의 콜택시 앱이며 뛰어난 인재를 모아 기술력을 높이고 있는 디디추싱이 차세대 자동차 산업에서 가장 주목할 기업이라고 평가한다.

표 30에 PEST 분석에 기반해 승차 공유 회사의 본질과 사회에 미

표 30 PEST 분석에 기반한 승차 공유 회사의 본질과 사회에 미치는 영향력

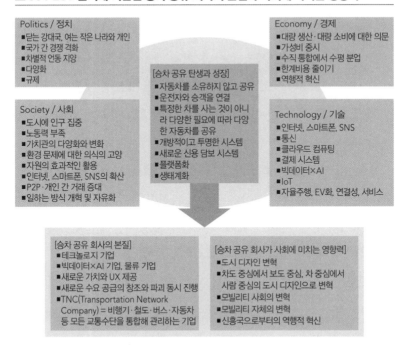

Politics / 정치
- 닫는 강대국, 여는 작은 나라와 개인
- 국가 간 경쟁 격화
- 차별적 언동 지양
- 다양화
- 규제

Economy / 경제
- 대량 생산·대량 소비에 대한 의문
- 가성비 중시
- 수직 통합에서 수평 분업
- 한계비용 줄이기
- 역행적 혁신

[승차 공유 탄생과 성장]
- 자동차를 소유하지 않고 공유
- 운전자와 승객을 연결
- 특정한 차를 사는 것이 아니라 다양한 필요에 따라 다양한 자동차를 공유
- 개방적이고 투명한 시스템
- 새로운 신용 담보 시스템
- 플랫폼화
- 생태계화

Society / 사회
- 도시에 인구 집중
- 노동력 부족
- 가치관의 다양화와 변화
- 환경 문제에 대한 의식의 고양
- 자원의 효과적인 활용
- 인터넷, 스마트폰, SNS의 확산
- P2P·개인 간 거래 증대
- 일하는 방식 개혁 및 자유화

Technology / 기술
- 인터넷, 스마트폰, SNS
- 통신
- 클라우드 컴퓨팅
- 결제 시스템
- 빅데이터×AI
- IoT
- 자율주행, EV화, 연결성, 서비스

[승차 공유 회사의 본질]
- 테크놀로지 기업
- 빅데이터×AI 기업, 물류 기업
- 새로운 가치와 UX 제공
- 새로운 수요 공급의 창조와 파괴 동시 진행
- TNC(Transportation Network Company) = 비행기·철도·버스·자동차 등 모든 교통수단을 통합해 관리하는 기업

[승차 공유 회사가 사회에 미치는 영향력]
- 도시 디자인 변혁
- 차도 중심에서 보도 중심, 차 중심에서 사람 중심의 도시 디자인으로 변혁
- 모빌리티 사회의 변혁
- 모빌리티 자체의 변혁
- 신흥국으로부터의 역행적 혁신

치는 영향력을 파악할 수 있도록 정리했다. 승차 공유의 본질이란 지금까지 설명했듯이 테크놀로지 기업, 빅데이터×AI 기업이면서 장차 재화를 나르는 물류 기업, 새로운 가치와 새로운 고객 경험Ux을 제공하고 새로운 수요 공급의 창조와 파괴를 동시에 일으키는 존재, 그리고 교통 네트워크 기업이라는 점을 지적할 수 있다.

그리고 승차 공유 회사가 사회에 미치는 영향력을 살펴보면 도시 디자인 변혁, 차도 중심에서 보도 중심, 차 중심에서 사람 중심의 도시 디자인으로의 변혁, 모빌리티 사회의 변혁, 모빌리티 자체의 변혁, 신흥국으로부터의 역행적 혁신(운송 수단이 정비되지 않은 신흥국에서 먼저 도입이 진행됨) 등을 지적할 수 있다. 이런 승차 공유 회사의 본질과 사회 영향력이 바로 차세대 자동차 산업에서 승차 공유 회사가 패권을 쥔다고 분석하는 이유다.

제8장

자율주행 기술의 배후 지배자는 누구인가
- 엔비디아, 인텔

2022

자율주행 실용화가 빨라지는 이유

다시 확인해 둘 사항이 있다. 바로 AI만으로는 자율주행차를 실현할 수 없다는 사실이다. 특히 완전 자율주행차는 끊임없이 엄청난 속도로 진화하는 여러 기술과 결합해야 완성된다.

우리가 운전하면서 얼마나 복잡한 작업을 어려움 없이 해내는지 떠올려본다면 실감할 수 있다. 자신의 차량 위치를 파악하고 보행자와 주행차, 차선과 신호, 제한 속도 표지판 등에 주의를 기울이면서 감속, 직진, 차선 변경, 정차 등 자동차를 어떻게 움직일지 순식간에 정한 다음 핸들과 브레이크, 방향 지시등을 정확하게 조작한다. 시야가 좋지 않은 도로에서는 어린이가 갑자기 튀어나올지 모른다는 것 등을 예측하고 추론해야 한다.

사람과 사물, 주위의 상황을 감지할 필요가 있다는 뜻이다. 두말할 나위 없지만, 조작을 조금이라도 잘못하면 인명에 관련된 사고로 이어

표31 자율주행 실용화가 빨라지는 이유

(1) 딥러닝 진화

(2) 센서 기술 진화

(3) AI용 반도체 진화

진다. 그러나 실제로 우리는 이렇게 자동차 운전에 익숙해져 있다.

자율주행차는 똑같은 작업을 운전자 대신 자동차 자체가 담당한다. 그것도 사람이 운전하는 것 이상으로 사고 없이 안전하게 운전해야 한다. 왜냐하면, 사람보다 안전해야 한다는 것이 자율주행의 필요조건이기 때문이다. 이를 위해 과연 얼마나 많은 테크놀로지가 필요할까?

이번 장에서는 AI를 비롯해 센서, 카메라, 딥러닝, GPS, 레이더 등 자율주행의 핵심 테크놀로지를 정리한다. 먼저 센서와 AI를 살펴보자. 센서는 넓은 의미로 자율주행차의 눈이 되어 차량 위치와 주변 상황을 파악한다. AI는 자율주행차의 뇌가 되어 센서가 파악한 정보를 토대로 스스로 판단하고 자율주행차에 조작 지시를 내려 제어한다.

이렇게 말로 설명하면 의외로 간단해 보인다. AI가 사람이 할 일을 빼앗는다는 논의가 나오고 있는 것만 보더라도 지금 AI가 할 수 있는 일은 비약적으로 늘어났으며, 그렇다면 자동차 운전도 AI에게 맡길 수 있으리라고 당연히 기대한다.

그러나 실제 운전에는 수없이 많은 상황을 가정해야 한다. 전방이 보이지 않을 정도로 폭우가 내릴 때도 있고, 차선의 흰 선이 사라진 도로도 있을 것이며, 나뭇잎이 표지판을 가린 곳도 있다. 그뿐만 아니라 전방 주행차의 급정차, 공사 중인 도로, 도로 정체, 사고, 교통 통제, 갑작스럽게 튀어나오는 어린이, 길 위에 놓인 장애물 등 수많은 예측 불가능한 사태가 발생한다.

사람인 운전자가 이런 상황을 처리할 수 있는 이유는 과거의 경험에서 학습해 그 뒤에 일어날 일을 추론할 수 있기 때문이다. 센서가 인공 눈이고 AI가 인공 뇌라면, 인간의 뇌와 마찬가지로 학습을 반복하여 다양한 상황을 경험·축적하여 성장할 필요가 있다. AI는 만능이 아니다. 학습 없이는 AI도 위력을 제대로 발휘할 수 없다.

그래서 등장한 테크놀로지가 머신러닝(기계학습)이다.

AI는 축적된 빅데이터를 토대로 트레이닝(학습)을 반복하여 규칙성과 관련성을 찾아내고 운전에 관련된 모든 법칙과 규칙을 찾아낸다. 이것이 바로 머신러닝이다. 하지만 머신러닝만으로는 부족하다. 왜냐하면, 머신러닝에서는 학습할 때 사람이 특징량(기계학습 실행 전 데이터에 어떤 특징이 있는지 설정하는 일-편집자)이라고 불리는 구분점을 지시할 필요가 있기 때문이다. 예를 들어 신호등이 빨간불일 때 멈추고 파란불이 되면 출발한다는 구별을 위해 색이라는 구분점을 사람이 지시해 알려주어야 한다. 모든 상황을 상정해 사람이 특징량을 지시하기란 현실적으로 불가능하다. 완전 자율주행도 기계학습만으로는 실현할 수 없다.

인간의 지시 없이 AI가 자율적으로 학습할 수는 없을까? 이 문제에 대한 돌파구가 딥러닝(심층학습)의 진화다. 딥러닝을 통해 AI는 사람이 구분점을 지시하지 않고도 빅데이터를 토대로 자동으로 학습해 전례 없는 정확도와 속도로 성장하고 있다. 이에 따라 자율주행은 기계학습의 한계를 넘어 사람처럼 감지할 수 있는 능력을 손에 넣었다. 사실 자율주행이 실용화를 위해 속도를 내는 것은 딥러닝의 진화에 따른 부분이 크다.

AI의 학습과 추론에 필수적인 GPU

머신러닝과 딥러닝을 위해서는 빅데이터를 읽어 들여 훈련을 시킬 필요가 있다. 이 단계를 AI의 학습 단계라고 한다.

한편 자율주행차의 눈 역할을 하며 주변의 3차원 이미지 데이터를 취득하는 센서의 진화가 눈부시다. AI는 센서로부터 취득되는 3차원 이미지 데이터를 연산 처리함으로써 실시간으로 길 위 상황·차선·주행차·보행자·장애물·신호·표지판 등 주변 상황을 파악하여 정차해야 하는지, 감속해야 하는지, 차선을 바꿔야 하는지 등을 판단해 조작 지시를 내린다. 이 단계를 AI의 추론 단계라고 한다.

예를 들어 GPS는 수신기로 인공위성으로부터 신호를 받아 수신자(자동차)가 자신의 현재 위치를 알 수 있는 시스템이다. 스마트폰과 차 내비게이션에 이용되므로 친숙하게 느끼는 독자가 많을 것이다. 또 IMU(관성 측정장치)는 전후, 좌우, 상하 3축의 가속도와 피치Pitch, 롤Roll, 요Yaw 3축의 각속도를 통해 자동차의 움직임을 감지하는 센서다. IMU는 인공위성 전파가 닿지 않는 장소에서 GPS 기능을 보완한다.

라이더LiDAR는 Light Detection and Ranging의 약어다. 적외선 등 레이저를 쏜 후 대상물에 닿아 반사되어 돌아올 때까지의 시간을 계측해 주변 대상물까지의 거리와 주변 환경의 3차원 구조, 차선의 흰선 위치를 해석한다. 레이더는 대상물을 향해 전파를 발사한 후 반사파를 측정하여 대상물까지의 거리와 방향, 상대 속도를 측정하는 장치다. DMIDistance Measurement Instrument는 타이어 회전수를 계측해 진행한 거리를 측정하는 주행거리계다. 이 센서들이 자율주행차의 눈이 되어 위치와 주위 상황을 파악한다.

그리고 AI의 학습과 추론을 실행하는 데 필요한 장치가 GPUGraphic Processing Unit다. GPU는 3차원 이미지를 처리하는 연산 장치다. 원래 GPU는 PC 게임 화면에서 3차원 이미지를 표시하기 위해 사용하는, CPU(중앙처리장치)만으로 처리할 수 없는 작업을 보완하는 장치로 여겨 왔다. 간단히 말해 GPU는 CPU보다 대량의 이미지 데이터를 동시에 처리하는 것이 특기다. AI도 컴퓨터 안에서 돌아가는 프로그램의 일종인 이상, AI의 진화는 반도체의 진화 없이는 불가능하다.

센서가 취득한 3차원 이미지 데이터를 클라우드에 불러들여 머신러닝과 딥러닝을 통해 AI를 학습시킨다. 그리고 센서가 취득한 3차원 이미지 데이터를 클라우드 상에서 실시간으로 연산 처리함으로써 AI가 이미 학습해 놓은 내용과 실제 데이터를 대조해 어떻게 자동차를 움직여야 하는지 추론한다. 이런 양쪽의 작업을 동시에 맡는 부품이 GPU다.

딥러닝 진화가 AI의 자율적인 학습과 추론을 가능하게 하고, 이를 반도체 기술과 센서 기술의 진화가 뒷받침하는 형태로 자율주행 기술은 극적인 발전을 이루었다.

자율주행을 견인하는 구글은 탄생 시점부터 AI 회사

자율주행이라 하면 많은 사람이 떠올리는 회사가 구글이다. 게다가 구글이라고 하면 딥러닝으로 컴퓨터가 고양이를 인식하게 만든 이른바 '구글의 고양이'로 AI에 혁명적인 진화를 이룬 기업으로 유명하다. 구글의 차세대 자동차 산업에 대한 대처는 제3장에서 자세히 다루었는데, 자율주행 테크놀로지로서의 AI를 해설하는 이번 장에서는 구글이라는 기업의 AI 회사로서의 본질을 소개한다.

미국 IT지 〈와이어드Wired〉의 창간 편집장이며 미국 테크놀로지 업계에 지대한 영향력을 행사하는 케빈 켈리는 저서인 《인에비터블》(청림출판, 2017)에서 다음과 같은 일화를 소개했다.

"2002년쯤 나는 구글의 비공식 모임에 참석했다. 기업 공개 전이었고 구글은 검색에만 초점을 맞춘 작은 회사였다. 나는 구글의 명석한 공동 창립자인 래리 페이지와 대화를 나누었다. (중략) 아, 우리는 사실 AI를 만들고 있어요. (중략) 구글은 AI를 이용하여 검색을 더 개선한다기보다는 검색을 이용하여 AI를 개선하고 있다."

구글에게 AI란 목표가 아니라 자사의 미션이라는 목표를 실현하기 위한 수단이다. 방대한 검색 빅데이터를 AI로 분석함으로써 사람들이 원하는 바를 해석한다. 완전 자율주행을 실현함으로써 사람들 각자가

차 안에서 가장 의미 있다고 생각하는 일을 할 수 있는 세계를 실현한다. 나아가 완전 자율주행차로부터 수집한 빅데이터를 AI로 분석함으로써 전 세계의 정보를 체계화하여 모두가 편리하게 이용할 수 있도록 하는 미션의 실현으로 연결한다.

이상이 구글이 자율주행 연구를 추진해 온 이유일 것이다.

자율주행 기술의 세 가지 단계

자율주행 시스템 전체는 매우 복잡한데, 굳이 단순하게 설명하자면 센서와 AI를 통한 인지 → 판단 → 조작이라는 일련의 정보 처리 과정이다. 주변 상황을 인지하고 그것에 기반으로 판단해 적절한 조작을 한다. 이 점만 보더라도 사람 운전자와 AI는 완전히 똑같다.

인지 단계에서는 센서를 통해 자율주행차가 어디에 있는지 파악하고 차량과 주변 상황, 위치 관계 정보 등을 인식한다. 여기에는 보행자, 주행차, 자전거, 장애물, 차선, 건물 등 동적·정적인 모든 사물의 움직임과 위치가 포함된다. 예를 들면 자율주행차 전방에 나타난 대상물이 보행자인지 자전거인지 등을 식별하는 것이다. 또 머신러닝과 딥러닝을 통해 신호등의 상태와 제한 속도 표지판에 관한 학습을 마친 AI가 신호가 빨간색인지 파란색인지, 제한 속도는 몇 km인지와 같은 사항을 인지한다.

이렇게 인지한 정보는 두 가지 사용 방법이 있다.

하나는 실주행에서 얻어진 빅데이터로 수집하는 것이다. 빅데이터는 머신러닝과 딥러닝에 활용되어 AI의 학습에 이용한다. 이렇게 자율주행차의 두뇌가 단련되면서 AI 운전 기술은 더욱 향상된다. 인지 정보가 많을수록 자율주행의 정확도는 높아진다.

다른 하나는 자율주행 중에 실시간으로 해석해 AI의 판단 재료가 되는 것이다. 이미 학습을 끝낸 AI의 지식에 실시간으로 취득되는 실제 3차원 이미지 데이터를 주어 차를 어떻게 움직여야 하는지 판단하게 한다.

예를 들어 바로 앞 신호가 빨간색으로 바뀌었다는 것, 전방에서 보행자가 길을 건너기 시작했다는 것, 10m 앞에 좌회전 전용 차선이 있다는 것을 센서가 인지했다고 생각해보자.

AI는 그때까지 학습한 지식을 조회한 후 신호가 빨간색이므로 일시 정지하고, 보행자가 도로를 건너기 시작했기 때문에 감속하면서 일시 정지 준비를 하고, 좌회전해야 하므로 좌회전 전용 차선으로 차선을 변경하는 등의 판단을 한다. AI는 그런 판단에 기반하여 조작 지시를 내린다. 일시 정지와 감속을 위해 브레이크를 밟고, 차선 변경을 위해 방향 지시등을 켠 채 핸들을 꺾거나 액셀을 밟는 등의 지시다. 이어서 지시에 충실한 조작을 해 일시 정지·감속·차선 변경·가속과 같이 자율주행차를 제어한다.

이번 장의 서두에서 말했듯이 사람 운전자는 운전할 때 인지 → 판단 → 조작을 거쳐 자동차의 제어로 이어지는 과정을 그대로 따른다. 자율주행도 마찬가지다. 센서가 눈, AI가 뇌 역할을 맡아 인지 → 판단 → 조작 순서를 밟는다. 이것이 바로 자율주행이다.

표 32 자율주행의 가치망 구조

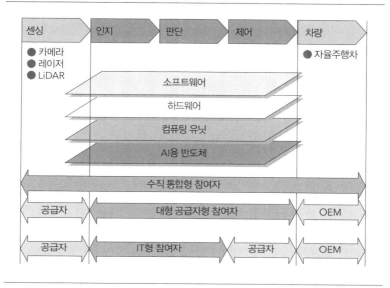

표 32의 자율주행 가치망 구조에서는 위에서 설명한 인지 → 판단 → 조작이라는 세 가지 과정을 핵심으로 한 자율주행 가치망과 차세대 자동차 산업의 각 참여자가 검토해 가야 할 전략의 선택지를 제시한다.

감지 기술 센서 3종 세트

앞서 설명한 대로 3차원 이미지 데이터를 취득하는 각종 센서는 인지 단계를 책임지며 자율주행의 기점이 된다. 아무리 딥러닝을 통해 AI 운전 기술을 향상한다 해도, 아무리 초고속 연산 능력을 지닌 GPU가 나타나더라도 센서에 의한 인지 정보가 정확하지 않다면 안전한 자율주행의 실현은 불가능하다.

여기서는 가장 일반적으로 사용하는 센서인 영상을 찍는 카메라, 전파를 쏘는 레이더, 광선을 쏘는 라이더LiDAR 3종 세트를 살펴보자. 실제로 넓은 의미의 센서로는 GPS, DMI, IMU 등도 포함되지만 여기서는 인지 단계의 주요 3종 센서만 소개한다.

3차원 이미지 센서를 갖춘 카메라는 3차원 영상을 찍어서 대상물을 인식한다. 표지판의 문자·숫자·그림·기호·신호등 색, 도로에 그려진 속도 숫자, 차선의 흰 선, 건널목 등도 영상으로 포착하므로 취득하는 인지 정보는 아주 명확하다. 특히 레이더와 라이더로는 불가능한 색 식별이 가능하다는 장점이 있다. 반면에 비나 안개 등 악천후이거나 밝은 날에도 햇빛의 세기에 따라 영상의 정밀도는 떨어진다.

카메라는 확실히 자율주행차의 눈이라는 비유에 딱 들어맞는다. 반면에 레이더와 라이더는 사실상 눈 이상의 역할을 한다. 왜냐하면, 눈이 보이지 않는 환경에서의 인지, 이른바 감지를 가능하게 하는 기술이기 때문이다. 이에 따라 시야가 좋지 않은 환경에서 차량 위치를 파악할 수 있다.

레이더는 전파의 반사파를 이용한다. 눈·안개·역광 등의 영향을 비교적 받지 않아서 시야가 좋지 않은 야간이나 악천후일 때 강하다. 그러나 파장이 길어 광선에 비하면 반사가 약하다는 단점이 있다. 따라서 예를 들면 멀리 전방에 달리는 트럭의 짐칸에서 떨어진 작은 상자와 같이 작은 대상물·장애물은 발견하지 못한다.

표 33 감지하는 기술인 센서 3종 세트

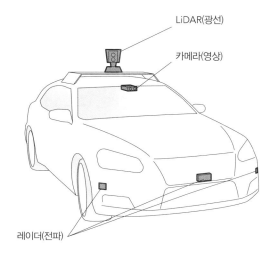

LiDAR(광선)

카메라(영상)

레이더(전파)

일러스트: 사이토 미노루

라이더는 광선이 반사되는 정도로 거리·형태·재질 등을 판별한다. 카메라보다 악천후 조건에 강하고 레이더보다 파장이 짧아 양쪽의 장점을 갖췄다. 라이더는 자율주행차의 필수 센서로 주목을 받는 기술이다. 고속도로 등 한정된 환경에서라면 카메라와 레이더의 조합으로 자율주행이 충분히 가능하지만, 시가지 자율주행에는 라이더가 필수다. 실제로 자율주행차 대부분은 라이더를 채용하고 있다. 반면에 테슬라는 지금까지 너무 고가라는 이유로 라이더를 사용하지 않는 방침을 취해 왔다. 감지 기술을 둘러싼 향후 공방이 주목되는 점이기도 하다.

그렇다면 왜 많은 기업에서 반드시 라이더여야 한다고 생각하고 있을까? 이유 중 하나는 오차가 적다는 점이다. GPS도 차량 위치를 알수 있는 기능을 갖추고 있으나 최대 10m 정도의 오차가 있다. 고속도로에서도 문제가 발생할 수 있는 오차인데 하물며 시가지에서라면 그 오차는 치명적이다. 건물이 많아서 GPS를 수신하지 못할 때도 있다. 그런 점에서 라이더는 건물과 도로 주변의 정보를 3차원 이미지 데이터로 파악한다. 이것을 고해상도 3차원 지도와 조합하면 차량 위치를 정확히 파악할 수 있다(테크놀로지가 진화함에 따라 GPS의 정확도가 높아져 라이더가 필요 없다는 제조사도 늘어났다. 하지만 당분간은 안전성을 철저히 지키는 데 있어 라이더는 아직 꼭 필요한 센서다).

또 한 가지 이유는 주변 대상과의 거리 측정에 있다. 시가지에서는 많은 보행자와 주차 차량 등 대상과의 거리를 측정하면서 안전하게 주행·서행할 필요가 있다. 시가지에서는 대상과의 거리를 수 cm 단위로 측정할 수 있는 센서가 필수적이다. 현시점에서 시가지 자율주행에 대응할 수 있는 측정 정밀도를 가진 센서는 라이더뿐이다.

현 상황에서 자율주행은 고속도로가 중심이지만 앞으로 자율주행이 널리 확산한다면 필연적으로 시가지에서의 이용이 중심이 되고 라이더의 역할은 더욱 중요해진다. 라이더의 단점은 크기가 크고 고가라는 점이다. 당면 과제인 성능 향상은 물론 시판차에 탑재가 가능할 정도의 소형화·저가화가 시급하다.

원거리 식별과 악천후 대응에 강한 레이더, 매우 작은 물체 식별과 야간 대응에 강한 라이더, 그리고 색채와 넓은 범위의 식별이 강점인 카메라. 레이더와 라이더는 속도 식별도 가능하다. 이 3종 세트가 자율주행차의 인지를 담당하며 안전하고 확실한 자율주행을 보장해 준다.

차세대 자동차의 디지털 인프라인 고해상도 3차원 지도

센서 3종 세트 외에 또 한 가지 자율주행차의 인지에 중요한 기술이 있다. 바로 고해상도 3차원 지도다.

지도라고 했는데 그 이름처럼 3차원 지도라는 점이 핵심이다. 매우 작은 사물의 식별에 강점을 발휘하는 라이더와 GPS·카메라·레이더 등 센서를 탑재한 측량차를 통해 차선의 흰 선과 도로 위 글씨, 표지판, 도로 형상, 건물, 가드레일 등 주변의 모든 정보를 수집해 클라우드 상에 작성된다. 자율주행차는 센서 3종 세트로 주변 정보를 인식함과 동시에 고해상도 3차원 지도를 참조해 자신의 위치를 정확히 파악할 수 있다.

언뜻 보면 내비게이션과 비슷하지만 실제로는 다르다. 카 내비게이션용 지도는 운전자에게 경로를 안내하려는 목적으로 만들었지만, 고해상도 3차원 지도는 차량 운전 제어가 목적이다. 고해상도 3차원 지도가 있다면 흰 선이나 표지판 등 물리적 인프라가 부족한 곳에서도 그것을 기반으로 자율주행차는 안전하게 주행할 수 있다. 그래서 고해상도 3차원 지도는 차세대 자동차 산업의 디지털 인프라로 불린다.

또 고해상도 3차원 지도는 시시각각 업데이트된다. 자율주행차에 탑재된 센서는 3차원 데이터를 실시간으로 수집해 클라우드상에 빅데이터로서 계속 제공한다. 지도에 관한 데이터뿐만 아니다. 지도와 연결되는 도로 정체, 사고, 교통 규제, 보행자, 장애물 등 운전에 관한 모든 동적·정적 데이터를 클라우드에 업로드해 안전하고 원활한 운전에 활용한다.

참고로 일본 내각부는 전략적 혁신 창조 프로그램의 일환으로 민관 연계를 통해 다이내믹 맵Dynamic Map 개발을 진행하고 있다. 이것도 고해상도 3차원 지도와 유사한 기술이다(표34).

동적·정적인 교통 정보로 1개월에 1회 이상 업데이트되는 정적 정보(도로 위·차선·건물 등), 1시간에 1회 이상 업데이트되는 어느 정도 정적인 정보(제한 속도, 교통 규제, 도로 공사, 광역 날씨 등), 1분에 1회 이상 업데이트되는 어느 정도 동적인 정보(사고·정체·지역 날씨 정보 등), 실시간

표 34 다이내믹 맵의 4계층

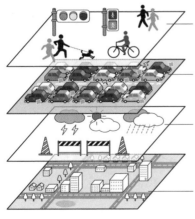

4 동적 정보(실시간으로 업데이트) 주변 차량, 보행자, 신호 정보 등

3 어느 정도 동적인 정보(1분에 1회 이상 업데이트) 사고 정보·정체 정보·지역 날씨 정보 등

2 어느 정도 정적인 정보(1시간에 1회 이상 업데이트) 교통 규제 정보, 도로 공사 정보, 광역 날씨 정보

1 정적 정보(1개월에 1회 이상 업데이트) 도로 위 정보·차선 정보·3차원 구조물 등

일러스트: 사이토 미노루

으로 업데이트되는 동적 정보(주변 차량, 보행자, 신호 정보 등)의 총 4단계로 정보가 축적된다.

고해상도 3차원 지도는 자율주행의 생명선이나 다름없는 디지털 인프라를 만드는 중요한 기술이다. AI나 센서 기술과 마찬가지로 차세대 자동차 산업의 패권을 둘러싼 대결이 여기서도 발생한다.

현재 4개 세력이 고해상도 3차원 지도의 실현을 위해 격렬한 경쟁을 벌이고 있다. 웨이모를 이끄는 미국의 구글, 독일 자동차 제조사와 굳건하고 폭넓은 제휴 전략을 진행 중인 독일의 히어, 자율주행 플랫폼인 아폴로에 참여하면서 애플 맵에 지도 정보를 제공하는 네덜란드의 톰톰, 그리고 아폴로를 이끄는 중국 바이두다. 민관이 협력하여 올 저팬 체제로 임하는 다이나믹 맵도 이 세력에 도전하려는 참이다.

차세대 자동차 산업의 두뇌인
AI용 반도체의 패권을 둘러싼 대결

그 자체로는 새롭지 않으나 자율주행차에 꼭 필요한 기술로서 새롭게 개발 경쟁이 진행 중인 분야가 있다. 바로 반도체다. 센서가 취득한 3차원 이미지 데이터가 아무리 훌륭하다 해도 그런 빅데이터를 즉시 연산 처리해 운전에 활용하지 못한다면 의미가 없다. AI가 잠재력을 충분히 발휘하려면 고성능 반도체가 필수다. 그런 의미에서 자율주행차의 진정한 두뇌라고 할 수 있는 것이 바로 반도체다.

특히 3D 이미지를 초고속 처리하는 반도체인 GPU가 주목을 모으고 있다. 원래 반도체란 하드웨어를 제어해 데이터를 주고받거나, 데이터를 연산·가공해서 메모리에 저장하거나, 결과를 다른 하드웨어에 출력하는 등 일련의 동작을 담당하는 부품이다. PC나 데이터 센터의 서버 등에 탑재된 반도체는 CPU다. CPU에는 범용성이 있어 다양한 종류의 동작을 하드웨어에 실행시킬 수 있다.

한편 GPU에는 CPU만큼의 범용성은 없지만 3차원 이미지의 연산처리를 고속으로 실행한다. 자율주행차의 주변 정보를 센서가 파악할 때 방대한 3차원 이미지를 실시간으로 연산 처리해야 하는데 GPU가 이런 경우에 적합하다.

또 AI가 학습할 때의 속도도 CPU로는 보통 1년 이상이 걸리는 작업을 GPU는 1개월 정도에 끝낸다고 한다. 이는 GPU를 사용하면 자율주행의 개발 효율이 급격히 향상된다는 사실을 의미한다. GPU는 차량 설계에도 영향을 미친다. 자동차 차량에는 동력 전달장치, 방향전환 장치, 브레이크, 에어컨 등을 전자 회로로 제어하는 전자 제어 유닛ECU이 탑재되어 있는데 그 수가 한 차량당 수십 개부터 많을 때는 100개 이상에 달한다. 그러나 고도의 연산 처리 능력을 지닌 GPU가 차량에 탑재된다면 필연적으로 한 개의 GPU가 몇 개의 ECU를 대체하게 되니 ECU 탑재 개수가 감소한다. 그렇게 되면 차량은 경량화·소형화되고 부품 제조사를 포함한 자동차 산업의 구조와 공급망에도 변화가 올 것이다.

반도체를 지배하는 자가 자율주행을 지배한다는 말까지 나오는 가운데 AI용 반도체 패권을 둘러싼 대결이 벌어지고 있다. 진영은 크게 네 곳으로 나뉜다.

첫째 진영은 GPU에서 1강의 양상을 보이는 엔비디아다. 사실 GPU를 발명한 곳도, GPU를 AI의 딥러닝에 처음으로 이용한 곳도 엔비디아다. 300곳이 넘는 자동차 제조사 및 부품 제조사 등과 폭넓게 연계하고 있어 AI용 반도체로는 엔비디아의 GPU 외에 선택지가 없다고 할 정도로 독보적인 존재감을 자랑한다.

둘째 진영은 반도체의 제왕 인텔이다. PC용 CPU로는 압도적인 우세를 자랑하는 인텔이지만 스마트폰과 AI용 반도체 분야에서는 수세에 몰려 있다. 그래서 인텔은 CPU보다 고속처리가 가능한 반도체인 FPGA Field-Programmable Gate Array에 강한 이스라엘의 모빌아이를 약 1조 7,000억 엔에 인수하는 등 본격적으로 AI용 반도체 분야에 진출했다.

셋째 진영은 스마트폰 시장에서의 강점과 노하우를 차량용 반도체와 AI용 반도체에 활용하고자 하는 퀄컴이다. 유럽 자동차 업계와 관계가 깊고, 바이두의 자율주행 플랫폼인 아폴로 계획에 참여하고 있는 네덜란드의 NXP를 인수한다고 발표했다.

마지막 넷째 진영은 아마존, 애플, 구글 등 AI용 반도체를 자체 개발·내부 제조를 시작한 거대기술 기업을 꼽을 수 있다. 표면상으로는 자사의 클라우드 서비스와 데이터 센터에 쓸 용도로 AI용 반도체를 개발하고 있다. 다만 거대기술 기업도 차세대 자동차 산업을 위한 준비를 진행하는 가운데 AI용 반도체 패권 경쟁에 뛰어들 것이다. 중국의 대형 IT 기업도 차세대 자동차 산업에 진출한 가운데, AI용 반도체의 자체 개발까지 염두에 두고 있다.

위에 소개한 4개 진영 외에도 많은 참여자가 존재한다. 엔비디아가 제공하는 반도체와는 계층이 다른 제품군의 기업이기는 하나, 2017년에 매출·점유율에서 인텔을 넘어선 한국의 삼성, 일본 기업 중에서는 이미 AI용 반도체 분야에 진출한 도시바와 덴소, 르네사스 등의 움직임도 간과할 수 없다.

PC 시장의 성장이 한계에 부딪혔다는 말이 나오고 CPU의 장래 수요도 어두워 보이는 한편, AI용 반도체의 수요는 비약적으로 늘고 있다. 이는 반도체 제조사의 생존을 건 대결이기도 하다.

그렇다면 승패를 결정짓는 포인트는 어디에 있을까? 엔비디아의 아성을 무너뜨릴 참여자는 나타날까? 물론 엔비디아에 빈틈이 전혀 없지는 않다. 엔비디아의 GPU가 AI용 반도체로서 공세를 강화하고는 있지만, 애초에 GPU는 3차원 이미지 데이터를 처리하는 연산 장치다. 범용성이 있어 AI용 반도체로 사용하고 있지만, AI나 딥러닝에 특화된 반도체가 아니다. 범용성을 버리고 특정 용도에 필요한 기능만으로 압축한다면 연산 속도·전력 효율을 더욱 높일 수 있고 비용도 절약된다. 여기에서 경쟁할 만한 여지가 생긴다.

뒤에서 설명하겠지만 엔비디아의 GPU는 진화를 계속하고 있으나 현 상태의 소비전력과 비용으로는 개발 용도라면 몰라도 양산차에는 아직 사용하기 어렵다. 현시점에서는 엔비디아의 GPU를 사용하는 것 말고는 방법이 없지만, 자율주행차를 개발하려는 참여자는 AI에 최적인 방식과 용도가 결정되는 대로 연산 속도·전력 효율·비용 모든 면에서 경쟁력이 있는 자율주행차 전용 반도체를 사용하고 싶을 것이다.

이때 범용성이나 유연성은 필요하지 않다. 특정 작업만을 초고속 및 저전력 소비로 해내면 그만이다.

그렇게 되면 게임의 규칙도 바뀐다. 엔비디아를 추격 중인 각 참여자와 엔비디아도 이 사실을 이해하고 있다. 누가 완전 자율주행차를 실현할 것인가 하는 대결과 마찬가지로, AI용 반도체의 패권을 둘러싼 대결이 더욱 격렬해질 것이다

배후의 지배자로 존재감을 드러내는 엔비디아

AI용 반도체 패권을 둘러싼 대결의 주요 참여자인 엔비디아와 인텔을 살펴보자.

우선 그래픽 처리 기술이 뛰어난 기업이자 그래픽카드인 지포스 GeForce 시리즈 등의 제품으로 알려진 엔비디아는 그래픽보드에 사용되는 그래픽 칩을 개발해온 회사다. 그런데 최근에는 AI 컴퓨팅과 AI용 반도체를 논할 때 빠뜨릴 수 없는 기업으로 성장했다. 이제까지 그래픽 처리로 배양해온 기술이 딥러닝에 필요한 병렬 연산·행렬 연산을 처리하는 기술과 겹치기 때문이다.

창업자이자 현 CEO인 젠슨 황은 오리건 주립대학에서 전기공학 학사를, 스탠퍼드 대학에서 석사 학위를 취득했다. 졸업 후에는 실리콘밸리에서 반도체 제조사인 AMD Advanced Micro Devices 에 입사했다. 엔비디아의 창업은 1993년이다. 창업 계기는 당시에는 아직 무르익지 않던 그래픽용 칩 시장에서 비즈니스 기회를 발견한 것이다. 그 예측은

정확히 적중했다. 1999년에는 미국 나스닥에 상장했으며, 2018년 4월 27일 시점의 시가 총액은 1,373억 달러다. 2016년 1월부터 2018년 4월까지 2년여 동안 주가는 7배 이상 뛰어올랐다.

연간 보고서에 따르면 2017년 매출은 69억 달러, 영업이익은 19억 달러다. 이중 GPU가 매출의 약 84%를 차지한다. GPU는 1999년에 발명된 이래 주로 PC 게임 그래픽을 초고속으로 표시하기 위해 사용했다. 하지만 GPU를 딥러닝에 활용할 수 있다는 사실이 알려지자 자율주행차의 실용화를 목표로 하는 자동차 제조사가 일제히 GPU를 채용하기 시작했다. 현재 엔비디아는 AI, GPU, 비주얼 컴퓨팅 등을 전략의 축으로 삼아 게이밍, 엔터프라이즈 그래픽스, 데이터 센터, 자동차라는 4가지 중점 타깃을 설정했는데, 그중에서도 AI 컴퓨팅 기업으로서 AI용 반도체에서 공세를 펼치고 있다. 차세대 자동차 산업의 참여자가 모두 엔비디아 GPU를 채용하는 모습은 엔비디아를 중심으로 한 플랫폼과 생태계의 탄생을 보는 듯하다.

자동차 제조사에서는 독일의 다임러·폭스바겐·아우디, 미국의 포드·테슬라, 그리고 일본의 도요타가 엔비디아 진영이다. 특히 테슬라가 자율주행 개발에서 앞서나갈 수 있던 것은 엔비디아 GPU를 탑재한 AI 차량용 컴퓨팅 플랫폼인 드라이브 PX 2DRIVE PX 2를 채용한 것이 크다는 분석이 있다. 자동차 부품 제조사에서는 독일의 ZF·보쉬·컨티넨탈, 고해상도 3차원 지도 회사에서는 독일의 히어, 네덜란드의 톰톰, 일본의 젠린과 협력 관계에 있다.

다만 테슬라가 AI용 반도체를 자체 개발한다는 방침을 보이고, 폭스

엔비디아의 젠슨 황 CEO

바겐은 인텔에 인수된 모빌아이와 연계하고 있어 엔비디아와의 결속
이 약간 약해져 있다.

　엔비디아는 바이두의 자율주행 플랫폼인 아폴로 계획에 참여했다.
CES 2018에서는 바이두×엔비디아×ZF 3사 제휴에 의한 차량용 컴
퓨팅 유닛의 개발 추진을 발표했다. 이는 중국 시장에서의 양산 대응
을 내다본 전략이다. 아폴로의 컴퓨팅 유닛은 바이두가 펼치는 포위
전략의 일환이다. 동시에 차세대 자동차 산업의 패권을 노리는 중국의
국책 사업인 아폴로의 일각을 담당한다는 점에서 엔비디아의 역할은
주목할 만하다.

　엔비디아는 더욱 공세를 강화하려 하고 있다. 원래 엔비디아가 공
급하던 AI 차량용 컴퓨팅 플랫폼인 드라이브 PX 2는 소비전력이

80~250W로 높고 가격도 수백만 엔을 호가하는 고가였다. 그래서 엔비디아는 저전력화를 도모한 자율주행차용 프로세서인 드라이브 PX 자비에DRIVE PX Xavier를 양산차용으로 개발했다. 소비전력 30W, 연산 속도는 30TOPS(초당 30조 회 연산)라는 성능을 자랑한다. 도요타나 바이두의 아폴로에 제공되는 AI 차량용 컴퓨팅 플랫폼에는 자비에가 탑재된다.

30W와 30TOPS라는 성능은 많은 반도체 제조사가 더욱 고성능·저전력 소비·저비용 반도체 칩을 개발하는 데 있어 현시점의 커다란 목표다. 나아가 2017년 10월에는 5단계의 완전 자율주행 로봇 택시를 실현하기 위해 설계된 새로운 AI 차량용 컴퓨팅 플랫폼을 발표했다. 드라이브 PX 페가수스DRIVE PX Pegasus는 소비전력이 500W로 높지만 320TOPS의 연산 능력을 갖추었다. 드라이브 PX 자비에에서 성능의 자릿수가 또 하나 올라간 것이다. 공식 발표에서는 드라이브 PX 페가수스를 통해 핸들·페달·유리가 없이 거실이나 사무실과 똑같은 내장을 갖춘 완전한 자율주행차를 실현하겠다고 밝혔다.

또 엔비디아의 드라이브 PX 플랫폼상에서 개발을 진행하는 225곳의 파트너사 중 25곳 이상의 파트너사가 엔비디아 쿠다CUDA GPU를 이용한 완전 자율형 로봇 택시 개발을 진행하고 있다. 미국 우버에도 드라이브 PX 페가수스가 공급될 예정이다.

이제 엔비디아는 AI용 반도체 분야에서 '제품이 뛰어나다 → 유력 참여자가 사용한다 → 최첨단 분야를 책임진다 → 플랫폼으로 자리매김한다'라는 선순환 주기를 만들어냈다. 반도체는 소비자가 직접 접할 일이 거의 없는 제품이지만, 선순환 주기를 통해 엔비디아가 공급하는 AI용 반도체 플랫폼은 자율주행의 배후 지배자, 사실상 표준이라 해도 좋을 만큼의 존재감을 보이게 되었다. 테슬라 등 자율주행 분야의 최첨단 참여자들과 최첨단 기술을 추구해온 실적은 설령 반도체 제왕인 인텔이라도 쉽게 추월할 수 없다.

엔비디아는 원래 후발의 신흥 반도체 제조사다. 인텔 등 대기업의 하청을 받는 작은 회사였다는 사실이 믿기지 않을 만큼 청출어람이다. 청출어람이라는 말에는 또 다른 의미가 있다. 전통적인 자동차 산업에서 반도체 칩 제조사는 일개 부품 제조사에 불과했다. 그러나 자율주행, EV, 커넥티드 카 등으로 이루어지는 차세대 자동차 산업에서는 공급망을 지배하는 플랫포머가 될 수 있다는 사실을 엔비디아가 보여주고 있다. 더 구체적으로는 PC 시절 윈텔 지배 체제의 인텔과 같은 존재가 될 가능성을 가진 대표적인 기업이 바로 엔비디아다.

나아가 엔비디아는 이미 AI용 반도체를 넘어선 영역에까지 사업을 전개하고 있다. 엔비디아는 이미 많은 소프트웨어 엔지니어를 내부에 두고 차량용 플랫폼 기반의 자율주행 관련 서비스 소프트웨어의 개발에 착수했다. 엔비디아에 있어 GPU는 이제 수단이며 이제는 자율주행 플랫폼에서 서비스와 소프트웨어의 패권을 쥐려고 계획하고 있다. 자율주행 기술의 핵심인 3D 이미지 처리 기술을 지배한 엔비디아의 동향이 무척 흥미롭다.

인텔과 모빌아이의 맹추격

인텔은 최근 들어 엔비디아를 뒤쫓기 위해 사활을 걸고 있다. 엔비디아와 마찬가지로 미국 캘리포니아 주 산타클라라에 본사를 두고 있는 인텔은 종업원 규모가 10만 명을 넘는다. 연간 보고서에 따르면 2017년의 매출은 628억 달러, 영업이익은 179억 달러다. 1968년에 설립해 1971년에 나스닥에 상장했고, 2018년 4월 27일 시점의 시가 총액은 2,457억 달러다.

엔비디아와 비교하면 종업원 규모는 10배, 매출·영업이익은 9배, 시가 총액은 약 1.8배의 차이가 난다. PC에 탑재되는 CPU에서는 압도적인 시장 점유율을 자랑하며 데이터 센터의 서버용 CPU에서도 90%를 넘는 점유율을 갖고 있다.

하지만 차세대 자동차 산업을 내다본 사업 전개에서는 완전히 엔비디아의 꽁무니를 쫓는 모양새다. 이런 평가만 놓고 보더라도 시가 총액이 매출과 기업 규모를 감안하면 상대적으로 라이벌에 비해 낮다. CPU 시장의 장래성이 조금씩 불투명해지고 자율주행 사회로 향하는 분위기가 고조되는 가운데 인텔은 전략의 전환을 꾀하고 있다.

2017년 1월, 인텔은 자율주행 기술의 개발 기반인 인텔 고Intel GO를 발표했다. 인텔 고는 자동차, 커넥티비티, 클라우드를 연계시킨 자동차용 솔루션이다. 인텔 아톰Atom 프로세서와 인텔 제온Xeon 프로세서 둘 중에 선택할 수 있으며, 개발자가 필요한 성능에 맞춰 확장 가능한 개발 키트와 자율주행차에 특화된 업계 최초의 5G 대응 개발 플랫폼을 제공한다.

2017년 3월에는 GPU보다 고속의 연산 처리가 가능한 FPGA에 강점을 지닌 이스라엘의 모빌아이를 인수했다. 이는 2015년 FPGA 최대 기업인 미국 알테라Altera 인수, 2016년 딥러닝 분야의 반도체를 만들던 미국 벤처회사 너바나Nervana 인수에 뒤이은 일이었다.

TV 광고와 PC의 CPU 등으로 친숙한 인텔은 최근 주가가 주춤하고 매출 성장도 둔화하고 있다. 인텔은 PC 전성기에 마이크로소프트 윈도와의 윈텔 연합으로 시장을 지배한 한편, 다음 플랫폼인 스마트폰에서는 퀄컴이나 소프트뱅크에 인수된 영국의 암ARM 등에 참패한 경험도 있다. 이런 가운데 인텔은 데이터 센터, 플래시메모리, IoT 등을 중요 사업 영역으로 정의하고 특히 IoT에서는 자율주행 사업에 초점을 맞추고 있다.

모빌아이 인수가 주목받은 이유는 인수 발표와 동시에 모빌아이의 공동 창업자 겸 회장이자 CTO이던 암논 샤슈아 씨를 인텔 자율주행 사업 전체 책임자로 임명하고 인텔의 자율주행 사업 본부 거점을 이스라엘로 옮긴다는 발표했기 때문이다. 즉 인수하는 인텔의 조직에 인수되는 모빌아이를 통합하는 것이 아니라 이스라엘에 본거지를 둔 모빌아이에 인텔의 자율주행 사업 부문을 통합하는 형태라고 발표했다.

모빌아이를 인수하면서 자율주행 사업의 본거지가 된 이스라엘에는 구글, 애플, 마이크로소프트를 비롯해 IT 기업을 중심으로 많은 미국 기업이 R&D 거점을 마련해두고 있다. 다만 인텔은 이미 1974년부터 이스라엘에 개발 거점을 두고 있어 선구자적인 존재로서 오랜 역사를 갖고 있다. 인텔은 다가올 차세대 자동차 산업에서 왕좌를 탈환하고 우위에 서기 위해 자율주행 사업의 본거지를 옮길 정도의 각오로 임하고 있다.

모빌아이는 차량용 이미지 인식 칩인 아이큐EyeQ로 유명한 기업인데, 필자가 가장 주목하고 있는 것은 2016년에 발매된 매핑 소프트웨어인 도로 경험 관리Road Experience Management, REM다. REM은 독자적인 EyeQ 제품군의 차량용 칩과 연계해 저대역폭 인터넷을 경유해 도로 및 랜드마크 정보를 수집하는 소프트웨어로, 이에 따라 실시간으로 지도를 업데이트할 수 있다. 완전 자율주행 단계가 되면 지도 데이터 시스템에서는 실시간으로 지도 데이터와 실제 도로 상황과의 상이점을 업데이트할 필요가 있다. 모빌아이에서는 REM에 모든 자동차 제조사가 참가해 주행 데이터를 수집하게끔 만들어 완전 자율주행에서 표준이 되는 것을 목표로 내걸고 있다.

인텔은 자동차 업계와의 제휴도 진행 중이다. 자동차 제조사에서는 독일의 BMW·폭스바겐, 미국의 GM, 일본의 닛산자동차와 제휴 관계에 있다. 또 차량용 컴퓨터를 만드는 독일 컨티넨탈, 고해상도 3차원 지도 회사인 독일 히어와 협력하고 있다. 바이두와 텐센트가 출자한 중국 신흥 EV 제조사 NIO에도 AI용 반도체를 공급한다. 엔비디아와 마찬가지로 바이두의 자율주행 플랫폼인 아폴로 계획에도 파트너사로 참여하고 있다.

자동차 업계의 주요 참여자와 생태계를 구축하고 있다는 점에서는 엔비디아와 인텔 모두 같다. 양사의 대결은 각 생태계 간의 격돌이기도 하다.

이번 장에서는 차세대 자동차 산업의 중심으로 규정되는 AI용 반도체의 중요성을 알아보았다. 엔비디아 항목에서 설명했듯이, 엔비디아와 인텔은 이미 AI용 반도체를 넘어 반도체를 기반으로 한 소프트웨어와 플랫폼까지 노리고 있다. 다음 장에서는 AI용 반도체로 대표되는 자율주행 기술과도 관련되어 있으며 차세대 자동차 산업을 지탱하게 될 에너지·통신에 관해서 자세히 살펴보자.

제9장

모빌리티와 융합하는 에너지와 통신
- 재생 가능 에너지와 5G가 여는 미래

2022

차세대 자동차는 차세대 통신과
차세대 에너지 없이는 성립되지 않는다

차세대 자동차 산업은 자동차×IT×전기·전자가 융합한 거대한 산업이다. 반도체 소비가 크고 전력 소비가 방대해, 차세대 자동차 산업에서는 필연적으로 친환경 에너지 생태계가 필요하다.

이런 점에 가장 의식적인 기업은 일론 머스크의 테슬라다. 제2장에서 설명한 대로 EV 사업은 테슬라 사업 구조 전체 중 일부일 뿐이다. 테슬라의 진정한 목적은 에너지를 만들고(태양광 발전), 에너지를 축적하고(배터리), 에너지를 사용하는(EV 판매) 삼위일체의 사업 구조를 통해 친환경 에너지 생태계를 구축하는 데 있다.

또 자동차가 거대한 IoT 기기로 변하는 가까운 미래에는 통신량이 방대해진다. 지금보다 훨씬 빠르게 대용량 파일을 지연 없이 보낼 수 있고, 동시 다수 접속이 가능한 통신 환경이 정비되어야 사람이 운전하는 것보다 안전한 자율주행차를 세상에 널리 보급할 수 있다.

결국, 자동차×IT×전기·전자로 이루어지는 차세대 자동차가 달리는 사회는 통신과 에너지라는 인프라의 진화 없이는 절대로 실현할 수 없다. 그래서 이번 장에서는 차세대 자동차 산업을 지탱할 차세대 에너지와 통신, 특히 재생 가능 에너지와 차세대 통신 규격인 5G에 관해 설명한다.

이번 장의 내용을 이해하는 데 있어 앞서 살펴본 일론 머스크의 비전은 매우 중요하다. 이번 장의 처음에 차세대 자동차 산업을 핵심으로 하는 친환경 에너지의 새로운 원대한 구상으로서의 표를 다시 실어 둔다. 일론이 그리고 있는 비전과 지구를 생각하는 마음은 세계적 수준의 원대한 구상이 되어 가리라 확신한다.

친환경 에너지 창조×축적×사용의 삼위일체 사업(표 13과 같음)

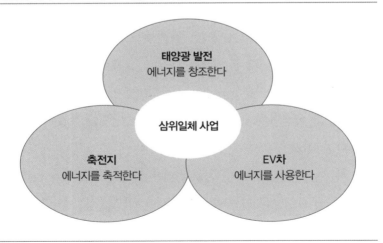

재생 가능 에너지에서 진행되는 가격 파괴
― 이제 석유·가스보다 저렴한 에너지

현재 재생 가능 에너지의 가격 파괴가 차세대 자동차 산업의 순풍이 되고 있다. 《석유의 종말》(마쓰오 히로후미 저, 국내 미출간)에 따르면 아랍에미리트UAE 아부다비에서 마루베니, 아부다비 정부, 중국의 태양광 패널 제조사인 진코솔라 3자에 의해 스웨이한 태양광 발전 사업 건설이 진행되고 있다. 117만 7,000킬로와트kW라는 출력은 원자력 발전소에 필적하며 7.9km²의 부지에는 태양광 패널 300만 장이 늘어서 있다고 한다.

그러나 무엇보다 놀라운 점은 저렴한 가격이다. 1킬로와트시kWh당 불과 2.42센트로 3엔 이하다. 재생 가능 에너지는 비싸다는 인식이 있었으나 그것도 옛이야기다. 이미 석유나 석탄보다 저렴하기 때문이다.

일본 자원에너지청에 의하면 세계 태양광 발전 비용은 2009년에 35엔/kWh였다. 그런데 태양광 패널 생산비용 감소, 재생 가능 에너지 도입 확대, 재생 가능 에너지의 고정가격 매입제도로 인해 매입 가격이 내려가면서 2017년에는 10엔/kWh선 아래로 떨어졌다.

2016년에 UAE와 칠레에서 3센트/kWh라는 태양광 발전 비용이 실현되었는데, 스웨이한 태양광 발전 사업은 더욱 낮은 비용이다. 가격 파괴는 태양광 발전에 국한되지 않는다. 자원에너지청에 따르면 풍력 발전 가격도 1984년에는 70엔/kWh였는데 2014년에는 10엔/kWh선 아래로 떨어졌다. 재생 가능 에너지에서 진전되고 있는 가격 파괴는 차세대 자동차 산업 참여자들의 EV 전환을 강하게 뒷받침하게 될 것이다.

참고로 일본은 2012년에 도입한 고정가격 매입제도가 재생 가능 에너지 보급에 소기의 성과를 올렸다고 평가받는다. 그러나 해외의 재생 가능 에너지 발전 비용에 비하면 가격 하락 폭은 완만하다. 2018년의 태양광 발전 매입 가격은 18엔/kWh(세금 별도, 10kW 이상 2,000kW 미만)이다. 발전 비용과 매입 가격은 같지 않지만, 일본의 매입 가격은 스웨이한 태양광 발전소 발전 비용의 약 7배다.

전 세계 발전 설비 중 재생 가능 에너지가 차지하는 발전 설비 비율이 증가해 2015년에 가동한 발전 설비의 50% 이상을 재생 가능 에너지 설비가 차지한다고 알려진 가운데, 일본 발전 전력량 중 재생 가능 에너지의 비율은 불과 15%, 화력 발전은 여전히 80%를 넘고 있다. 일본이 재생 가능 에너지 분야에서 뒤처지고 있다는 사실을 알 수 있다.

한계비용이 제로인 사회 독일 ― 본업을 분리해내고 재생 가능 에너지에 주력하는 독일의 전력회사

이어서 환경선진국이라 불리는 독일의 전력 사정을 소개한다. 독일은 2050년까지 전력의 80%를 재생 가능 에너지로 충당하겠다는 구체적인 목표를 내걸었다.

2014년 11월 독일 4대 전력회사 중에서 가장 규모가 큰 에온은 경영 방침 전환에 관한 중대한 발표를 했다. 우선 이제까지 본업으로 삼아 왔던 원자력 발전과 석탄 등의 화력 발전을 채산 악화로 인해 본사에서 분리해 분사하겠다는 내용, 그리고 본사의 기간 사업을 재생 가능 에너지·스마트그리드·고객의 요구사항에 대응하는 전력 공급 서비스의 세 가지로 하겠다는 내용이었다.

이것이 의미하는 바를 이해하려면 우선 원자력 발전소 및 화력 발전소와 재생 가능 에너지의 차이를 정리해 둘 필요가 있다. 원자력 발전소와 화력 발전소는 발전 규모가 크다. 소비자에게서 멀리 떨어진 넓은 토지에 규모가 큰 발전 설비를 갖추고 대량의 전력을 만드는 대규모 집중형 발전이다. 발전과 더불어 송전·배전(소매)까지 한다면 대규모 집중·독점형 에너지 수급 체제를 구축하게 된다.

반면에 태양광 발전 등 재생 가능 에너지는 일반적으로 소비자와 가까운 곳에서 소규모 발전 설비를 이용해 만들 수 있다. 말하자면 이쪽은 분산형 발전, 전력회사 이외의 기업은 물론 개인이나 공동체도 전력을 만들 수 있다. 따라서 스마트그리드(IT 활용을 통해 전력 흐름을 제어·최적화하는 송전망)하에 전기를 팔거나, 직접 사용하거나, 공동체 내 소비자끼리 전기를 서로 융통하는 등 상황에 따라 전기를 활용할 수 있다. 원자력 발전과 화력 발전이 대규모 집중·독점형 발전이라면, 재생 가능 에너지는 P2P 방식의 에너지 생산·유통을 가능하게 하는 다원·분산형 에너지 수급 체제다.

석유·가스, 원자력 발전 회사에서 재생 가능 에너지 회사로 변신하려는 에온의 경영 개혁은 대규모 집중·독점형 거대 전력회사에서 다원·분산형 전력회사로 전환하는 것을 의미한다.

그렇다면 왜 에온은 이런 판단을 내렸을까? 이를 해석할 열쇠가 바로 한계비용 Marginal Cost 이다. 한계비용이란 생산량을 한 단위 늘릴 때 드는 추가적인 비용을 말한다. 태양광·풍력·지열에 의한 발전은 인프라에 투자하는 비용이 들어가지만, 연료비가 필요하지 않으므로 한계비용이 제로에 수렴하는 성질을 갖고 있다. 그렇게 되면 전력 시장에서 재생 가능 에너지는 가격 경쟁력을 발휘해, 재생 가능 에너지에 비하면 한계비용이 높은 원자력 발전과 화력 발전 사업은 채산이 악화된다. 재생 가능 에너지 비율이 낮은 전력회사일수록 상황이 힘들어져 이윽고 경영 방침을 전환할 수밖에 없다. 에온의 경영 개혁이 바로 여기에 해당한다.

EV차 연료비가 제로인 사회

독일의 재생 가능 에너지라고 해서 걱정이 없지는 않다. 예를 들면 바람이나 일조 시간과 같은 자연조건을 제어하지 못하므로 전력의 안정 공급에 불안 요소가 남는다. 또 태양광과 풍력에 의한 재생 가능 에너지가 늘수록 화력 발전의 채산은 악화하지만, 화력 발전도 태양광·풍력 발전의 백업으로 필요하다. 재생 가능 에너지로 전환이 진행되니 화력 발전이 파산해도 된다는 식으로 낙관해서는 안 된다. 그래도 EV를 구동하는 데 필요한 방대한 전력을 친환경 에너지 생태계로 충당할 수 있는 것은 한계비용 제로인 전원, 즉 재생 가능 에너지 외에는 없다.

현재 전기자동차는 화력 발전으로 만든 전기로 달리지만, 테슬라가 추진하고 있듯이 언젠가는 태양광 발전 등 한계비용 제로인 전력이 사용될 것이다. 반복해서 강조하지만 일론 머스크의 목적은 화석연료에서 친환경 에너지로의 전환이다. 이와 함께 자동차의 소유에서 공유라는 가치관의 전환도 더욱 진행된다.

이런 요소들을 조합해 그리는 미래 사회는 어떨까?《한계비용 제로 사회》(민음사, 2014)의 저자이자 문명 평론가인 제레미 리프킨은 미래의 자동차가 무료 교통 인프라로 변신해 사회를 활성화할 것이라고 말한다. 또 연료가 무료가 되면 운송비도 내려간다. 다원·분산형 수급 체제인 재생 가능 에너지라면 지역에서 충당할 수도 있을 것이라고 한다. 이런 점들이 지역 경제의 활성화에 크게 이바지할 것이다. 재생 가능 에너지는 이처럼 미래의 교통 인프라 방식을 규정한다.

EV화에 발 빠르게 대응하는 에너지 업계
─ 에너지 업계에서 진전되는 3D

재생 가능 에너지의 가격 파괴, 한계비용 제로, 다원·분산형 에너지 수급 체제와 같은 현재 에너지 산업의 움직임을 소개했다. 이러한 변화를 3D로 정리한 논의가 있다. 즉 탈탄소화Decarbonization, 분산화Decentralization, 디지털화Digitalization다.

국제적인 추세가 탈탄소화에 있다는 점은 두말할 나위가 없다. 2015년에 채택된 파리기후협정에서는 산업화 이전 대비 세계의 평균 온도 상승 폭을 2도 미만으로 억제하고 나아가 상승 폭 1.5도 미만을 목표로 하기 위해 CO_2 등 온실가스 배출에 대한 방침을 결정했다. 에너지원 관점에서 보면 당연히 석유·석탄 등 화석연료에서 태양열·풍력·지열 등 재생 가능 에너지로의 전환이 대세다. 자동차 산업으로 말하자면 탈가솔린차와 전기자동차EV 등 신에너지차NEV의 급속한 보급에 이런 점이 잘 나타난다.

분산화는 다원·분산형 에너지 수급 체제로의 전환을 뜻한다. 탈탄소화의 요청에 따라 태양광 발전과 풍력 발전 등의 재생 가능 에너지 전원 도입이 진행되면 소규모 전원 설비가 지역 여기저기에 분산 설비된다. 이에 따라 P2P 방식의 에너지 생산·유통이 가능하다.

분산화는 발전 과정에서 CO_2 등 온실가스가 발생하지 않고, 한계비용이 제로이고, 가정 및 사무실의 전기 요금이 줄어들고, 전원으로부터 소비 장소까지의 송전 손실이 없고, 지방 활성화로 이어지는 등의 장점이 있다. 한편 초기 설비투자 비용이 많이 들고, 대규모 집중형 발전에 비하면 발전 효과가 낮고, 발전량이 날씨 등 자연조건에 좌우된다는 단점이 있다. 또 분산화는 저탄소·분산 발전이 정책적으로 우대됨에 따라 백업·조정 기능을 갖춘 기존형 전원의 유지를 어렵게 만드는 문제가 있다.

디지털화는 기존에 전력회사가 고객 전력 소비량을 계측하고 고객이 자신의 전기 요금과 내역을 확인하는 방식이 주류였다. 그러나 모든 사물이 인터넷과 연결되는 IoT 시대의 디지털화는 빅데이터×AI와 스마트그리드에 관련 기술에 의해 분산화된 전원과 발전·송전·배전·축전 등의 제어, 수요 예측과 관리까지 다양한 측면에서 에너지의 스마트 이용을 촉진하는 기술이다. 이러한 디지털화는 발전 분야를 넘어서 교통·물류 등의 전기 동력화·자동화에 영향을 미친다. 그리고 인프라 간의 상호 보완성을 높여 공동체를 유지하는 데 있어 사회적으로 최적의 배치·운용으로 이어질 것으로 기대하고 있다.

에너지 업계의 추세로 위에서 설명한 3D에 부문 간 결합Sector Coupling이라는 개념을 추가하는 논의가 있다. 부문 간 결합이란 쉽게 말해 전력·열·교통 세 부문 간의 에너지를 융통하는 것이다. 예를 들어 전력 부문에서 발전한 재생 가능 에너지 전력을 그대로 전지에 저장하는 것이 아니라 온수 등으로 변환해 탱크에 저장한다면 전력 → 열의 구조라고 할 수 있다.

차세대 자동차 산업을 논하는 이 책에서는 특히 전력 → 교통이라는 구조에 주목하고 싶다. 재생 가능 에너지가 교통으로, 즉 전기자동차에 이용되는 것이다. 이처럼 산업 전체적으로 에너지를 효율적으로 운용하는 데 부문 간 결합의 목적이 있다. 앞서 언급한 대로 언젠가는 전기자동차에 태양광 발전 등 한계비용이 제로인 전력을 사용할 것이다. 거기에 소유에서 공유라는 추세가 더해진다. 이렇게 자동차는 친환경이면서 무료인 공공의 교통 인프라로 탈바꿈한다.

이렇게 본다면 테슬라가 부문 간 결합에 발 빠르게 대처한 기업이라는 점을 알 수 있다. 에너지를 만들고(태양광 발전), 에너지를 축적하고(축전지), 에너지를 사용하는(EV 판매) 삼위일체를 기반으로 태양광 발전 사업을 하는 솔라시티 및 파나소닉과의 EV용 전지 합작 회사인 기가팩토리, 그리고 EV를 제조 판매하는 테슬라에 의해 친환경 에너지 생태계를 구축하고 있다. 이는 부문 간 결합을 사업 구조로 흡수한 것이라고 볼 수 있다.

자동차 산업에서는 CASE에 의해 차세대 자동차 산업의 방향이 제시되면서 기존 참여자도 모습을 크게 바꾸고 있다. 이와 동시에 에너지 업계에서는 3D+S, 즉 탈탄소화, 분산화, 디지털화, 부문 간 결합이라는 추세가 환경을 급격히 바꾸고 있다. 이에 따라 전력회사·가스 회사·석유 회사와 같은 에너지 업계의 기존 참여자도 재생 가능 에너지로 방향키를 크게 틀고 있다. 자동차 업계와 에너지 업계의 접점은 재생 가능 에너지다. 두 업계는 하나의 큰 파도가 되어 한 방향으로 향하려 하고 있다.

공세를 시작한 재생 가능 에너지 참여자들

차세대 자동차 산업의 전력을 책임질 에너지 업계. 그런 인식하에 에너지 업계는 자동차 산업보다 앞서서 EV화에 대한 대응을 진행해 왔다.

소프트뱅크의 손정의 사장이 2011년에 설립한 자연에너지재단은 2018년 3월에 주최한 국제 심포지움인 'REvision2018: 자연에너지의 대량 도입이 세계를 바꾼다'에서 다음과 같이 말했다.

"태양광과 풍력 발전은 이미 전 세계 많은 나라와 지역에서 화력과 원자력 발전보다 저렴한 에너지원이 되었습니다. 대량 도입이 진행되는 가운데 탈탄소를 지향하는 새로운 비즈니스를 창출하고 전력회사의 방향성을 바꾸고 있습니다(재단 홈페이지에서 발췌)."

탈탄소를 목표로 하는 새로운 비즈니스의 사례로 소프트뱅크그룹의 사업을 소개한다. 소프트뱅크그룹은 일본 내에서 재생 가능 에너지 발전 사업의 SB에너지SB Energy, 연료전지 사업의 블룸에너지Bloom Energy, 전력 소매의 SB파워SB Power를 전개한다. SB에너지는 일본에 태양광·풍력 발전 설비 42기를 보유 중이며 출력 합계는 650MW에 달한다. SB파워는 2017년 2월 SB에너지 등이 재생 가능 에너지로 발전한 전기인 자연전기의 소매 판매를 시작했다.

해외의 경우 몽골에서 현지 기업과 합작에 의한 풍력 발전 사업, 인도에서 태양광 발전 사업, 사우디아라비아에서 재생 가능 에너지 발전 사업에 착수했다. 몽골 설비는 고비 사막에 합계 3,260km^2나 되는 토지를 보유하고 프로젝트 합계 13GW를 넘는 풍력 발전의 잠재력이 있다고 한다. 인도에는 태양광 발전 설비 두 곳을 가지고 있다. 놀라운 사실은 전기 판매 가격이 가장 저렴한 경우 3.8센트/kWh라는 점이다.

수비에서 공격으로, 다음 한 수를 꺼낸
산유국과 국제석유자본: 탈석유·탈탄소로 방향을 틀다

탈석유·탈탄소의 움직임은 세계적인 규모로 진행 중이다. 산유국과 국제석유자본(세계의 석유 산업을 지배하는 카르텔을 형성한 거대 7대 석유 회사—옮긴이)조차 예외가 아니다.

2016년 4월 세계 최대 원유 수출국인 사우디아라비아는 장기 경제 계획인 비전 2030을 발표했다. 정부 소유 자산의 민영화와 국영 석유 회사인 사우디아람코Saudi Aramco가 석유 생산 대기업에서 글로벌 복합

공업 기업으로 변혁한다는 내용이 주요 골자다. 사우디아람코의 주식 공개도 예정되어 있는데, 원유 수입에 너무 의존하지 않는 국가 만들기의 일환이라고 할 수 있다.

2017년 11월에는 운용 자산 1조 달러로 알려진 세계 최대의 정부계 펀드인 노르웨이 정부연기금Government Pension Fund Global이 석유·가스 관련 주식 종목에 대한 투자에서 철수하겠다는 방침을 밝혔다. 액수는 엑슨 모빌ExxonMobil, 로열 더치 셸Royal Dutch Shell, 셰브런Chevron, BP 등 국제석유자본 전체 주식의 약 6%다. 매각 총액은 일본 엔으로 약 1조 3,400억 엔에 달한다.

산유국과 국제석유자본까지 탈석유로 향하는 배경에는 신新 피크 오일론이 있다. 쉽게 말해 석유는 앞으로 돈이 되지 않는다고 예상하는 것이다. 1956년 미국 지질학자인 마리온 킹 허버트 박사가 피크 오일론을 제창했다. 즉 지구상의 석유자원은 유한하며 언젠가는 고갈된다는 개념이다.

자원이 적어지면 수요가 공급을 웃돌아 석유 가격이 높아진다. 그 뒤로 셰일오일과 오일샌드 등 새로운 석유자원이 발견되면서 피크 오일론이 후퇴했는데, 최근 신 피크 오일론이 급부상하고 있다. 자원이 고갈되기 전에 수요가 정점을 맞이한다는 가설이다. 공급이 수요를 웃돌아 언젠가는 석유 가격이 하락한다.

현재 세계적으로 신 피크 오일론이 우세한 상황이다. 왜냐하면, 3D+S라는 흐름과 전기자동차EV 보급이 진행되는 한 앞으로 석유 수요는 계속 줄어들 전망이기 때문이다.

수요의 정점이 언제 찾아올지는 정해지지 않았다. 국제석유자본과 IEA(국제 에너지 기구), OPEC(석유 수출국 기구)은 2035년 혹은 2040년 까지는 정점이 오지 않는다는 견해로 거의 일치하고, EV로의 이행에도 20년 정도는 걸릴 것이라고 보고 있다.

그러나 언젠가 올 그날을 위한 준비는 진행 중이다. 석유 회사인 로열 더치 셸은 2017년 10월 유럽 최대 EV 충전소 네트워크를 가진 네덜란드의 뉴모션NewMotion 인수에 합의했다. 같은 해 11월에는 유럽 10개국에서 EV용 고속 충전기를 정비하기 위해 미국 포드와 독일의 BMW·다임러·폭스바겐이 출자한 EV 충전소 운영 사업자 이오니티IONITY와 제휴한다고 발표했다. 세계의 에너지 전환 흐름에 역행하지 않고 화석연료에서 친환경 에너지로 사업 다각화를 추진하는 로열 더치 셸. 석유 수요가 장기적으로는 정체할 것을 내다보고 앞으로 보급이 예상되는 EV 분야에서 수익 확대를 노리는 방침을 엿볼 수 있다.

차세대 원전과 재생 가능 에너지를 강력히 추진하는 중국

세계적인 EV 전환을 견인하는 존재가 된 중국은 국가적으로 탈석유를 급속히 추진하고 있다. 중국의 신에너지차(EV·PHEV) 판매 대수는 약 77.7만 대에 달하며(2017년), 전년 대비 50% 이상의 성장률을 보였다. 중국의 차세대 자동차 산업에서도 안정된 에너지 공급은 매우 시급한 과제다.

2016년부터 시작된 제13차 5개년 계획에서는 1차 에너지 소비에서 차지하는 비화석연료 에너지의 비율을 2020년까지 15%로 끌어올린다는 목표가 설정되었다. 이를 실현하기 위해 중국은 비화석연료에서 원자력과 재생 가능 에너지 개발이라는 양대 축으로 개발을 추진하고 있다.

일반사단법인 일본원자력산업협회의 보고서 〈중국의 원자력 개발: 제13차 원자력 계획에서의 안전 추구와 국산화 과제〉(2017년 9월 29일)에 따르면, 중국의 원자력 발전소는 38기(3,612.5만kW)가 가동 중이며 추가로 19기(2,219.3만kW)를 건설 중이라고 한다. 2020년에는 운영 중 5,800만kW, 건설 중 3,000만kW 이상을 목표로 하는 한편, 후쿠시마 원전 사고를 반면교사 삼아 2025년까지 국제 선진 수준의 안전 달성도 추진하고 있다.

나아가 2030년까지 100기가 넘는 원자력 발전소 가동을 계획하고 있는데, 이는 현재 원자력 발전소 99기를 보유한 미국을 뛰어넘는 수준이다. 즉 중국은 세계 최대의 원자력 발전 대국이 되려고 한다. 2015년 시점의 원자력 발전은 전체 전원의 3% 정도에 그쳤으나, 원자력 발전 사업을 국책으로 삼아 강력히 추진하면서 자금 제공 등 구체적인 정책을 진행하고 있다.

중국은 국내뿐만 아니라 원전의 수출에도 적극적이다. 중국 최대 국유 원자력 기업인 중국핵공업집단CNNC이 파키스탄에 원전을 건설하고 있고, 2016년에는 케냐·이집트와 제3세대 원전 수출에 관한 각서에 서명했다. 또 루마니아와 아르헨티나로부터 원전을 수주하면서 중동과 아프리카 지역 시장을 집중적으로 개척하고 있다. 2016년 9월에는 중국광핵집단CGN·프랑스 최대 전력 기업 프랑스전력공사EDF·영국 정부 간 원전 신설 프로젝트의 일괄 계약을 체결했다. 2017년 5월에는 중국 원자력 최대 기업인 중국광핵집단이 출자한 영국의 힝크리 포인트C 원자력 발전소 건설을 착공했다고 발표했다.

중국은 차세대형이라고 불리는 원자력 발전 개발을 진행하고 있다. 차세대형 원전은 대형 압력 용기가 불필요하고 연료 재활용이 쉬우며 우라늄을 사용하지 않아도 되므로 만일의 사태가 발생하더라도 최악의 사고를 피할 수 있다는 점이 특징이다. 2017년 11월에는 중국 최대 국유 원자력 기업인 중국핵공업집단 등이 빌 게이츠가 회장으로 근무하는 원자력 벤처 기업인 테라파워Terra Power와 합작 회사를 설립했다. 기업의 목적은 진행파 원자로TWR 실용화다. 연료는 핵연료 폐기물이고 안전성이 뛰어나다고 한다.

이러한 해외 진출과 미국과의 협업은 안전성을 포함해 중국의 원자력 사업이 이미 외국의 성숙된 기술을 단순히 이전·전용하는 수준이 아니라는 점을 보여 준다.

한편 풍력 발전과 태양광 발전 등 재생 가능 에너지 개발은 원전 이상의 속도다. 시진핑 국가 주석은 2017년 10월 공산당 전국대표대회에서 에너지 생산과 소비에서 혁명을 일으켜 친환경이고 저탄소이면서 안전하고 효율적인 에너지 체계를 구축하겠다고 선언했다. 대회에서는 2050년까지 재생 가능 에너지를 전체 전력의 80%까지 확대하겠다는 목표가 설정되었다.

원래 중국 정부는 2017년 1월에 제13차 5개년(2016년~2020년) 에너지 발전 계획을 발표했다. 계획에 따르면 석탄은 58% 이하까지 저감하고, 천연가스를 10%로, 수력·원자력·재생 가능 에너지를 포함한 비화석연료 에너지는 앞서 설명했듯이 15%까지 끌어올린다고 한다.

2020년까지 계획된 발전 설비 용량 증산을 보면, 원자력 발전은 0.31(백만kW)인 반면 수력 발전은 0.43(백만kW), 풍력 발전 0.79(백만kW), 태양광 발전 0.68(백만kW), 천연가스가 0.44(백만kW)다. 풍력 발전·태양광 발전 설비 증산 폭 모두 원자력 발전보다 2배 이상 크다. 세계적인 EV 대국을 꿈꾸는 중국은 재생 가능 에너지 대국을 목표로 하고 있다.

도요타×소프트뱅크×도쿄전력은 합체할 것인가

─모빌리티와 에너지의 융합

앞으로 차세대 자동차 산업과 전력·에너지 산업은 떼려야 뗄 수 없는 관계로 융합하면서 진화를 이루어나갈 것이다. 그 앞에 어떤 미래가 기다리고 있을까? 이런 점에서 소프트뱅크가 흥미로운 비전을 내놓았다. 바로 모빌리티와 에너지의 융합이다.

소프트뱅크는 비츠Bits·왓츠Watts·모빌리티Mobility의 황금 삼각형이라고 평가한다. 쉽게 말하면 비츠란 정보혁명과 IoT를 말한다. 왓츠란 에너지 혁명, 모빌리티는 사람·사물·돈·정보 등 이동의 최적화를 가리킨다. 그리고 이 황금 삼각형 속에서 플랫포머&서비스 제공자를 지향하는 것이 소프트뱅크그룹의 핵심 비즈니스 전략이라고 말한다(소프트뱅크그룹 CEO 프로젝트실의 실장이자 SB에너지 사장인 미와 시게키 씨의 Revision 2018 강연 자료에서). 비유하자면 도요타와 소프트뱅크, 도쿄전력이 융합한 셈이다.

앞으로 EV에는 태양광 발전 등 한계비용 제로인 전력을 사용한다. 자동차는 소유에서 공유로 바뀐다. 교통 연료비는 한계비용 제로의 재생 가능 에너지 전력으로 인해 한없이 무료에 가까워지고 자동차는 공공의 교통 인프라가 된다. 소프트뱅크그룹이 지향하는 것은 이런 교통 인프라를 IoT로 제어하는 플랫포머이며, 재화가 아닌 서비스를 파는 서비스 제공자다. 이런 생각은 미국의 우버, 인도의 올라, 중국의 디디추싱, 동남아시아의 그랩과 같은 승차 공유 회사에 대한 출자에서도 분명하게 드러난다.

그런 사회가 도래할 무렵에는 도쿄전력 같은 전력회사나 NTT 도코모 같은 통신회사가 자동차를 팔고, 도요타 같은 자동차 회사가 전력이나 통신을 제공하며, 가까운 미래의 메루카리 같은 공유업체가 자동차의 최대 구매자가 된다는 시나리오도 현실이 될 것이다. 이것이 바로 소프트뱅크가 그리는 플랫포머&서비스 제공자로서의 사업 전개다.

차세대 자동차 산업은 통신 소비가 큰 산업

에너지와 나란히 또 하나 잊어서는 안 될 것은 통신의 중요성이다. 차세대 자동차 산업의 흐름인 CASE를 추진하려면 대량의 통신 소비가 동반되기 때문이다.

여기서 중요한 키워드가 바로 5G다. 5G란 한마디로 말해 IoT에 필요한 통신 인프라 기술이다. 기존 통신 규격인 3G와 4G는 인터넷에 모든 사물과 장비가 접속되는 IoT 시대에 활용하기엔 성능 면에서 너무 뒤떨어진다. 그래서 4G보다 훨씬 빠르고 대용량에 지연이 없고 동시 다수 접속이 가능한 5G 기술이 필요하다.

최대 데이터 통신 속도로 비교하면 4G가 1GB/sec인 것에 비해 5G는 20GB/sec이다. 지연 시간은 4G가 10ms인 것에 비해 5G는 1ms, 동시 다수 접속은 4G가 $1km^2$당 10만 대인 것에 비해 5G는 100만 대다. 즉 5G는 4G보다 20배 빠른 속도, 10분의 1의 지연 시간, 10배의 동시 접속이 가능한 기기 수를 자랑한다(사용자 체감 속도는 4G보다 100배 정도 빠르다고 한다).

5G로 통신 환경이 극적으로 좋아지면 무슨 일이 일어날까? 우선 현장감 넘치는 영상 스트리밍이다. 스포츠 관전과 3차원 실시간 중계는 다른 장소에 있으면서도 경기장에서 직접 관전하는 듯한 현장감을 맛보게 해 줄 것이다. 1ms의 지연은 인간의 감각으로 전혀 느끼지 못한다.

VR(가상현실)과 AR(증강현실)에도 5G를 이용한다. 예를 들어 물리적으로 떨어져 있는 몇 명의 사람이 3차원 공간을 공유하면 떨어져 있어도 상대가 눈앞에 있는 것처럼 회의할 수 있다. 일부러 사무실까지 통근할 필요가 없다.

원격 건설·원격 제조·원격 의료·원격 간병 등에도 이용할 수 있다. 촉각도 함께 진화하면 의사가 원격으로 외과 수술을 하거나, 숙련 목수가 원격으로 집을 짓거나, 원격으로 어린이와 고령의 부모님을 돌볼 수 있다. 원격에서 몇 명의 밴드 멤버가 별도의 공간에서 악기를 합주하는 신나는 상상도 현실이 된다. 그 밖에도 처리 시간이 빠르고 화면 해상도가 높아 도로 안전, 게임, 가상 해외여행 등 여러 3차원 체험이 가능해진다.

그리고 자율주행이다. 5G는 자율주행에 어떤 혜택을 가져다줄까?

운전자 역할을 담당하는 AI에 학습 단계와 추론 단계가 있다는 사실을 떠올려보자. 학습 단계에서는 감지 기술인 카메라·레이더·라이더 등으로부터 인지한 정보를 빅데이터로서 클라우드상의 머신러닝·딥러닝으로 돌릴 필요가 있다. 이때 발생하는 고속·대용량 정보 전송을 담당할 수 있는 기술은 5G뿐이다.

또 AI 추론 단계에서 인지한 정보는 클라우드상의 머신러닝·딥러닝을 통해 습득된 AI 운전 기술과 대조하고 해석함으로써 자율주행차의 제어에 활용한다. 여기서는 고속·대용량뿐 아니라 지연이 없는, 즉 실시간 정보 처리가 요구된다. 이때 5G는 AI의 학습과 추론에 관한 방대한 정보 처리와 데이터 전송을 실시간으로 확실하게 실행하는 역할을 맡는다. 무엇보다도 시속 수십 km로 달리는 차에서는 몇 ms의 지연은 치명적이다. 자율주행차의 안전성을 보장하기 위해서는 고속, 대용량, 지연 없는 정보 전송이라는 조건이 꼭 필요하다.

나아가 자율주행차가 널리 공공의 교통 인프라가 되는 사회에서는 동시 다수 접속도 필수다. 모두 5G 없이는 실현할 수 없다. 다시 말해 5G는 자율주행차를 사회에 실현하기 위해 꼭 필요한 사회 인프라다.

차세대 통신 5G의 도입을 서두르다

일본에서 5G는 2020년에 서비스 개시 예정이다. 도입 초기는 기존 4G 인프라를 기본으로 도시 등 수요가 높은 지역의 접속망부터 5G를 추가할 예정이다.

세계적으로는 2020년 상용화 개시로 보조를 맞추고 있다. 그런데 2018년 2월에 스페인 바르셀로나에서 개최된 모바일 월드 콩글래스MWC에서 미국, 유럽, 한국 등의 통신 사업자와 통신기기 제조사가 5G 도입을 앞당길 계획을 잇달아 발표했다. 미국에서는 최대 기업인 AT&T와 버라이즌이 2018년 중 상용화를 시작한다는 계획을 발표했고, 한국의 KT도 2019년 상용화를 예정하고 있다.

이번 장의 마지막으로 전력·에너지에 관한 필자의 의견을 다시 정리한다. 나는 지금의 미쓰비시UFJ 은행 재직 당시, 프로젝트 개발부라는 부서에서 자원 에너지와 인프라스트럭처 등의 재정을 담당했다. 구체적으로는 해외의 석유와 천연가스의 에너지 프로젝트, 통신·공항·고속도로 등 인프라 프로젝트, 자동차 제조사와 대형 공급사 등 대형 설비투자 프로젝트, 그리고 대형 복합 부동산 개발 프로젝트 등의 재정 조성 업무였다. 그때의 경험에서도 자원 에너지의 세계는 국내외 모두 대단히 정치적인 분야이며 건드릴 수 없는 부분이 적지 않은 영역이라는 점을 절실히 느꼈다.

한편 세계와 지구를 30년, 50년, 100년 후 단위로 살펴볼 때 태양광 발전 등의 재생 가능 에너지로 얼마나 빨리 전환할 수 있는지는, 후대의 아이들을 생각할 때 매우 중요한 주제라고 확신한다. 고갈 가능성이 있는 에너지는 후대의 위기관리를 위해 보존해 두고, 가급적 빨리 재생 가능 에너지로 전환해야 한다. 차세대 자동차 산업은 이를 위한 중요한 열쇠를 쥐고 있다.

제10장

도요타와
소프트뱅크로 엿보는
일본 기업의 미래

2022

죽느냐 사느냐, 도요타가 느끼는 위기감의 정체

EV 등 차세대 자동차 산업에서 도요타가 뒤처지고 있다는 주장이 있다. 특히 차세대 에코 카 시장에서 지난 20년 동안 프리우스로 대표되는 하이브리드차를 주력으로 삼고 있었다는 점에서 도요타는 세계적인 EV 전환에서 홀로 남겨진 것처럼 보인다.

이 책을 여기까지 읽은 독자라면 기존 자동차 제조사가 처한 어려운 상황은 이해했을 것이다. 자동차 제조사 중에서 도요타를 위협할 기업은 없을지도 모르지만, 자동차 업계 자체가 크게 변모하려는 지금, 도요타는 업계의 맹주로 계속 군림할 수 있을까? 사태는 혼돈에 빠져 있다. 도요타 자동차가 뒤처져 있는지 아닌지를 검증해보고자 한다.

여기서 도요타 사장이 품고 있을 도요타의 위기감을 11개 항목으로 정리하면 다음과 같을 것이다(표 35).

표 35 도요타의 위기감

- 자동차 산업의 구조와 수급 관계 등이 변화해 업계 전체의 규모와 판매 대수가 감소할 가능성이 있다는 점
- 업계 안팎과의 경쟁으로 힘든 전개가 펼쳐져 자사의 시장 점유율이 감소할 가능성이 있다는 점
- 차세대 자동차 산업에서 주인공이 교체되어 테크놀로지 기업 등에 패권을 넘겨줄 가능성이 있다는 점
- 차세대 자동차 산업에서 경쟁의 관건이 하드웨어에서 OS와 서비스 등으로 변화해 자사 본래의 강점을 발휘하지 못할 가능성이 있다는 점
- 기존 자동차 제조사는 하드웨어의 납품 회사로 전락할 가능성이 있다는 점
- 중국과 유럽에서 EV 전환의 흐름이 급속히 빨라지고 있다는 점
- 이런 움직임이 도요타를 노리고 있음이 명백하다는 점
- EV화와 자율주행화로는 단기간에 수익화…양산화를 달성할 수 없다는 점
- CASE에서의 대응이 최첨단 참여자들에 비하면 뒤처지고 있을 가능성이 있다는 점
- 승차 공유 등에서 일본 내 규제로 인해 손을 쓸 수 없는 분야가 있어 위기감이 좀처럼 고양되지 않는 점
- 차세대 자동차 산업에서는 거대한 도요타와 관련 기업, 관련 산업의 고용을 유지하기가 어려워질 가능성이 있다는 점

그중에서도 마지막 항목에 있는 고용 유지라는 사명감이 도요타의 족쇄가 되었다는 점은 중요하다. 도요타는 하청기업과 재(再)하청기업으로 구성되는 거대한 피라미드 구조에 의해 엔진 관련 부품을 제조해왔다. 그러나 가솔린차에 비하면 부품 수가 훨씬 적은 EV로 전환되면 하청 기업과 재하청기업 사업의 근본적인 재검토가 필요해지며 수십만 명의 고용이 불안해질 우려가 있다.

도요타의 대개혁이 시작되다

도요타의 위기. 이 사실은 많은 일본인이 자랑스럽게 여기고 사랑해 마지않던 기업인 만큼 충격적일지도 모른다. 하지만 누가 지적할 것도 없이 도요타 자신이 위험을 누구보다 자각하고 있다.

"자동차 업계는 100년에 한 번 오는 대변혁의 시대다."

"이기느냐 지느냐가 아니라 사느냐 죽느냐의 문제다."

도요타 아키오 사장의 표현에서도 위기감이 강하게 전해져 온다. CES 2018에서는 다음과 같이 선언했다.

"저는 도요타를 자동차 회사를 넘어 사람들의 다양한 이동을 돕는 회사, 모빌리티 컴퍼니로 변혁하기로 결의했습니다."

이와 동시에 모빌리티 서비스 전용 차세대 EV인 이팔레트 콘셉트 e-Palette Concept 를 발표했다. 이팔레트 콘셉트는 언뜻 보면 상자형 EV다. 그러나 실제로는 EV, 공유, 자율주행과 같은 차세대 자동차의 기술 전부를 흡수해 용도에 따라 유연하게 형태를 바꾸는 플랫폼이다. 예를 들어 아침저녁에는 승차 공유로 이용하고 낮 동안에는 이동식 점포나 이동식 호텔, 이동식 사무실로 팔레트처럼 모습을 바꿀 수 있다. 미래에는 이팔레트로 인해 가게가 당신 곁으로 올 것이라고 도요타 사장은 말한다. 이미 아마존, 디디추싱, 마쓰다, 피자헛, 우버 등을 파트너사로 발표했으며 앞으로 파트너사와 실증 실험을 진행해 2020년 도쿄 올림픽에서도 이팔레트가 이바지할 것이라고 선언했다.

100년에 한 번 오는 대개혁이라는 말을 뒷받침하듯 대대적인 조직 개혁을 잇달아 발표해 차세대 자동차에 대한 대응을 서두르고 있다.

2017년 9월에는 전기자동차의 구상을 타사도 포함한 개방 체제로 진행하기 위해 도요타, 마쓰다, 덴소 3사가 함께 새 회사인 EV씨에이스피릿EV C.A Spirit를 설립했다. 나중에 스바루SUBARU, 다이하쓰ダイハツ工業, 스즈키SUZUKI, 히노자동차日野自動車가 합류하면서 올 저팬 체제를 정비했다. 도요타 사장은 자동차 제조사의 전기 동력차 보급에 폭넓게 이바지하고 싶다고 말했다. 같은 해 11월에는 대규모 조직 개혁·인사이동을 감행했다. 도요타는 2016년부터 제품별로 조직을 꾸리는 사내 컴퍼니제(차종별 사장제)를 도입했는데, 이때 9개 컴퍼니 중 4개 컴퍼니의 수장을 교체했다.

2018년 들어서도 도요타는 개혁의 고삐를 늦추지 않았다. 3월에는 도요타 커뮤니케이션시스템TOYOTA Communication System, 도요타 카일룸TOYOTA Caelum, 도요타 디지털크루즈TOYOTA Digital Cruise의 IT 자회사 3사를 통합해 2019년 1월 새 회사인 도요타 시스템즈TOYOTA Systems를 설립한다고 발표했다. 여기에는 자동차 업계가 직면한 100년에 한 번 오는 대변혁기에 IT가 수행하는 역할이 더욱 커지는 가운데, 3사가 지금까지 개별적으로 담당하던 노하우를 일원화하고 IT 솔루션을 즉시 제공해 도요타 그룹의 연계 강화에 이바지하려는 목적이 있다.

마찬가지로 3월에는 덴소, 아이신정기アイシン精機와 공동으로 자율주행을 위한 새 회사인 도요타 리서치 인스티튜트 어드밴스드 디벨롭먼트(TRI-AD)를 도쿄에 설립하겠다고 발표했다. 영어를 사내 공용어로 하고, 일본 국내외에서 1,000명 규모의 기술자를 채용하며, 3사에서 3,000억 엔 이상을 투자해 자율주행 기술 개발을 서두른다. CEO에는

구글의 전 로보틱스 부문장이 내정되었다. 도요타는 2016년에 AI, 자율주행, 로보틱스 등을 연구하는 TRI를 실리콘밸리에 설립했는데, 일본 내에 새 회사를 설립함으로써 한층 더 경쟁력 강화를 노리고 있다.

다임러와의 비교로 모색해보는 도요타의 현주소

실질적으로 도요타는 지금 어떤 위치에 있다고 보아야 할까? 여기서는 CES 2018 단계의 도요타와, 도요타와 마찬가지로 기존형 완성차 제조사로부터의 탈피를 도모하는 독일의 영웅 다임러를 비교해보고자 한다.

앞서 설명한 대로 CES 2018에서 모빌리티 컴퍼니를 선언한 도요타. 반면에 다임러는 2016년 파리 모터쇼에서 새로운 중장기 전략인

도요타 자동차의 도요타 아키오 사장

출처: Wikipedia

CASE를 발표하고 차세대 자동차 산업의 지침을 제시함과 동시에 새로운 EV 시리즈인 EQ를 발표했다.

다임러의 디터 제체 회장은 당시 이렇게 말했다.

"(EQ는) 이동 수단으로서 자동차의 존재 의의를 확장해 특별한 서비스와 체험, 혁신을 만들어내는 완전히 새로운 모빌리티입니다."

이때 '존재 의의의 확장'을 포괄적으로 실현하는 것이 바로 CASE라고 규정했다. 이는 자동차의 방향성과 개념을 바꾸는 혁신적인 계획이다. 양사가 전하는 메시지의 내용은 중요한 골격 부분에서 거의 유사하다고 해도 좋다. 그러나 발표 시기로는 1년 이상의 차이가 있다. 도요타의 모빌리티 컴퍼니 선언은 다임러의 CASE를 한발 늦게 답습한 것처럼 보인다.

모빌리티 서비스의 내용은 어떨까? 도요타는 이팔레트로 MaaS(서비스로서의 모빌리티) 진출을 강조하지만, 이것도 다른 곳에 반납 가능한 형태의 차량 공유 서비스인 카투고의 회원 수가 300만 명을 넘어서 우버 급으로 약진하고 있는 다임러와 큰 차이로 뒤지고 있다.

연결성이라는 점에서 도요타는 자사가 진행해 온 개발 차량용 시스템과 더불어 아마존 알렉사의 탑재를 발표해, 2018년 중에 도요타와 렉서스 차의 일부를 대상으로 하기로 했다. 한편 다임러는 자동차 제조사로서는 유일하게 엔비디아를 파트너사로 하는 IT 대기업 급 음성 비서인 MBUX를 발표하며 사용자 경험을 추구하겠다는 자세를 확실하게 보이고 있다.

도요타가 가장 강조하고 싶었을 이팔레트는 일본 내에서는 획기적인 서비스로 보였을지도 모른다. 사실 그런 식으로 높게 평가하는 논조의 기사도 접했다. 그러나 타사의 부스와 상대 비교가 가능한 CES 2018의 현장에서 이팔레트에 신선함이 있었다고 말하기 어렵다. 좋게 말하면 팔레트처럼 자유자재로 모습을 바꿀 수 있는 자동차지만, 현장에서는 팔레트란 타불라 라사 Fabula rasa(백지상태)이며 자동차 표면의 이미지만 교체했을 뿐이라는 혹독한 지적도 들렸다.

반면에 다임러의 부스에서는 MBUX를 탑재한 완전 자율주행차 안에서 어떻게 시간을 보낼 수 있는지를 매력적이고 구체적으로 전달하는 동영상을 발표했다.

위의 내용을 볼 때, 현 상태에서 차세대 자동차에 대한 대응은 경합이라고 보기에는 상당한 격차를 보인다는 결론이 도출된다. 표면에 보이는 부분뿐만 아니라 내용도 제대로 검증해야 할 대목이다.

그래도 도요타가 승자로 남는 이유

그래도 도요타는 계속 승자로 남는다. 나는 그렇게 결론지을 충분한 이유가 있다고 본다.

첫째 이유는 도요타를 이끄는 도요타 사장의 위기감이 높다는 점이다. 자칭 자동차광이자 현역 카레이서인 아키오가 사장에 취임한 것은 2009년, 52세 때다. 리먼 쇼크로 인한 엄청난 타격에서 기업을 부활시키고 한층 더 경영 강화를 위해 조직 변혁을 적극적으로 실시해왔다. 하지만 어디까지나 기존 자동차 산업 틀 안에서의 이야기다. 최근 들어 갑자기 차세대 자동차 대응을 위해 위기감을 키우고 있다.

"저는 도요타가家 출신의 3대 사장입니다. 흔히들 3대째는 고생을 모르며 회사를 말아먹는다고 합니다. 그렇게 되지 않도록 하고 싶습니다."

CES 2018 연설에서 도요타 사장이 한 말인데, 반드시 농담이라고만 볼 수 없는 본심을 다분히 담은 발언이다. 동시에 3대째의 도련님이라는 점을 소재로 삼는 부분에서 풍부한 인간성과 든든함을 느꼈다. 현재 일본 기업에서는 드물게 경영자의 셀프 브랜딩이 기업 브랜딩으로 이어지는 좋은 사례. 이 정도의 대기업 경영자가 본인을 스스로 비하하기란 쉬운 일이 아니다.

도요타 사장의 위기감은 거대기술 기업의 경쟁 우위가 어디에서 오는지 정확하게 이해하기 때문이기도 하다. 2017년 연간 보고서에서 도요타 사장의 발언을 인용한다.

"지금 우리 앞에는 새로운 경쟁자가 등장했습니다. 그들의 공통점은 세상을 더 좋게 만들고 싶다는 벤처 정신으로 무장했다는 점입니다. 일찍이 우리가 그랬듯이, 어떤 업태가 미래의 모빌리티를 창출할 것인지는 아무도 모릅니다. 다만 장담할 수 있는 것은 차세대 모빌리티를 짊어질 기업은 세상을 더 좋게 만들고 싶은 열정이 뛰어난 곳이라는 점입니다."

여기서 말하는 세상을 더 좋게 만들고 싶다는 정신은 코틀러가 제창한 마케팅 3.0 자체다. 수많은 사회적 과제가 쏟아지는 현대에는 개인의 요구사항을 만족하는 제품과 서비스가 아니라, 세상을 더 나은 곳으로 만들고 싶다는 목표가 기업의 존재 의의다.

예를 들어 제2장에서 언급한 테슬라는 인류 구원, 제3장에서 언급한 웨이모는 (완전 자율주행 기술을 통해) 사람들이 더 안전하고 편하게 외출해 모든 일이 더욱 활발히 돌아가는 세상을 만드는 것을 미션으로 내걸고 있다. 이렇게 미션에서 뛰어나며 거기에 담긴 철학·집념·사상으로 사용자의 공감을 모으는 것이 거대기술 기업의 강점이다. 이 점을 아는 도요타 사장이기 때문에 더더욱 다른 업종에서 진입해온 사업자라고 해서 방심하지는 않을 것이다. 애초에 도요타도 다른 업종에서 출발했으며, 다음 단계에서도 도요타 스스로 새로운 회사라고 인식하며 경계를 강화한다고 볼 수 있다.

실제로 도요타 사장은 이렇게 말했다.

"어느 날 밤, 이제는 자동차 회사뿐만 아니라 구글과 애플, 페이스북과 같은 회사도 우리의 라이벌이 되고 있다는 생각이 들었습니다. 왜냐하면, 우리도 원래는 자동차를 만드는 회사가 아니었기 때문이죠 (CES 2018 연설에서)."

세상을 더 좋게 만들고 싶다는 열정이라면 도요타도 절대 지지 않는다. 도요타의 지금까지 역사는 자동차 산업을 만든다는 커다란 미션과 함께였다.

도요타 사장은 도요타에 입사한 직후 아버지 선대 사장으로부터 창업자를 연구하라는 지시를 받았다고 한다. 연구 결과 창업자가 자동차 산업을 만드는 것을 사명으로 삼고 있었다는 사실을 알게 되었다. 도요타 사장은 창업자의 사명감을 계승해 자동차 산업 전체를 짊어질 각오를 안팎으로 제시하고 있다. 도요타 사장의 생각이 자동차 회사에서 모빌리티 컴퍼니로의 전환, 승자로 남는 것이 아니라 살아남는 것 등의 강한 표현으로 나타나고 있다고 생각한다.

그렇다면 차세대 자동차 산업을 만드는 것이 지금 도요타 사장의 눈앞에 있는 미션이다. 미션을 실현하기 위해 도요타 그룹은 총력을 다할 것이다.

EV 추격에 올 저팬 체제로 임한다

개별적인 노력을 보더라도 도요타만이 지닌 대단함이 엿보인다. 2017년 12월에는 EV의 기간 부품인 전지 개발에서 파나소닉과 제휴를 검토한다고 발표했다. 전지는 EV차 비용의 태반을 차지하는 부품으로 EV 사업을 흑자화할 때 문제가 되는 부분이다. 파나소닉과의 협업으로 흑자화를 서두르려는 자세를 볼 수 있다.

또 기존의 리튬 이온 전지를 대체할 유력한 차세대 전지의 유력 후보로 작고 가벼우면서 긴 주행 거리, 짧은 충전 시간, 뛰어난 안전성 등의 강점을 가진 전고체 전지의 공동 개발에 착수했다. 세계 각국에서 연구 개발을 진행하고 있으나 전고체 전지는 아직 실용화 전이다. 그러나 도요타는 2000년대부터 기초 연구를 계속해 온 실적이 있다. 파나소닉은 현재 리튬 이온 전지 분야에서 세계 최대 기업이자 테슬라의 파트너사이기도 하다. 도요타와 파나소닉이 손을 잡는다면 EV용 전지 분야에서는 현재 상태로는 최강의 조합이다. 전지를 제어하는 기업이 전기 동력화를 제어할 것이다.

도요타는 앞으로 하이브리드에 치우치지 않고 EV, 연료전지차FCV, 플러그인 하이브리드차PHV와 같은 전기 동력차의 전방위 전략을 추진해 2030년까지 세계 시장에서 550만 대 이상의 전기 동력차 판매를, 그중 EV와 FCV는 합계 100만 대 이상의 판매를 목표로 할 방침이다. 앞서 설명한 대로 도요타, 마쓰다, 덴소, 스바루, 스즈키, 다이하쓰, 히노자동차의 올 저팬 체제에 의한 새 회사 EV씨에이스피릿은 EV 기반 기술을 개발하고 나아가 파나소닉과도 연계하는 등 EV를 본격 전개할 준비를 착실히 추진하고 있다.

거대기술 기업의 강점이라고 여겨지는 빅데이터 수집도 진행 중이다. 여기서 말하는 빅데이터란 가속도와 위치 데이터 등 차량 정보와 차량 전방의 동영상 데이터 등 차량용 센서를 통해 수집하는 모든 데이터를 말한다. 이 정보들을 통신 기능을 탑재한 커넥티드 카에 모아 축적하고 있다.

빅데이터라고 해도 음성 정보와 위치 정보에 그치는 IT 기업의 데이터를 능가하고 있다고 할 수 있겠다. 이 부분은 매우 중요한 핵심이다. 2016년 도요타는 이런 빅데이터를 활용해 새로운 서비스를 개발하는 새 회사인 도요타 커넥티드TOYOTA Connected를 설립했다. 수집된 빅데이터는 모빌리티 서비스 플랫폼Mobility Service Platform, MSPF에 축적하고 서비스 사업자용으로 API를 공개함으로써 자율주행 개발 회사와 승차 공유 사업자, 차량 공유 사업자, 물류 사업자 등 전 세계 기업과 데이터를 공유하여 새로운 서비스로 연결한다고 한다. 앞서 설명한 이팔레트도 이 플랫폼상에서 운용된다.

2017년 4월부터는 KDDI, 도쿄 하이야·택시 협회와 함께 도쿄를 달리는 택시 500대로부터 빅데이터를 모아 분석하는 실증 실험을 하고 있다. 이렇게 모은 데이터는 2018년 봄부터 도요타의 무료 카 내비게이션 앱인 TC 스마트폰 내비게이션으로 배포하는 도로별 정체 정보에 활용될 예정이다.

IT 업계가 아니더라도 데이터를 장악하는 자가 승리한다. 차세대 자동차 산업 시장에서의 대결 방식을 도요타는 제대로 파악하고 있다.

도요타 생산 방식의 경쟁 우위는 차세대 자동차 산업에서도 활용된다

도요타 생산 방식의 경쟁 우위도 차세대 자동차 산업으로 바뀐 후 흔들리지 않을 것이다. 스마트 공장을 표방하던 테슬라가 양산화에 고전하고 있는 점에서 알 수 있듯이, 하드웨어가 아직 기존 가솔린차의 연장선에 있는 한 기존 자동차 산업의 생산 노하우와 양산화 테크놀로지가 효력을 발휘하기 때문이다.

이런 점에서 도요타는 강하다. 미국과 유럽의 경영대학원에서 운영 과정 수업을 할 때 반드시 거론되는 사례가 간반看板 방식을 포함한 도요타의 생산 방식이다(표 36).

간반 방식의 특징은 낭비 요소를 철저하게 배제하는 데 있다. 이상이 발생하면 기계가 즉시 정지해 불량품을 만들지 않고, 사람 한 명이 여러 대의 기계를 운전할 수 있는 것을 의미하는 자동화自働化(도요타에서는 '사람인[人]변이 붙은 자동화'라고 함—옮긴이)나, 필요한 것을 필요한 때에 필요한 양만큼 제조함으로써 낭비, 무리, 불량을 없애는 저스트인 타임Just in Time 개념이 상징적이다. 간반 방식이라는 명칭은 후後 공정에서 전前 공정으로 부품을 조달하러 갈 때 무슨 부품이 쓰였는지를 상대에게 전달하는 도구로 간반이라 불리는 카드를 사용한 데서 유래한다.

도요타의 생산 운영 시스템은 세계 최고라고 평가된다. 그렇기에 전 세계에서 도요타의 생산 방식을 연구하고 있다.《하버드에서 가장 인기 있는 나라, 일본》(국내 미출간)의 저자인 사토 치에 씨는 이렇게 적었다.

"하버드 학생은 일학년 필수 과목인 '테크놀로지와 운영 관리'에서 도요타의 사례를 배운다. 글로벌 기업 경영자와 관리직을 대상으로 한 최고경영자 과정에서도 가장 먼저 배우는 것이 도요타의 사례다. 하버드에서 20년 이상 운영 과목을 가르치는 아난스 라만 교수는 스스로 도요타의 팬임을 자처한다. '운영의 존재 목적은 보통 사람이 힘을 합쳐 큰 위업을 달성하는 것입니다. 이런 내용을 전하는 데 도요타만큼 적합한 회사는 없습니다.'"

이제 간반을 비롯한 안돈, 포카요케, 겐바와 같은 도요타식 일본어를 해외에서도 그대로 사용하고 있다. 도요타 생산 방식을 연구해 그 성과를 체계화한 린 생산 방식도 보급되었다. 그러나 아무리 도요타 방식을 배운다고 해도 그 진수까지 쉽게 흉내 낼 수는 없다.

왜냐하면, 간반 방식은 단순한 재고 조정의 수단이 아니고 단순히

표 36 도요타 생산 방식의 본질

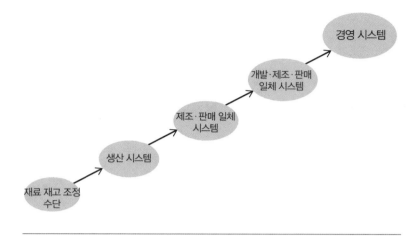

생산 방식을 이르는 말도 아니기 때문이다. 또 단순한 제조·판매 일체 방식도, 제조업에서 말하는 개발·제조·판매 일체 방식도 아니다. 오히려 오랜 세월에 걸쳐 축적된 경영 모델 자체다.

뒤집어 생각하면 제조사는 생산관리 시스템이 경영 시스템과 결부되어 있다고 할 수 있다. 제조사에서는 제조 현장에서 요구되어 온 생산관리 기법을 필연적으로 전사 수준의 경영 모델로 도입한다. 생산관리가 경영의 각 주요 기능과 결부되어 있기 때문이다. 어떤 생산관리 시스템을 본격적으로 가동하려면 전사 수준의 경영 모델로서 도입이 꼭 필요하다. 그렇다면 차세대 자동차 산업에서도 거기에 적합한 생산관리 기법을 경영 수준까지 자리 잡게 해야 한다.

이런 점에서 도요타는 타사에 크게 앞서고 있다. 차세대 자동차 산업에서 도요타가 지금까지 축적해온 노하우를 따라잡기란 쉽지 않을 것이다.

'속도 즉 동기화를 보면 그 회사의 실적과 성장력이 보인다.'

이것은 경영 컨설턴트로서 내가 기업을 가장 처음 볼 때 중요한 관점 중 하나다. 속도 경영이 더욱 중요한 시대가 도래하고 있는데 특히 개발·제조·판매의 삼위일체, 관련 부문 간의 경영 연쇄, 철저한 고빈도 PDCA 등이 필요한 제조업에서는 그 회사가 얼마나 빠른 속도로 경영주기를 돌리는지에 모든 것이 응축되어 있다. 그리고 그런 속도의 원천이 되는 요소가 바로 동기화다. 관련된 모든 프로세스의 타이밍을 맞추는 것이다. 도요타 생산 방식뿐만 아니라 세븐일레븐과 제조사의 팀 MD Team Merchandising, 유니클로의 SPA 방식 등도 동기화가 생명이다.

조직 과제의 경우 대부분 조직 간에 벽이 있고, 연쇄가 이루어지지 않고, 정보 공유가 이루어지지 않고, 리드 타임이 길고, 재고가 줄지 않고, 불량품이 줄지 않고, 아무도 의사 결정하지 않고, 누구도 책임을 지지 않는 등의 문제가 있다. 개발·제조·판매가 연쇄되지 않고 독자적인 생각으로 상품·판매·생산계획을 세움으로써, 각 부문 간의 덜컥임과 회색 지대로서의 재고와 불량품이 축적되는 것도 적지 않은 기업에서 끝나지 않는 경영 과제다.

제조 공장에서 재고를 줄이는 핵심은 무엇인지와 조직에서 경영 속도를 높이는 핵심은 무엇인지는 사실 비슷한 문제다. 이런 문제를 조직적이고도 지속적으로 해결해 나가고 있는 도요타의 경영 방식은 차세대 자동차 산업에서 도요타 최대의 무기다.

사람과 사회를 행복하게 만드는 도요타의 로봇 전략

도요타가 EV 전환에서 뒤처졌다는 논조에 대한 반론도 있다. 예를 들어 인버터와 모터 등 EV의 기술 자체는 모두 하이브리드차에 포함되어 있어 마음만 먹으면 충분히 개발 가능한 상태에 있다고 한다. 즉 도요타 EV 전환의 지연은 기술적인 지연을 의미하는 것이 아니며 오히려 차분하게 준비를 진행해 왔다고 볼 수 있는 것이다. 실제로 도요타 자동차의 부사장인 데라시 시게키 씨는 이렇게 말했다.

"고객이 EV를 살 경제적 합리성이 없다. 규제 때문에 꼭 팔아야 하는 수량에 비해 사고 싶어 하는 고객 수가 부족하다. 어떤 경우든 일반 고객에게 억지로 EV를 팔게 된다면 사업은 성립되지 않을 것이다(《주간 도요게이자이》 2018년 3월 10일 호)."

도요타라는 브랜드의 강점은 두말할 나위도 없다. 흔히 자동차는 문화라고 한다. 이동한다는 기능적 가치에 그치지 않고 탔을 때 즐겁고 기쁜 정서적 가치를 가진 제품이며, 생활 스타일과 자신의 존재감을 표현하는 정신적 가치를 가진 제품이며, 첨단 기술의 결정체이며, 일본인의 자랑이기도 하다.

도요타는 존재 자체가 문화 브랜드라 할 수 있다. 코틀러는 '브랜드는 문화 브랜드가 되었을 때 진정한 가치가 있다'라고 한다. 문화 브랜드란 사회적·문화적 문제를 직시해 소비자가 그에 대한 해결책을 제공하고 있다고 인식하는 브랜드다. 다만 자동차를 둘러싼 가치관과 문화가 변화하고 있는 지금, 도요타의 문화 브랜드 역시 방향성을 변화시켜야 할지 모른다.

하나 더 지적하고 싶은 부분은 도요타의 로봇 전략이다. 도요타의 미션과 비전은 이제 기존 자동차 산업의 틀에 머물지 않는다. 도요타는 사람과의 공생을 목표로 사람의 파트너로서 사람을 돕는 파트너 로봇 개발을 진행하고 있다. 도요타의 홈페이지에 따르면 파트너 로봇에 대해 다음과 같이 설명하고 있다.

"파트너라는 말이 가리키듯 다정함과 똑똑함을 겸비한 로봇으로 사람의 파트너가 되어 사람을 돕는 로봇입니다. 창업주의 이념인 '제품 생산을 통한 풍족한 사회 만들기'에 이바지하기 위해 공장에서 배양한 산업 로봇 기술을 발전시켜 자동차 기술과 IT 기술, 그 밖의 최첨단 기술을 조합한 파트너 로봇 개발에 힘쓰고 있습니다."

구체적으로는 의료·간병 지원, 이동 지원, 생활 지원, 업무 지원을 하는 로봇이다. 2016년 10월 도요타는 커뮤니케이션 로봇 키로보 미니Kirobo Mini를 3,980엔에 발매했다. 높이 10cm의 소형 로봇이 사람의 표정을 인식하고, 거기서 읽어낸 감정에 맞게 대화와 질문을 할 수 있다. 대화 내용이나 사용자와 함께 외출했던 장소를 기억해 추억을 공유하는 등 변화·성장해 간다. 도요타는 개인용 로봇을 개발한 이유에 대해 '사람과 아끼는 차가 파트너가 되는 것처럼 자동차와는 별개로 마음이 통하는 존재를 만들기 위해서'라고 언급했다.

2017년 11월에는 떨어진 장소에서 조작 가능한 인간형 로봇 T-HR3를 공개했다. 조종자는 외골격식 조작 시스템을 장착하고, 조종자가 움직이면 시스템이 어깨와 팔꿈치의 움직임과 강도를 추적해 로봇에게 똑같은 동작을 하도록 할 수 있다. 동시에 조종자는 로봇이 외부로부터 받는 힘을 느낀다. 즉 자신의 분신처럼 로봇을 다룰 수 있다.

원래 산업용 로봇은 일본의 특기 분야인데, 도요타의 노력은 커뮤니케이션과 생활 지원과 같은 분야까지 로봇 시장을 확장하려는 시도다. 또 사회적·문화적 문제를 직시하고 해결책을 제공하는 문화 브랜드로서의 도요타를 더욱 추진하게 될 것이다. 거대기술 기업 경쟁 우위의 원천 중 하나는 커다란 사명감에 있다고 지적했는데, 이 점에서 도요타는 뛰어날지언정 뒤처지지 않는다. 그리고 나는 도요타의 로봇 전략이 가까운 미래에 CASE 전략 중 연결성의 중요한 일부를 형성할 것으로 예측한다.

CASE로 들여다보는 미래의 도요타

앞으로 도요타는 어떻게 될 것이며 어떻게 해야 할까? 마지막은 CASE를 기준으로 분석해보고자 한다.

우선 CASE의 C, 연결성이다. 개인적으로 도요타의 서비스가 갈라파고스화하지 않을까 가장 우려되는 부분이다. 왜냐하면, 연결성에서는 자동차와 통신, 각종 서비스를 연결할 뿐만 아니라 생활 전체가 상호 연결되는 현상이 예상되기 때문이다.

도요타는 2018년 1월에 아마존 알렉사 탑재를 발표하는 한편, 훨씬 전부터 텔레매틱스 서비스(자동차와 무선통신을 결합한 새로운 개념의 차량 무선인터넷 서비스—옮긴이)에 도전해 독자 플랫폼인 티커넥트T-Connect를 전개하고 있었다. 다만 티커넥트는 자동차 내에서의 사용을 전제로 한 서비스다. 아마존이 아마존 알렉사를 무기로 스마트 홈에서 시작해 스마트 카를 공략하는 데 비해, 도요타는 티커넥트로 스마트 카부터 공략하는 구도였다.

이런 구도는 아마존이 전자 상거래에서 시작해 오프라인 점포를 공략하기 시작하는 반면, 오프라인 점포를 운영하던 기업이 전자 상거래를 공략하려는 것과 비슷하다. 물류 창고 내에 있는 방대한 재고를 배경으로 하는 뛰어난 상품 구성과 빅데이터×AI를 기반으로 오프라인 점포를 전개 중인 아마존. 반면에 제한된 점포의 상품 구성을 기반으로 더더욱 제한된 상품만을 가지고 전자 상거래 사이트를 전개하려는 오프라인 점포 기업이 맞서는 대결 구도. 후자에게는 힘든 대결이다.

결론부터 말하자면 차세대 자동차 산업은 연결성 면에서 스마트 홈부터 스마트 카, 스마트 시티에 이르기까지 소비자의 생활 전반을 연결할 수 있는 쪽이 승자가 될 것이다. 소비자는 동일 기기와 동일 서비스로 생활 모든 것이 연결되기를 바랄 것이기 때문이다. UI 그 자체인 음성인식 AI는 넓은 의미에서 차세대 자동차의 OS가 될 가능성이 상당히 큰 중요한 분야다. 물론 아마존에 전부 맡길 수 없는 부분이다.

한 마디로 음성인식 AI라고 했지만, 크게 보면 모바일 인터페이스, 알렉사와 같은 스마트 홈에서의 인터페이스, 그리고 자동차 안의 인터페이스의 세 가지 영역이 있다. 다만 스마트 홈부터 스마트 카, 나아가 스마트 시티까지 모든 생태계를 거느리기에 도요타 혼자서는 어려운 영역이다. 따라서 업계의 경계를 넘어서야 한다. 도요타, 소니, 파나소닉 등 대기업이 손을 잡은 진정한 올 저팬 체제로 모바일×홈×차내 음성인식 AI 플랫폼을 전력을 다해 잡아야 한다. 이미 스마트 홈의 생태계가 된 아마존 알렉사에 단독 기업이 대항하기란 쉽지 않다는 사실을 일본 기업들은 재인식할 필요가 있다.

CASE의 A, 자동화는 솔직히 늦어진 감이 있다. 택시와 승차 공유 등에 이용되는 서비스 카와 자신이 소유·운전하는 오너카를 비교해 보면, 후자가 자율주행차를 개발·실용화하기 위한 제약이 높다. 서비스 카는 지역 한정으로 달리게 할 수 있고, 운전자의 인건비가 필요 없으므로 승차 공유 회사는 다소 고가라도 자율주행차를 구매할 수 있기 때문이다. 도요타가 주로 생산하는 것은 물론 오너카다. 이것이 도요타와 구글 등 거대기술 기업, 우버 등 승차 공유 기업과의 결정적 차이다.

하지만 도요타는 일본 국내외에 자율주행 연구소를 설립했다. 빅데이터의 축적은 IT 대기업을 능가하는 규모다. 특히 모든 차량용 센서로부터 수집되는 데이터의 양과 질은 거리와 사람의 모습까지 자세히 알 수 있을 정도다. 이렇게 축적한 데이터를 모빌리티 서비스 플랫폼 MSPF을 통해 전 세계 기업과 공유한다는 구상 속에는 개발 회사에 자율주행 키트를 제공한다는 점까지 시사한다.

도요타 홈페이지(https://newsroom.toyota.co.jp/jp/corporate/20508200.html)에는 '이팔레트 콘셉트e-Palette Concept를 활용한 MaaS 사업에서의 MSPF'라는 그림이 게재되어 있는데, 필자는 그림의 가장 왼쪽 윗부분에 있는 자율주행 키트와 개발 회사라는 부분에 주목했다. OEM으로서 타사에 플랫폼을 개방하는 것, 스타트업계 개발 회사의 OEM이 되는 것을 계획하고 있다고 것이다. 종합 참여자였던 도요타가 OEM에 더 철저하게 집중할 수도 있다. 종합 자동차 제조사로서 눈앞의 긍지보다 차세대 자동차 산업에 대한 다양한 포석을 우선시한 전략으로 평가할 수 있다. 그리고 무엇보다 간과할 수 없는 것은 도요타의 출발점이다.

"도요타가 원래 자동차가 아닌 자동 방직기 발명으로 창업한 회사라는 사실을 모르는 분이 많습니다. 내 조부인 도요타 기이치로는 당시 많은 사람이 불가능하다고 여겼던 방직기를 만들어냈기 때문에 자동차를 만들기로 결심했습니다."

CES 2018 기자 회견에서 도요타 사장은 이렇게 말했다. 산업 간의 전쟁이자 테크놀로지 기업 측이 유리하다고 보기 쉬운 CES라는 자리에서 자신들이 또다시 다업종을 전개하는 회사로서 차세대 자동차 산업에서 대결에 임할 결의를 보인 것이라고 느꼈다.

한편 도요타 생산 방식의 본질 중 하나는 자동화다. 원래 자동 방직기 회사였던 시절 도요타 사키치는 아들인 도요타 기이치로가 발명한 기계에 '스스로[自] 일하는[働] 방직기'라는 의미를 담아 자동[自働] 방직기라고 이름 붙였고, 당초 회사명도 얼마간은 '도요타 자동 방직기 제작소'였다고 한다. 창업자의 정신을 소중히 여기는 도요타 사장이라면 스스로 일하는 자동차인 자율주행차를 핵심으로 하는 차세대 자동차 산업이야말로 자신들이 만들어야 한다는 사명감에 불타지 않을까 상상해 본다.

CASE의 S, 서비스 영역에서는 모빌리티 컴퍼니 선언에 이은 이팔레트 구상 외에 서비스를 전방위로 넓히려 하고 있다. 일본 내에서는 택시 사업자인 일본교통日本交通 산하에서 콜택시 앱을 개발 중인 저팬 택시에 75억 엔을 출자하기로 합의하고 콜택시 지원 시스템 개발과 주행 데이터 활용 제휴를 진행 중이다.

또 렌터카 시장은 미국과 유럽의 경우 독립계 렌터카 회사가 점유율을 차지하고 있지만, 일본은 도요타 렌탈리스TOYOTA Rental&Leasing가 제왕의 지위를 유지하고 있다. 승차 공유 회사에 출자하고, 나아가 자체적으로 승차 공유 실증 연구를 진행하고 있어, 때가 되면 역 앞 등 편의성이 높은 입지에 있는 도요타 렌터카 점포망을 활용해 승차 공유에 뛰어들 수 있는 잠재력이 숨겨져 있다.

2017년 12월에는 도요타 렌탈리스 도쿄와 법인용 자동차 리스 사업을 전개하는 도요타 플릿리스TOYOTA Fleetlease를 통합해 새 회사인 도요타 모빌리티 서비스TOYOTA Mobility Service를 설립한다고 발표했다. 도요타가 일본 국내에 승차 공유 사업을 전개하지 못한다고 해서 승차 공유 회사가 가볍게 볼 상황은 아니다.

게다가 도요타는 기존 도요타 렌터카의 웹사이트와 모바일 사이트 외에 전국 약 1,200개 점포 도요타 렌탈리스점 예약·이용 시의 편의성 향상을 목적으로 스마트폰용 도요타 렌터카 앱 무료 제공을 2018년 4월 16일부터 시작했다. 이 앱은 지금까지의 사이트와 비교해 조작 수를 절반 이하로 줄이는 등 고객의 다양한 요구사항을 충족하는 예약 기능, 점포까지의 경로 안내와 주변 정보를 검색할 수 있는 외부 사이트와 앱과의 연계 등을 통한 지원 기능 외에, 회원 정보를 정리한 마이페이지, 출발·반납 전의 알람 기능 등을 탑재함으로써 고객의 편의성을 높이려는 시도가 돋보인다. 이는 빅데이터 수집 장치이기도 하다.

나는 이 앱이 상당히 가까운 미래에 도요타가 승차 공유 사업을 전개하기 위한 포석이 될 한 수로 예상한다. 도요타 렌탈리스에서 이름을 바꿔 통합된 도요타 모빌리티 서비스로부터 이팔레트로서의 서비스카가 제공되는 것은 논리적인 귀결이다. 다만 도요타가 아무리 하고 싶어도 다양한 장애 요인으로 정부와 행정이 허가를 내려주지 않고 있다는 것이 일본 승차 공유의 사정이다. 이 점에서는 도요타의 자신들의 노력보다 정부와 행정이 중장기적인 관점에서 생각할 수 있는지가 중요하다.

어쨌든 차세대 자동차 산업에서 특히 완전 자율주행이 실용화된 이후 시점에는 공유와 서비스 사업자가 패권을 쥔다고 알려진 가운데, 도요타 모빌리티 서비스를 그룹 내에 갖고 있는 도요타는 커다란 가능성을 내포하고 있다.

CASE의 E, 즉 전기 동력화에 관해서는 도요타 그룹과 업계 구조의 유지를 고려한 나머지 과감하게 전환하지 못했다는 배경이 있었다. 하지만 앞에서 언급했듯이 도요타는 EV와 양산 기술에 있어 다른 참여자보다 뛰어난 잠재력을 지니고 있다. 또 흑자화의 열쇠를 쥔 전지 부문도 세계 최대 기업 파나소닉과 제휴했다. 중국 기업이 해외 기업을 양으로 압도하는 상황에 더하여 질로도 능가하기 전에 도요타가 반격할 수 있을지가 승부의 관건이 될 것이다.

더불어 도요타의 가치망×계층구조를 정리하면 도요타의 강점과 약점이 보인다. 271쪽의 표 32에서 자율주행의 가치망 구조를 나타냈다. 차세대 자동차 산업의 계층은 도로, 전기, 통신, 차체, 차량 레퍼런스, 하드웨어, 차량용 OS, 소프트웨어, 클라우드, 상품·서비스, 콘텐츠 등으로 나뉜다. 가치망 구조에서 도요타는 계열 부품 제조사를 포함한 수직 통합형 참여자로서 승자로 남겠다는 선택을 해야 할 것이다. 이 영역에서는 다임러와 GM이 강적임과 동시에 독일 거대 공급자가 기존 OEM 영역까지 규모를 확장하고 있다. 계열 부품 제조사의 대결도 지원해야 할 포인트다.

계층구조에서 도요타가 맹주의 지위를 유지하려면 주요 계층을 전부 쟁취할 필요가 있다. 특히 연결된 자동차가 되는 차세대 자동차 산업에서 모빌리티 컴퍼니가 되겠다고 선언한 이상 상품·서비스·콘텐츠 계층 부분에서 어떻게 다른 대형 IT 기업과 승부할 수 있을지가 커다란 포인트다.

지금 확실한 사실은 그만큼 거대한 산업을 형성하고 있는 도요타 그룹인 이상 전방위 전략으로 가는 수밖에 없다는 점이다. 특정 영역에 집중하는 방향으로는 도요타 그룹 전체가 업계 전체의 리더가 될 수 없다. 그리고 전방위 전략을 추진하는 데 있어서 고립되지 않는 게 매우 중요하다. 도요타가 목표로 하는 모빌리티 사회의 실현을 위해 타사와의 동맹을 더욱 가속해 나갈 것이다.

소프트뱅크의 차세대 자동차 산업에 대한 투자의 전모

도요타에 이어 닛산도 혼다도 마쓰다도 아닌 손정의 사장이 이끄는 소프트뱅크를 다루는 것을 의아하게 여길지 모른다.

물론 소프트뱅크 자체가 완성차 제조사가 될 일은 미래에도 아마 없을 것이다. 하지만 소프트뱅크 역시 도요타와는 다른 형태의 전방위형 참여자다. 모바일, 전력 등 차세대 자동차 산업의 모든 계층에 대한 투자를 이미 마쳤다. 소프트뱅크는 기존부터 플랫폼을 거느리는 전략을 취해 온 회사인데, 같은 대결을 차세대 자동차 산업을 상대로 펼치기 시작했다.

표 37은 소프트뱅크가 차세대 자동차 산업에 얼마나 투자하고 있는지를 정리한 표다. 보다시피 거의 모든 영역이라 해도 좋을 것이다. 먼저 소프트뱅크의 본업이기도 한 통신 분야를 보자. 로봇 카, IoT 카 등 차세대 자동차 산업은 통신량과 전력 모두 늘어난다. 제9장에서 살펴본 대로 4G보다 20배 빠른 차세대 고속 통신인 5G와 자연에너지에 발 빠르게 착수한 기업이 소프트뱅크였다.

AI, IoT, 반도체 영역에서는 3.3조 엔을 쏟아부어 영국 반도체 설계 회사인 암을 인수했으며, AI용 반도체의 제왕 엔비디아에도 출자했다. 커넥트 영역에서는 알리바바에 대한 투자를 통해 알리바바와 혼다가 공동 개발하고 있는 커넥티드 카에 관여하고 있다. 또 알리바바가 출자한 샤오펑자동차가 EV를, 소프트뱅크와 센신모빌리티先進モビリティ의 합작에 의한 SB드라이브 등이 자율주행 사업에 착수했다.

차세대 자동차 산업의 패권을 쥔다고 알려진 승차 공유에 대한 투자도 반석 위에 올랐다. 세계 최강의 포진이다. 우선 소프트뱅크는 우버의 최대 주주다. 또 중국의 디디추싱, 인도의 올라, 싱가포르의 그랩과 같은 주요 참여자에 출자함으로써 미국과 유럽, 일본, 중국·아시아 전역을 아우르고 있다.

일본 국내에서는 도요타와의 진검 승부 양상을 보인다. 도요타는 택시 업계를 최대 고객층으로 하고 있어 대놓고 승차 공유 규제 해제를 요구하기가 어려운 가운데, 앞서 설명한 대로 택시 업계와 손을 잡고 콜택시 지원 시스템 개발 등에서 협력하고 있다. 반면에 소프트뱅크 진영은 우버와 디디추싱을 등에 업고, 좁은 의미의 승차 공유가 인정되지 않는 일본 국내에 대해서 콜택시 시스템을 제공하려 한다. 아마도 빅데이터를 수집해 조금씩 승차 공유를 정부가 인정하게 하려는 의도일 것이다.

이 움직임은 AI, IoT, 로봇 등 향후 10년 내 급성장이 예상되는 시장을 지배하려는 것이며, 거액의 인수를 반복해 시가 총액도 급속히 늘어나는 중이다. 일본의 주간 경제지 〈닛케이 베리타스〉(2018년 3월 25일)에서 실시한 투자가 대상 설문 조사에서 10년 후의 시가 총액은 도요타를 제치고 소프트뱅크그룹이 1위로 뛰어오른다고 예상했다.

이는 대체 무엇을 의미하는 것일까?

우선 말할 수 있는 것은 소프트뱅크가 거액의 투자를 통해 차세대 자동차 산업의 모든 계층에 출자 영역을 넓힘으로써, 각 계층에서 착실히 이익을 들어오는 구조를 정비했다는 뜻이다. 통신, 자율주행, 반도체, EV, 전력·에너지 등 각 계층의 주요 참여자에 모두 투자하고 있

표 37 소프트뱅크의 차세대 자동차 산업에 대한 관여

상품·서비스·콘텐츠 (빅데이터)

	일본	미국과 유럽	중국·아시아
서비스	소프트뱅크 야후	파나틱스	알리바바
승차 공유	우버, 디디추싱, SB드라이브에 의한 진출	우버	디디추싱 올라 Grab
자율주행	SB드라이브	Nauto	알리바바
EV		레이더 HMI	샤오펑자동차 (알리바바)
커넥트			알리바바
AI·IoT·반도체		ARM NVIDIA	알리바바
전력·에너지	소프트뱅크		소프트뱅크
통신	소프트뱅크	스프린트	

어 누가 승자가 되든 돈을 버는 구조를 구축하려고 한다고 예상한다.

앞으로 소프트뱅크는 사우디아라비아 정부와 설립한 10조 엔 규모의 초거대 투자 펀드인 소프트뱅크 비전 펀드(통칭 10조 엔 펀드) 등을 통해 투자를 진행할 방침이다.

사업가이자 투자가인 손정의 사장

여기서 평가해야 할 것은 희대의 사업가이자 투자가인 손정의 사장의 수완이다.

손정의 사장은 유명한 '손의 제곱 법칙(표 38)'을 일관되게 따르고 있다. 손의 제곱 법칙이란 중국의 병법서인 《손자孫子》에서 따온 14문자에 손정의 사장이 직접 고른 11문자를 더해 25문자로 정리한 법칙이다. 손정의 사장은 20대 때 이 법칙을 고안한 이후 늘 경영과 인생의 지침으로 삼아 소프트뱅크를 연 매출 9조 엔 기업으로 키워냈다.

차세대 자동차 산업을 상대할 때도 손정의 사장은 제곱 법칙을 충실히 실행하고 있다. 이념을 나타내는 도천지장법道天地將法, 비전을 나타내는 정정략칠투頂情略七鬪, 전략을 나타내는 일류공수군一流攻守群, 무장의 마음가짐을 나타내는 지신인용엄智信仁勇嚴, 전술을 나타내는 풍림화산해風林火山海가 있는데, 특히 중요한 문자는 군群이다. 즉 단독이 아니라 집단으로 싸운다는 전략이다.

300년 동안 성장하는 기업이 되는 방법으로 손 사장은 군群 전략을 꼽았다. 초장기적으로 성장하려면 특정 영역에 얽매여서는 안 되기 때문이다. 따라서 소프트뱅크는 의식적으로 많은 기업에 투자해 30년 이내에 그룹 내 5,000사를 목표로 한다고 밝혔다.

"굳이 브랜드를 통일하지 않고 자본 관계를 의도적으로 느슨하게 함으로써 1등 기업을 모을 수 있다. 국제 경쟁력이 높고 장기적인 위험이 낮은 전략적 제휴 그룹. 말은 쉬워도 실행이 어려워 지금까지는 달리 존재하지 않았다(소프트뱅크 웹사이트에서)."

2017년에 IT 관련 벤처 기업에 투자하기 위해 사우디아라비아 등과 공동으로 설립한 10조 엔 펀드도 군 전략을 실행에 옮긴 것이다. 손정의 사장은 2018년 3월기 1분기 결산 설명회에서 정보혁명으로 사람을 행복하게 한다는 소프트뱅크의 미션을 거듭 강조하며 다음과 같이

표 38 손의 제곱 법칙 각 문자의 의미

손정의의 창작
《손자》시계 편에서　　　　《손자》군쟁 편에서

道_도	天_천	地_지	将_장	法_법
道 도 뜻을 세운다	天 천 천시(天時)를 얻는다	地 지 지리(地利)를 얻는다	将 장 우수한 부하를 모은다	法 법 지속적으로 승리하는 시스템을 만든다
頂 정 비전을 선명하게 그린다	情 정 정보를 최대한 모은다	略 략 죽을힘을 다해 전략을 궁리한다	七 칠 70퍼센트의 승산이 있는지 파악한다	鬪 투 70퍼센트의 승산이 있다면 과감하게 싸운다
一 일 철저히 1등에 집착한다	流 류 시대의 흐름을 읽고 재빨리 행동한다	攻 공 다양한 공격력을 단련한다	守 수 온갖 리스크에 대비해 수비력을 갖춘다	群 군 단독이 아닌 집단으로 싸운다
智 지 다양한 지적 능력을 갈고닦는다	信 신 신뢰할 만한 인물이 된다	仁 인 사람들의 행복을 위해 일한다	勇 용 싸우는 용기와 퇴각하는 용기를 가진다	厳 엄 부하에게 때로는 엄격함을 보인다
風 풍 움직일 때는 바람처럼 빠르게	林 림 중요한 협상은 물밑에서 비밀리에	火 화 공격은 불처럼 맹렬하게	山 산 위기 상황에서도 결코 흔들리지 않는다	海 해 패한 상대를 포용한다

각 단을 가로로 읽는다

출처: 이타카키 에이켄 《손정의 제곱법칙》(한국경제신문사, 2015) p. 9

말했다.

"우리는 단순히 투자가가 되려는 것이 아닙니다. 그저 돈벌이나 하려고 투자 사업을 하려는 것이 아닙니다. 우리는 정보혁명을 하고 싶습니다. 정보혁명을 하려면 한 사람의 힘으로는 불가능합니다. 많은 사람의 힘을 모아야 비로소 혁명이 가능합니다. 따라서 많은 창업가를 모아 창업가 집단으로서, 함께 한 덩어리로서 정보혁명을 일으키는 것이 우리의 조직론입니다."

이와 같은 말에서 10조 엔 펀드가 소프트뱅크의 미션에 기초하고 있다는 것, 외부 환경의 변화를 읽는 타이밍 전략, 자사의 강점 및 약점과 업계 구조 등을 지켜보고 싸우는 방식을 바꾸는 전략을 예측한 것이라는 점을 알 수 있다.

해海라는 문자도 상징적이다. 소프트뱅크의 싸우는 방식을 나타내는 문자인데, 패한 상대를 포용한다는 데 특징이 있다. 단적으로는 인수한 상대를 대하는 태도에서 드러난다.

미국 블룸버그지(2018년 1월 8일 자)에 손정의 사장이 등장했을 때의 헤드라인은 'Masayoshi Son Has A Deal You Can't Refuse', 직역하면 손정의의 인수 제안은 거절할 수 없다는 뜻이다. 평소 손정의 사장은 1위 회사에만 투자하겠다고 분명히 밝혔는데, 보통 업계 1위 회사들은 당장 자금이 필요하지 않은데도 손정의 사장은 회사를 팔게 만들고, 투자 자금을 받아들이게 만든다. 손정의 사장이 그런 일을 잘한다는 뜻이다. 블룸버그는 그런 존재가 위협적이라고 전한다.

블룸버그는 기사에서 손정의 사장이 기업을 다루는 공식이 다음과 같다고 전한다. B사와 경쟁하고 있는 A사에 출자를 제안한다. 출자가 필요 없다고 하면 B사에 출자하겠다고 위협한다. 소프트뱅크가 경쟁사와 협력할지도 모른다는 사실에 A사는 큰 공포를 느낀다. 차라리 소프트뱅크에 인수되거나, 출자를 받아들이는 편이 낫다고 판단하게 된다. 게다가 손정의 사장의 인품은 열정적이다. 경쟁사와 손을 잡으면 어쩌나 하는 공포와 인간적인 매력을 무기로 인수·출자 제안을 점차 수락하게 만든다.

'손정의의 참모'라 불리며 소프트뱅크 사장실장으로 8년간 근무한 시마 사토시로부터 직접 들은 내용을 여기에 소개한다. 손정의 사장의 투자 기준은 명쾌해서 적확한 시장×적확한 아이디어×적확한 팀의 세 가지를 중시한다고 한다. 더 구체적으로는 세계에서 1등이 될 수 있는 비즈니스 모델인지, 소프트뱅크와 손을 잡음으로써 단번에 세계로 뻗어 나갈 가능성이 있는지, CEO의 기지뿐만 아니라 COO와 CFO 등이 팀으로서 뛰어난지 등을 잘 살펴봐 왔다는 것이다. 그와 동시에 대형 안건에 대한 투자의 경우 소프트뱅크가 성장하는 기업과 손을 잡고 함께 해야 한다는 데 강한 집착을 하고 있다. 세계에 뻗어 나가고 세계 시장에서 성장하는 것이 중요한 키워드인 모양이다.

시마 씨는 손정의 사장의 참모를 역임할 때 일본을 대표하는 참모였던 이토추 상사伊藤忠商事의 전 회장 세지마 류조 씨로부터 직접 훈시받은 전략의 요체인 '우선 생존 조건을 파악하고, 그러고 나서 발전 조건을 파악하고, 발표하는 것은 발전 조건부터'를 실행하는 데 부심했다고 한다. 대담무쌍하게 보이는 손정의 사장의 전략도 실제로는 생존

조건이 확보된 다음의 일이었다.

손정의 사장은 무엇을 목표로 하는가

손의 제곱 법칙에 따르면 소프트뱅크는 1등에 철저하게 집착하는 회사다. 손의 제곱 법칙을 실행하면 1등이 될 수 있다는 측면도 있지만, 여기서는 1등이 될 수 있는 영역에 집착한다는 측면에 주목해야 한다. 예를 들어 구글이 강한 미국에서는 자율주행에 분명히 적극적이지 않지만, 구글이 없는 중국에서는 알리바바를 통해 자율주행의 패권을 쥐려는 데서 소프트뱅크의 그런 특징이 두드러지게 나타난다.

앞서 나는 소프트뱅크가 차세대 자동차 산업의 모든 계층에 투자함으로써 누가 승자가 되든 소프트뱅크에 이익을 얻는 구조가 마련되었다고 설명했지만, 실태는 그리 녹록지 않다.

손의 제곱 법칙과 통신, 전력부터 자율주행, 승차 공유, 서비스까지 풀라인업의 투자 포트폴리오를 보면 손정의 사장의 진의는 차세대 자동차 산업 자체의 패권을 쥐려 한다고 판단할 수밖에 없다.

손의 제곱 법칙은 도道와 정頂, 즉 미션과 비전부터 말한다. 동시에 투자처의 미션과 비전도 내다보고 있을 것이다. 손의 제곱 법칙 중 비전을 나타내는 정정략칠투를 풀어보면, 비전을 선명히 그린 후 정보를 최대한 모아 죽을힘을 다해 전략을 궁리하고 승률 100퍼센트가 되기를 기다리는 것이 아니라 굳이 70퍼센트가 되는 지점에서 싸움을 결단한다. 이것이 손정의 사장이다.

소프트뱅크그룹의 손정의 사장

소프트뱅크에는 투자처로부터 온갖 정보가 모여든다. 지분 100%를 인수한 반도체 회사 암은 모바일 반도체에서 압도적인 점유율을 갖고 있다. 암으로부터는 반도체라는 인프라에 관한 추세와 전망이 들어올 것이다. 동시에 차세대 자동차 산업의 모든 계층에서 모든 주요 기업으로부터 기밀 정보를 입수하고 있다. 그리고 손정의 사장은 각 투자처의 개성 뚜렷한 창업 경영자와 직접 친밀하게 이야기를 나눈다. 밀실에서 어떤 이야기가 이루어지고 있을지는 상상하기 쉽지 않다. 10조 엔 거대 펀드의 주된 목적은 이런 데 있을지 모른다.

이제 소프트뱅크는 차세대 자동차 산업을 포함한 첨단 기술 산업의 주요 기업을 거느리고 전 세계의 자동차×IT×통신×전력·에너지 시장을 커버하고 있다. 중국에서는 알리바바와 디디추싱을 통해 모든 패권을 노리고 있다. 일본에서는 승차 공유 기업을 중심으로 출자처와 소프트뱅크의 시너지 효과를 통해 시장을 장악하려 하고 있다. 300년 이라는 초장기 비전을 실행할 포석으로 차세대 자동차 산업을 지배하 려는 계획으로 보인다. 다만 마지막으로 유의점을 말하고자 한다.

소프트뱅크가 차세대 자동차 산업의 패권을 쥐고 국내외 다양한 주 요 참여자를 산하에 둠으로써 자동차 왕국 일본이 계속해서 건재하 다는 빛나는 미래를 그릴 때 두 손 들고 솔직하게 기뻐할 수 없을 것 같 은 이유는, 현재 소프트뱅크에서 도요타만큼의 사회적 사명과 대의가 좀처럼 전해져 오지 않기 때문이다. 물론 정보혁명으로 사람을 행복하 게 만든다는 미션을 내걸고 있다는 점은 충분히 잘 알고 있지만, 최근 의 손정의 사장에게서는 일본을 어떻게 만들고 싶은지, 세계를 어떻게 만들고 싶은지에 대한 깊이 있는 사상이 느껴지지 않는다. 그저 손정 의 제국을 거대하게 만들고 싶다는 이유만 있는 것이 아닌가 하는 생 각도 든다.

다만 앞서 설명한 손정의의 참모였던 시마 씨에 따르면 손정의 사장 은 개인적으로 역사에 남는 영웅이 되는 목표를 가진 인물이며, 투자 와 사업 규모가 커질수록 일본과 세계를 생각하는 마음도 실제로 커 지고 있다고 한다. 그런 손정의 사장의 사상을 정확하게 시장에 전달 하기 위해서는 이제 PR과 IR이 아닌, 국가 원수 대변인급 인재가 꼭 필 요하다고 말했다.

소프트뱅크의 시가 총액을 분석하면 이른바 복합기업 할인 Conglomerate Discount 상황으로 가고 있음을 알 수 있다. 이는 적극적인

M&A 등을 통해 사업을 다각화한 기업의 가치가 회사별로 각각 사업을 영위하는 경우와 비교했을 때보다 주식 시장에서 저평가되어 시가 총액이 훼손된 상황을 가리킨다. 손정의 사장이 표방하는 군 전략이 정말로 사회적 의의라는 면에서 정당하게 평가되고 있었다면 이런 현상은 발생하지 않았을 것이다.

    소프트뱅크가 세계적으로 이만큼의 영향력을 갖게 된 이상, 한 번 더 소프트뱅크의 사회적 사명을 실체화해 주기를 기대한다. 그러한 방향으로 나아가야만 소프트뱅크의 시가 총액도 복합기업 프리미엄 Conglomerate Premium, 즉 투자처 기업의 시가 총액을 모두 더한 가치보다 소프트뱅크 시가 총액이 크게 웃도는 상황으로 호전될 수 있다.

2022
누가 자동차 산업을
지배하는가?

2022
누가 자동차 산업을
지배하는가?

1판 1쇄 발행 | 2019년 1월 30일
1판 4쇄 발행 | 2022년 5월 4일

지은이 다나카 미치아키
옮긴이 류두진, 문세나
감수자 최웅철
펴낸이 김기옥

경제경영팀장 모민원 기획 편집 변호이, 박지선
커뮤니케이션 플래너 박진모
경영지원 고광현, 임민진
제작 김형식

디자인 제이알컴
인쇄·제본 민언프린텍

펴낸곳 한스미디어(한즈미디어(주))
주소 121-839 서울특별시 마포구 양화로 11길 13(서교동, 강원빌딩 5층)
전화 02-707-0337 | 팩스 02-707-0198 | 홈페이지 www.hansmedia.com
출판신고번호 제 313-2003-227호 | 신고일자 2003년 6월 25일

ISBN 979-11-6007-337-9 13320